ちくま文庫

新編 おんなの戦後史

もろさわようこ

筑摩書房

目次

おんなの戦後史

文庫版まえがき 12
おんなの歴史と現代の問題点 14
おんなの戦後史 58
戦争の共犯者 58
性の犠牲 61
売春婦たち 64
たけのこ生活 67
婦人団体の誕生 70
政界の新参者 73
地方政治への参加 76

子を産む自由　80
かまどの改善　83
ＰＴＡ　86
平和運動　89
〝主婦〟論争　92
売春防止法　95
女子学生亡国論　99
結婚退職制・若年定年制　102
部落解放　105
老後　108
ウーマン・リブ　111
戦後婦人運動への衝撃　115
性解放は女性解放か　121
「女らしさ」がねらうもの　135

おんな・百年　141
王政復古と女たち　141
一揆や惣休と女たち　143
開明政策と女たち　146
良妻賢母　149
政治活動と女たち　151
米騒動と女たち　153
キリスト教と女たち　156
社会主義者とその母　159
社会主義者の妻　167
婦人労働者　170
革命と性　176
女いまむかし　202
女神たち　202

結婚のかたち 204
多妻考 206
嫉妬考 208
母権考 211
防人とその妻 213
防人とその母 215
機と女 218
藤衣・麻衣 225
もめん 227
税と女 230
美女 232
才女 234
女武者 237
後家 239
悪女 241
売春考 243

嫁・姑　246
伝記と女　249
平塚らいてう著『元始、女性は太陽であった』（上下）　249
平塚らいてう逝く　251
ボーヴォワール著『第二の性』　258
女性史の側面——長野県の場合　262
単行本あとがき　267
文庫版増補
私にとって国家とは　270
沖縄おんな紀行　274
歴史からみた部落差別　290
光を放つ人たち　296

元始の女をたずねて　301
差別の歴史とおんな（講演・抄）　306
わが女性史と沖縄　312
沖縄、わが原点　330
「歴史をひらくはじめの家」　335
いのち光りあう出会いをもとめて　340
文庫版あとがき　348
出典　350
編者解説　河原千春　351
解説　斎藤真理子　366
略歴　376

新編　おんなの戦後史

河原千春＝編

おんなの戦後史

文庫版まえがき

『おんなの戦後史』は、五十年前（一九七一年）に書きました。当時の女たちの状況がここにありますが、当時は戦争の後遺症がまだ残り、物資は戦中よりはるかに多いが、豊かには出まわってはいませんでした。

いま、物資はありあまるほど出まわり、くらしの隅々まで便利で、効率的になっています。これは人間のためであるより資本の側の利潤追求によってもたらされていま す。

そのため自然に歪みが生じ、『沈黙の春』（レイチェル・カーソン）で警告されているような自然現象の変化が目立つこの頃です。

便利・効率より自然にやさしい生き方がいま求められていますが、便利や効率は麻薬と同じく、一度味わえばたやすく脱け出しがたい。

たとえば東京・沖縄間は船では二日かかりますが、航空機では三時間。船よりやはり航空機が便利。自然へのやさしさより、暮らしに便利な航空機を選ぶのはあたりまえなりゆきとなり、自然の生理に狂いがみられるいまになっています。

人間は自然の中の生きものの一類です。自然が豊かであることによって、人間もまた豊かに生きられます。効率より自然にやさしい生き方こそが、人間にもまたやさしいありようとなります。

いま私たちに問われているのは、効率より自然にやさしい生き方ではないでしょうか。

二〇二一年十月

もろさわようこ

おんなの歴史と現代の問題点

「女性史」があって「男性史」がないわけ

みなさんは、「女性史」と名づけられた著書はあっても、「男性史」と名づけられた著書がないことを、ふしぎと考えたことはありませんか。「女性史」が存在して、「男性史」が存在しないことは、つぎのような事情によります。社会的に男たちよりはるかにきびしく人間的自由を制約されてきた女たちの、差別みじめな状況があり、女は社会人として、長く員数外の立場におかれたので、歴史の創造者としてみとめられなかったのです。戦前までのあらゆる歴史は、支配層中心、男性中心に考察されているため、こと新しく「男性史」なるものを論ずる必要がないためなのです。

戦後、女性史ブームがおきたというのは、戦前の歴史考察の中で、かえりみられなかった下づみの場で生きた人たちの働きが、歴史をうごかす原動力となっていることが確認され、これにともなって、女たちの働きもまたかえりみられることになったことが、一つの大きな原因としてあげられます。さらにほかの一つは、戦後、女たちの教育水準があがり、また、主婦の余暇時間がふえたことなどにより、女の読書人口のいちじるしい増加をみて、女向けとして、商業ベースで女性史がたくさん出版されるようになったことも指摘できます。

女性史研究は、戦前にもなかったわけではなく、民俗学からの柳田國男、あるいは女性差別に対し、問題意識をもってアプローチした高群逸枝の業績があり、こんにちにおいても、女性史研究で、この方々の業績をこえたものはかずすくない。戦後に書かれたものでは、井上清氏の女性史が、啓蒙的な役割を大きく果たしていますが、女性史研究は、女性史ブームといわれている反面、まだ、その研究はまずしい状況にあります。このことは、下づみの場で生きた人たちと歴史とのかかわりが、まだ大きく掘りおこされていないこと、すなわち、底辺の場から歴史をとらえた学問の底の浅いこととかかわっています。

社会の構造がかわれば女の生きる状況がかわる

女の歴史をかえりみて言えることは、女の状況というのは、結婚のかたちにあざやかにあらわれていることです。女たちが、どのような結婚生活をいとなんでいるかによって、その社会における女の地位があきらかになります。こんにち結婚について普通いわれていることばは、「嫁にゆく」「嫁をもらう」ということばではないでしょうか。

たとえば、結婚によって職場をやめるとき、「お嫁にゆくことになったから」ということばが、当人からあたりまえに言われていますし、また、いわゆる適齢期の子どもを持った親たちは、「娘を嫁にやらなければ」とか、「息子に嫁をもらわなければ」とか、なんの疑問も持たれずに使っています。ところが、この「嫁にゆく」「嫁をもらう」という結婚のかたちは、封建社会における結婚のかたちなのです。

私どもは、この結婚のかたちを「嫁入り婚」とよんでおりますが、こんにち、民主主義社会であるといわれているのに、この「嫁入る」という封建社会の結婚のかたちが、なおあたりまえな風俗として存在していること、ことばがそのまま通用していることは、女たちの状況、結婚の状況に、封建期とかわらぬものが残っていて、それがふしぎがられずに受け入れられていることを物語っています。

民主主義社会における結婚のかたちはどういうものかといいますと、憲法の二十四条にその基本的なすがたがうたわれています。「婚姻は両性の合意のみに基いて成立し、夫婦が平等の権利を有することを基本として、相互の協力により維持されなければならない」。このことによって、戦前の「家族制度」の嫁入り婚のかたちは否定され、法的には、「寄りあい婚」となったのです。

この「寄りあい婚」ということばは、皆さんはすでに御存じかとおもいますが、農村地帯などへ行って「寄りあい婚」ということばを申しますと、はじめて聞いたという聴衆のお母さん方がほとんどなのです。「寄りあい婚」の新しい民法が出来てすでに二十余年にもなるのに、まだ、「寄りあい婚」が日常化していない。戦前の結婚は、A家の息子とB家の娘が結婚した場合、B家の娘は、B家の戸籍から脱けて、A家の戸籍に入りました。つまり、A家の戸主権のもとにその家族としてとり入れられたのです。ところが、現在の民法は、A家の息子とB家の娘が結婚しますと、その息子の籍は、A家から脱け、B家の娘の籍もB家から脱け、二人のどちらの家にも属さない、新しい戸籍をつくるのです。この際に、その姓は、Aの姓を名のろうがBの姓を名のろうがかまわない、どちらかの姓に統一して届け出をすることになっています。つまり戸籍の上では、二人が寄りあって、新しい戸籍をつくるのですが、この際、名のる姓に、妻方の姓を名のることはほとんどなく、夫の姓に妻の方があらためるのが、なお一般的です。法的には「寄りあい婚」であっても、風俗はなお男性中心、「嫁入り婚」のかたちが支配的なのはなぜなのか。これは、現代の問題点を考えるとき、またふれます。

さて封建社会における結婚のかたちが「嫁入り婚」であるならば、封建社会以前の社会の結婚のかたちはどんなものであったのでしょうか。封建社会成立以前の社会は、日本では、総体的奴隷制社会といわれています。つまり、ギリシャやローマの奴隷制とは、かたちはことなっていても、働く人たちから支配者が収奪する収奪の量が、働く人たちの生活の再生産をゆるさないほどきびしいものであり、奴隷的収奪であるというので、アジア的奴隷制または総体的奴隷制といわれています。

「あをによしならのみやこは咲く花のにほふがごとく今さかりなり」と、奈良朝の歌人は、その世界的水準の文化をほこりましたが、これらの文化をその底辺において働いて築きあげたのは、奴隷的収奪にさらされた一般農民たちであったのです。

歴史上たたえられている飛鳥・奈良・平安の貴族文化は、総体的奴隷制社会の上にきずかれたものであり、この社会における結婚のかたちは「嫁入り婚」ではなくて、「婿取り婚」でした。つまり、女は嫁にゆかないで婿をとって結婚生活をいとなんだのです。

ですから『枕草子』に「家ゆすりてとりたる婿のこずなりぬ」ということばがあります。家中、大さわぎをしてとった婿が、よりつかなくなったというのです。それから『源氏物語』でも、主人公光源氏が正式に結婚したときは、左大臣家へ婿とられてゆきます。「婿取り婚」のことはその他の記録にもあり、高群逸枝の『招婿婚の研究』に数々の例が実証されており、当時の「婿取り婚」は、はじめ夫が妻方へ通い、居心地がいいとそこへ居つくかたちになっています。

もちろん結婚のかたちは、階層・地域によって、画一的ではありませんが、大略的にはいままでみてきたような変化があるわけです。さて、結婚のかたちは、「婿取り婚」のほか、まだあるのです。それは、奴隷制社会のさらに前の社会のかたちは、原始共同体といわれていますが、この原始共同体時代の結婚のかたちは、「通《かよ》い婚」であったといわれています。つまり、夫と妻は同居せず、別居婚があたりまえだったのです。昼間、仕事をすませたあと、夫は妻のもとへ行って泊まり、朝、ふたたび自分の集団にもどってくるという「通い婚」があたりまえだったのです。

女の状況を、これら結婚のかたちからみますと、「通い婚」のときは、女は男に隷属しません。「通い婚」時代は夫と妻はその経済を別にしており、妻は夫の経済にたよって生活していませんから、経済の隷属のないとき、また妻の自立も確保されているのです。ついで、「婿取り婚」までは、まだ女の地位は高かったのですが、「嫁入り婚」、すなわち封建社会の中で、生家を出て他家へ嫁入ることになったとき、女の地位は、みるもむざんに没落しています。そして、こんにちの「寄りあい婚」の中でようやく女たちの復権がいささかみられるようになったのです。

このように、結婚のかたちの変遷をかえりみていえることは、社会の構造がかわれば女の生きる状況がかわり、女の生きる状況がかわれば、結婚のかたちがかわっていることです。

母権社会の没落と父権社会の出現

原始共同体時代に母権社会があったかどうか、こんにちでは学説があらそわれており定説をみていません。唯物史観によって歴史を展望する人たちは母権社会を肯定し、文化人類学系の人たちは否定しているのが、大別した一般的な状況です。

私は、牧畜社会には、母権社会はなかったと思いますが、農耕社会には存在したのではないかと推察しています。日本の場合も、母権社会の名残りは、古典のエピソードや、へき地の風俗から辿れるのです。たとえば、私たちの住居でも、棟がいくつもある昔の家のつくりですと、家の中心になるところを「母家《おもや》」といいます。母中心の生活のあった名残りが、そんなことばにもあるのではないでしょうか。

また『万葉集』には、「母父《あもしし》」または「母父《おもちち》」と、母が父より先によばれている歌がすくなからずあります。「父母《ふぼ》」というのは、外来文化の影響のもとにつくられたことばであり、日本の土着のことばとしては、「母父」であったのではないかと思われます。また、私がかつて地方女性史の採集で信濃のへき地をおとずれた際にも、そこの部落の氏神は、「大姥《おおば》さま」という氏神でした。「大姥」とは、おばあさんのことで、生活経験にたけた大姥が、そこの共同体の指導者であったことがしのばれる風俗がその地にありましたし、また、古代社会の神さまにはすくなからず土俗濃い女神がいるのです。ところがしらべてゆくとこの女神のおおかたは行方不明になっています。男性中心社会の中で、女が蔑視されるようになると、女神が追放されてしまったことがおもわれます。

「元始、女性は太陽であった」というのは明治の末に、女性解放の身じろぎをした青鞜社の主宰者平塚らいてうさんのことばですが、原始共同体時代には、母中心に生活が営まれていたのではないかとおもわれます。この時代にはまだ父権はなく、子は母のものであり、親は母だけだったのでしょう。なぜなら、「通い婿」という夫妻別居のかたちは、愛情だけが、互いをむすぶきずなであり、好きならば男は通ってくるし、きらいになれば通わなくなる。一方、女も好きならば通って来た男をむかえいれるが、きらいになればむかえいれないという、対偶婚がおこなわれていたらしく、つまり、愛情関係に経済が介入せず、金のきれ目が縁のきれ目ではなく、愛情のきれ目が縁のきれ目となっていたためです。

こんにちにおいても、親と子の関係は、母と子の場合は、すこぶる即物的なかたちでたしかめられますが、父と子の関係は、妻の貞操に対する夫の信頼のもとに成立しています。ですから、愛情関係がすこぶる自由だった原始共同体では、母と子の関係はたしかめられても、父の関係は厳密な意味ではたしかめられなかったのです。また、子どもに対して、わが子意識というのも稀薄であったのだろうとおもいます。共同体で共産生活をしているときは、私有の観念は育ちがたく、集団ぜんたいの子としての保育がおこなわれたことが推察されています。

キリストのことばとして「人はパンのみに生きるものにあらず」という、パン以外のものを求めて生きることが、まことの人間としてのあり方であることが指摘されています。たしかにそれも真理ですが、一方、人は、パンなくしては生きられない宿命を持っています。社会のあり方は、この人間の生存の基本的条件であるパンを、どのようにして獲得しているかということ、つまりどのような生産関係がおこなわれているかということで、そこに生きる人間関係が規定されます。

原始共同体は、「能力に応じて働き、必要に応じてわかちあう」集団労働と生産物の共同所有であり、これを指導したのが、族長的な地位にいた女であったようです。だが、そこに差別のない共産的な生活があったとしても、原始共同体はユートピア的存在ではなかったとおもいます。なぜなら、集団の労働があげて食糧獲得のためについやされても、需要に対し、供給はつねに不足し、飢えがちな日常の中で、食うことだけに追われる不安定なくらしのくりかえしであったのだろうとおもわれるからです。

母権社会が崩壊し、父権社会が出現したのは、金属製生産用具が発明され、その新しい生産用具によって、剰余労働と剰余生産物がもたらされるようになったためであると指摘されています。生産力が低かったが故に共同体の成員の生命維持のため、ぜひ必要であった共産的な生活様式は、生産力の新しい発展のなかでほりくずされていったのです。

すなわち、男たちが発明した金属製農具は、女たちが原始農業で使っていた幼稚な掘り棒を、「貨車が手押し車をとり片づける」と同じ速度で追い払っていったのでしょう。男たちによって農業の構造改善がすすみ、大規模な水田耕作がおこなわれるようになったとき、生産の指導権・管理権が男たちに移り、社会の構造もまた変化し、すべての生活は男たち中心にいとなまれるようになり、いわゆる古代産業革命によって、社会変革がもたらされたのです。

たぶん、生産力のすすんだ集団が生産力のおくれた集団を、武力その他によって隷属させ、母権社会ではみられなかった働く者と働かない者、管理する者とされる者の階級の分化がみられ、この過程で父権が発生したといわれています。

そして、父権の発生には、母権にはなかった私有権・支配権の専制権力がともなわれていたことが注目すべきことであると指摘されています。

つまり、「通い婚」において子のたしかな親としての立場を確保できなかった男たちは、財産を私有するようになると、それをつたえるわが子を確保するため、それまで大変自由で男から自立していた女たちを、私有化し、隷属化し、子産みの道具化してゆくのです。これはまず、支配層にみられる状況ですが、この専制的な父権の出現をエンゲルスは、「女性の世界史的な敗北である」といい、「人類が経験したもっとも深刻な革命の一つ」とも言っています。またベーベルは、「母権の施行は共産制と万人の平和を意味し、父権の出現は、私有財産制を意味すると同時に、婦人の圧制と従属を意味した」と指摘しています。

日本において、子どもの所属が、法的に父系化されるのは六四五年の大化の改新のときです。この大化の改新は、日本における中央集権の新しい国家機構の完成であり、それは、収奪の倍増化・能率化のための行政機構の整備であったのです。

このときの改革は、唐の律令体制をモデルにしていますが、このおりきめられた「男女《おのこめのこ》の法《のり》」には、良といわれる身分の人たち同士で結婚して生まれた子は、父につけよとあります。そして、賤とよばれる身分同士の間の子は、母につけよとあり、さらに、良身分と賤身分の間に生まれた子は、賤身分にせよとあります。

この良・賤の身分差別ですが、良というのは、政府に直接に税をおさめる一般農民であり、賤というのは、皇族・貴族・豪族などの奴婢です。この身分差別ということは、その時の体制の都合のよいように、その体制を支えるためにおこなわれるのです。

良身分のものに父系系統制をこのとき法的に確立し、さらに、良賤の通婚で生まれた子を賤とすることは、ときの天皇制の支配原理、つまり血すじによる身分支配とみあうものです。天皇支配を血すじによっておこなうため、被支配層にまでその原理を貫徹させたのでしょう。そして、賤民の場合は子は母方に所属しますので、賤といわれる人たちには、父権はあり得ない。さらに賤の子どもは、母のものでもなくて、その婢を所有していた人に支配権があったのだろうと思います。

ところが、この身分差別というのが、いかに、ときの体制の御都合主義によっておこなわれるかということは、「男女の法」改正の過程であきらかです。「男女の法」は、制定から百四十余年たった七八九年に改正され、良賤間に生まれた子は、良にせよと格《きやく》が発せられている。これは、律令国家の奴隷的収奪から逃がれるために、良身分の人たちが、すすんで賤身分の人たちと結婚、その子を賤としたため、生益賤民のいちじるしい増加にくらべ、税の直接負担者である良民層の減少が目立ち、律令体制がほりくずされてゆくので、これを手なおしするために法改正がおこなわれたと指摘されています。身分差別が、そのときの体制維持のための、いかに便宜的なものであるかは、この「男女の法」改正をみても、あきらかです。

律令体制下の収奪のきびしさは、『万葉集』にある山上憶良の「貧窮問答歌」に「人なみに自分も耕作労働をしているのに、着るものも食べるものもなく、家族中が身をよせあい、空き腹をかかえてなげいているところに、里長が、税をだせと、むちを振りながらやってきた」という意味のことがうたわれており、また、「たわむれに僧をわらう歌」には、農民にからかわれた僧が、「檀家の衆よ、あんたたちだって、里長が税をとりたてたときは泣くではないか」と、素朴な古代農民が、生産物のほとんどをとりあげられ、声をたてて泣きかなしむさまがうかがえる歌があります。良身分の人たちは、このつらい税負担を、せめて子どもにはさせたくないとおもったからすすんで賤身分の人たちと結婚したのでしょう。

古代社会の、良賤といわれる人たちへの抑圧は、性別のものであるより、被支配の身分によるものであり、一方、支配層の女たちは、女であるが故の抑圧は、一夫多妻や家父長による政略結婚の具にされることなどによって、早くから味わっていましたが、この時期には、母権的社会の遺俗が残映のようにみられますし、結婚のおもなかたちは、「婿取り婚」ですから、女たちの地位はまだ没落しきっていません。

封建社会における女

保元・平治の乱から源平争乱・南北朝争乱・応仁・文明の乱・戦国争乱など、中世約四百年間のたえまのない内乱は、古代以来の支配層を没落させ、在地領主層である武士が支配層として成り上がってゆく、いわば社会の地殻変動期です。女の地位はこの封建社会展開のなかで没落してゆき、近世封建社会が確立されたとき、まったく没落しきってしまいます。

「嫁入り婚」の完成は、学説がいくつかにわかれますが、こんにちのおおかたの傾向としては、室町期であろうとされています。鎌倉期までは、女に財産権があり、女は、生家の財産を相続するほか、夫死後の財産の処分権までありましたが、室町期に入ると、財産権を失ない、経済的に武装解除されてゆきます。

そして「婿取り婚」までは、男と女の結びつきは、愛情が基本となり、いわゆる「家ゆずりてとりたる婿のこずなりぬ」かたちになったとしても、それは愛情がわかないのだからいたしかたないというあきらめへつづきますが、「嫁入り婚」になりますと、当人同士の愛情よりも、家父長のとりきめで、結婚がおこなわれ、そこでは当事者の愛情は無視されます。いわゆる花嫁行列がおおげさになり、嫁入り道具が飾りたてられるようになったのもこの時期からです。息子と娘の結婚によって、「家」と「家」との同盟関係が成立するのですから、それぞれの「家」が、虚栄にみちたデモンストレーションとして、嫁入り道具をかざりたて、また結納の品なども立派になってゆくのもこの期からです。

結婚が家門繁栄の手段化され、男と女の人間関係はここでは大きく疎外されます。

中世戦乱期は、実力者の時代であり、そこでは豊臣秀吉にみるごとく、尾張の貧農の子が、関白太政大臣に成り上がってゆく階級の可動性が大きくありました。しかし、織田、豊臣政権をへて徳川政権により、幕藩体制が確立すると、階級の固定化、身分の凍結がおこなわれ、あらゆる人間関係が上下尊卑にわかれ、すべてタテの関係によって律せられます。つまり、自由と平等は罪悪で、上下尊卑のタテの関係こそ、人倫だというのです。これは儒教が、封建体制の御用学問となって、人々の意識を、封建体制安泰のために飼い馴らしたといえます。

婦人論の世界的古典の一つ、ベーベルの『婦人論』は、その第一章のはじめで、「被抑圧者であることは働く者と女の共通した運命である」とのべていますが、私は、日本においてもこのことは、歴史をかえりみるとき、まったくそうであると指摘できますし、さらに日本的特色として、是非ふまえなければならぬことは、いわゆる被差別部落の人たちと、女の運命は共通しているということです。

こんにちいわれている被差別部落は近世封建社会確立の過程でつくられており、封建社会を維持するためのいわばいけにえの民であったのですが、この犠牲者に対する差別と偏見は、こんにちにおいてもなくなっていません。私は、女に対する差別と偏見も、部落の人に対する差別と偏見がまったくなくなったときにまた、ときを同じくしてなくなってゆくであろうと思います。

封建社会を、その最底辺で支えた二本の柱を、私は、被差別部落の制度と公娼制度であると断じてはばかりません。この二つの制度は、封建社会安泰のための二つの安全弁であったのです。近世封建社会では、士農工商の身分差別があり、士階級は支配階級、農工商は被支配階級です。いわゆる百姓・町人は士階級に対して土下座の礼をさせられています。そして、身分の凍結された社会ですから、生まれが運命を決定し、殿様の子は殿様として君臨し、農民の子は農民になるほかなく、どんなに能力があっても身分の低いものはその能力をこころみる機会をうばわれ、すこぶる閉塞された状況を生きなければなりません。また、支配層である武士の場合も、細分化された身分差別があり、人間関係の不平等が当然とされる社会では、男たちの人間的抑圧もまたきびしいものでした。このタテ関係の人間関係を、私は、抑圧移譲の人間関係と申します。つまり、上のものから下のものへその抑圧が移譲され、下のものがそれを耐えしのぶ犠牲が美徳とされたのです。男たち同士の間に主従・上下関係があるとき、男対女の関係にもまた上下の差別がつけられます。すなわち、男は主人であり、女は従者の立場に立たされるのです。その社会における人間関係は、つねにその社会の支配体制安泰のためのイデオロギーでつらぬかれているのです。

封建社会において、被支配の抑圧きびしい状況を生きなければならなかった農民・町人たち。この人たちの抑圧を、権力への抵抗に転化させないために設けたのが穢《え》多《た》・非人と名づけた人たちをかこいこんだ部落の制度の完成であり、苛酷な年貢収奪にあえぐ農民たちは、彼らよりなお、非人間的取り扱いをうけている被差別部落の人たちの存在をみて、あの人たちより自分たちはましであると、そのフラストレーションをなだめていたのです。

抑圧移譲の人間関係の最底辺で、あらゆる抑圧をその身にになったのが、部落の人たちであり、封建体制安泰のためのいけにえの民でもあったのです。

さらにもう一つのいけにえの民は、公娼制度の中で、性奴隷とされた女たちです。売春は、階級社会となってから、あらわれていますが、まだはじめのころは、制度化されていません。日本では、『万葉集』に遊行女婦として登場する女が、うかれ女として売春していたようですが、それはすこぶる自由なかたちでした。売春は、歴史のはじめからあったのではありません。男と女の愛情関係がすこぶる自由で主体的な原始共同体にはなく、階級社会となって、男が女を私有化する道すじで発生しています。そして商品経済の発達とともに、女の性もまた商品化され、封建社会確立の過程で、公娼として制度的にかこいこまれ、性奴隷となって、売買されたのです。

この公娼制度と、被差別部落の制度は、封建社会確立の過程で、その軌を同じくしてかこいこまれているのです。

徳川家康の遺訓である徳川成憲百カ条には、「遊女夜発はなかるべからざるものなり」として、売春を「必要悪」としていますが、たしかに、身分差別きびしい封建体制を維持するためには、「必要悪」であったといえます。

なぜなら、男と女の自然の情である恋愛は、「不義」として禁ぜられ、結婚は家父長の命ずるままにおこなうのが、あたりまえでしたから、夫と妻の間の愛情などは、問題でなく、妻は子を産む道具としてわりきり、エロティシズムは、売春地帯でたのしむものであるとしたのです。あらゆる人間関係の不自然を正当化した封建社会は、男女の間もまたすこぶる不自然なものとしています。

そして、凍結された身分関係のなかで、抑圧きびしい男たちの欲求不満を、売春を公許し、男たちの性的頽廃を、男の当然の特権とすることによって、男を去勢し、体制の安泰がもくろまれています。また、封建体制は、農民の年貢によって維持されていますから、凶年の際には、「妻子を売っても年貢をおさめよ」とされ、そのために、娘が身売りすることは親孝行美談としてほめられています。当時の女の身売り証文をみますと、すべて「年貢上納にさしつまり」と書かれています。年貢を完納させるためにも、女の売買が公然とできる売春地帯は必要であったことが指摘できます。

その社会にある制度と差別は、すべてその社会の支配体制を支え、支配を貫徹させるため、支配の再生産のためにもくろまれており、それはこんにちの資本主義体制においてもまた同じことがいえます。

近代社会における女

明治は日本の近代社会の夜明けであり、封建期に凍結されていた身分はここで解放されました。いわゆる四民平等といわれましたが、女は四民の外におかれたといっていいようです。なぜなら、明治の文明開化のざれ歌に、「ざんぎり頭をたたいてみれば文明開化の音がする」とありますが、封建社会においては、身分によって、髪の結い方から着物の布地、家のつくりなどがきめられていました。たとえば、テレビなどみますと、殿様のチョンマゲはつったっていますが、農民・町人のチョンマゲは、ころんでいます。ヘアスタイルで身分がわかるようになっていたのですが、明治四年に、「断髪自由勝手たるべし」と、布告がでて、進歩的な人々がざんぎり頭になったのです。いわゆる「部落解放令」といわれる、封建期の被差別部落に対する差別廃止の太政官布告も同じ年に出ています。

さて、断髪自由勝手となったのですから、女たちの中にも、あの島田や丸まげの重くるしい日本髪をさっぱりとショートヘアにする人たちがあらわれたのです。ところが、文明開化を言い、四民平等をうたいあげる明治政府も、男女平等までは考えていなかったのです。ですから、あわてて布告を出しました。断髪の自由は男子に限るものであって、「婦女子の儀は従前の通りと相心得よ」という次第です。

明治は日本における近代への出発点ではありますが、生産の原点に封建的なものが残り、いわゆる封建的なものと近代的なものとの二重構造であったと指摘されています。すなわち、都市においては、資本制の機械工業が育成されてゆきましたが、農村では、半封建的な寄生地主制度が敗戦の農地解放までつづきました。なぜ半封建的寄生地主制度と名づけるかと申しますと、つまり、小作が、地主へ納める年貢の割が、封建期に農民たちが殿様へ納めていた年貢の割とかわらないのです。そして都市の資本制機械工業は、農村のこの半封建的地主制度を踏み台にして発展しているのです。生産の原点に封建的なものが制度的に存在するとき、男と女の関係にもまた封建的なものが制度的に存在します。どういうものかと申しますと、封建的家族制度というもので、これは、家族に対しては、戸主といわれる男の人の権利が強く、夫妻の関係においては、夫の権利がすこぶる強いのです。

この封建的な家族制度の中で、女の人はどんな状況におかれていたか、私の知っている身近な例で申し上げてみます。

私の友人で、戦前に結婚した人がいます。彼女の夫君は、東京のある役所につとめていました。田舎から東京へお嫁に行くのであるからと、彼女の家では、肩身のせまくないようにどっさり嫁入り道具をつくって持たせてやったのです。ところが、気の毒なことに、この旦那さんが、あまりよくなくて、月給をみんな使ってしまい、家計にいれないのです。戦前の女子教育は、夫が理解がなくても、それに耐えるのが、妻の美徳であると教えられていましたので、彼女も耐えに耐えていたのですが、あるとき、ついに耐えかねて、たんかをきったのです。「あなたあんまりいばらないで下さい。月給もろくにいれないで、生活費は、私がやりくり算段しているのではありませんか。結婚したとき、あなたは何もなくて、この世帯道具はみな私が持って来たものばかりではありませんか。今夜のおかずも、私が実家から持って来たお小遣いで買ったのです。あまりふみつけた仕打ちをしないで下さい」。

ところが、夫君はあっさり嘲《あざけ》って言うのです。「おれは、お前にそんなに恩にきせられるいわれはないよ」。なぜなら、法律的に、お前の嫁入り道具の管理権はおれにあるのだから、と言って六法全書を持ち出して来たのです。彼は法科出身でしたから、民法のところをめくり、ここを読んでごらんと言ってさしだした八〇一条のところに、「妻の財産は夫がこれを管理する」とあるのです。また八〇四条には、「日常の家事については妻は夫の代理人とみなす」とあり、妻の主体性はそこにみとめられていないのです。自分の持参した嫁入り道具も管理できず、家事にも主体性が持てないなんて、まるで子どもなみの取り扱いで、よくもこんな法律を、女たちがだまっていたものだと、彼女はふんがいしていました。

それればかりではありません。法律の上でも、女たちの差別はたくさんありました。

たとえば、明治民法といわれる戦前の民法は、表向きは一夫一婦婚のかたちをとっています。つまり結婚届のときは、一人の夫と一人の妻の間にしか結婚関係をみとめませんが、タテマエは一夫一婦婚であっても、ナカミで、ちゃんと一夫多妻婚をみとめているのです。それは相続のところで、「親等の同じ者にありては男子を先にす」とあり、正式な結婚によって生まれたのが女の子だけであり、結婚届をしない関係、つまりオメカケさんに男の子があり、それを父が認知している場合は、その家の財産の相続権は、女の子にはなく、婚外の関係によって生まれた男の子にあるのですから、タテマエは一夫一婦婚でも、相続権のところで一夫多妻婚をちゃんとみとめているわけです。

私は、これを亭主天皇制とよんでいますが、この家庭における男性の専制的な地位の保障は、当時の政治体制であった、絶対主義的な天皇制とみごとにみあうのです。つまり、封建的な家族主義は、絶対主義的な天皇制を支える細胞基盤であったのです。

つまり、家庭における夫と妻の関係の中で、妻の側から言うならば、「私のものは、あなたのもので、あなたのものはあなたのもの」ということになり、夫の側から言うと、「俺のものは俺のもので、お前のものも俺のもの」といえるのです。夫はオールマイティ、妻は無、というかたちです。ですから、戦後は男女同権、夫と妻の権利も平等になり、妻の持参した嫁入り道具は妻のもので、夫に管理権はなくなりました。

そこで、戦後強くなったのは、女と靴下などといわれるようになったのですが、私は、戦後強くなったのは女より以上に男の人であると言いたい。なぜなら、かつて戦前家庭において、男の人たちは、「お前のものはおれのもの」と妻に言うことができましたが、天皇の名でことがおこなわれるときは、男の人は、家庭における妻以上の無権利状態に立たされたのです。

たとえば、軍隊においては、上官の命令は天皇の命令であるということで絶対服従。それにそむいたときは軍法会議行きでした。さらに、戦前の教育勅語には、「一旦緩急アレハ義勇公ニ奉シ以テ天壌無窮ノ皇運ヲ扶翼スヘシ」ということばがあり、戦争のとき、男たちは、赤紙といわれる召集令状が来ると、「私の命はあなたのもの」というわけで、身ぐるみなげださなければなりませんでした。天皇の名によっておこなわれるあらゆることに対しては、絶対服従を強制されたのです。ですからふるさと遠く大陸や、南や北の島へ連れてゆかれ、鉄砲弾の弾よけとなって、戦死しても、名誉なことでございますと、言わなければならなかったのです。

いわば男たちの人権の確立がなかったのです。社会において男の人権が確立されていないとき、男対女の関係では、女の人権が無視されるのです。そのため男たちは、社会構造の中で自分がどのように取り扱われているかを見ないで、近視眼的に男対女の関係でことをみて、日常生活の中では女よりおれの方がましだと、みずからのさまざまな抑圧をなだめていたのです。男と女の関係に差別のある社会では男と男の間にも差別と抑圧があるのです。ですから、抑圧関係のもっとも基本的なものである男と女の差別をとりはらってゆくことが、人間解放の基礎的な条件であるにもかかわらず、多くの男の人がこのことに気づいていないのは残念なことです。

たとえばさきほど、戦後解放されたのは女より男であると申しましたが、戦前は妻に対して、夫が、「お前のものはおれのもの」といえるのは、財産ぐらいであって、妻の命までは自由にできませんでした。ところが、男の人は、「私のものは天皇のもの」と言って、命をさしだしたのです。それが戦後になって、徴兵制もなくなり、おれの命はおれのものと男の人たちが言えるようになり、基本的な人権を自分の手ににぎりました。戦後は妻に対する夫の専制権はなくなりましたが、自分の命は自分のものである、何人《なんぴと》にもわたせないと男の人が言えるのは戦後からです。戦後解放されたのは男であるという意味はこのことなのです。

戦前の婦人運動においてかかげてたたかわれたものに、「男女同権の近代家庭」、「婦人参政権」、「男女の教育の機会均等」、「公娼制度の廃止」があります。これらのことは、敗戦後にならなければ、法的措置の中で達成されませんでした。なぜなら、何度も申しますように、男女差別は、ただたんに男対女の問題ではなく、それはその体制維持のためにおこなわれるのですから、その体制がこわれない限り、支配のシステムの細胞基盤となっている男女差別もまたとりのぞかれないのです。

ですから戦前に、女たちが男女同権の近代家庭の確立を叫んでも、それは、絶対主義的な天皇制がこわれなければ、確立できないものでもあったのです。

男女差別はあっても、支配されている側の男と女の運命は、つねに手のウラオモテのようにはなれがたい運命にあり、「被抑圧者であることは、女と働く者の共通の運命である」(ベーベル)ということが、歴史をかえりみるとき、日本においてもいえるわけです。

戦前は女たちに参政権がありませんでしたが、私は本質的には、戦前は男にも参政権がなかったと指摘できるのではないかとおもいます。なぜなら、戦前の憲法においては、政治の主権は国民にはなく、天皇にあったのです。主権のない参政権などは、いわば、まやかしの参政権なのです。日本の議会の歴史をかえりみますと、明治における第一回の帝国議会開設のときは、直接国税十五円以上をおさめている人でなければ、選挙権はありませんでした。お米が、約四キロ、七、八銭といわれたころですから、直接国税を十五円おさめている人は、地方においては、名望家といわれる村落の支配層しか選挙権がなく、へき地の村などは、村うちの有権者が一人か二人、地方都市でも四、五十人位がせいぜいでした。

ところが、大正デモクラシーの高揚のなかで、普通選挙運動がさかんになり、一九二五年に、納税・財産上の制限がはずされ、満二十五歳以上の男たちに、選挙権が与えられました。しかし、生活保護をうけている人たちにはありませんでしたし、またもちろん、婦人参政権はかえりみられていません。つまり、普通選挙といっても、男たちのことだけであり、さらに無産層の男にまで選挙権を与えるアメに対して、ムチが用意されていたのです。普通選挙法制定十日前に、「国体の変革又は私有財産制度を否認せんとする」結社、又は運動を禁止する「治安維持法」を成立させ、無産層への選挙権の拡大が、革命のための武器になることのないように歯止めを先に用意したのです。そして、その後の十五年戦争は、この「治安維持法」をフルに活用して、戦争批判者を検挙してすすめられています。

戦前の議会制度は、二院制として、衆議院と貴族院がありました。こんにちの議会制度も二院制で衆議院と参議院がありますが、参議院は衆議院の補足機関にすぎません。憲法改正のおりだけ、衆議院と参議院は同じ力を持ち、衆議院で可決したものが、参議院にまわされて否決されればそれで、否決となってしまいますが、他の法律は、衆議院で可決し、参議院で否決しても、ふたたび衆議院で可決すれば、成立してしまう仕組みになっており、衆議院の力は参議院よりはるかに強大です。ところが、戦前の衆議院と貴族院はまったく対等な力を持ち、衆議院で可決されても、貴族院で否決されれば、法律は成立しません。そして、貴族院は、皇族、最高級官僚、多額納税者で構成されており、一般の者には選挙権がありません。普通選挙といっても、一般の男たちは衆議院だけの選挙権しか持っていず、それも主権のない選挙権であり、いざというとき施行される勅令は、あらゆる法律に優先するのですから、私は、男たちの選挙権もまやかしの選挙権であったというのです。つまり、女が政治の場で差別されているときは、女よりいささかの権利を持っていても、男たちもまた差別されていたことを知ってほしいとおもいます。

さらに、女に選挙権を与えない理由として、女は無知であるからということが言われましたが、当時の教育体系においては、女は男より知識や教育水準が上にならないように、制度化されていました。

当時の義務教育は、小学校六年生までで、あとは男女別学でした。進学は女は女学校へ、男は中学校へ別学で進学しています。そしておおかたの女学校は、高等の字がつけられ、高等女学校とよばれ、男は中学ののちに高等学校というのがあり、さらにその上に大学がありました。ところが、女には大学の門戸は開放されず、女子大学と名づけられたところはありましても、それは専門学校で大学ではなかったのです。また、女学校と中学校の教育内容は、中学の方がはるかに水準が高いのに、女学校の方に高等の字がかぶせられたのは、女子教育は、女学校位で高等であるということだったからだそうです。そこで、いわゆる良妻賢母という、封建的な婦徳を高揚した女子教育がおこなわれ、「女らしさ」というのがつくりだされて、富国強兵、忠君愛国、軍国主義へ女たちを収斂《しゅうれん》していったわけです。教育体系というのは、すでに皆さんが御存知のように、ときの支配体制を支える思想で貫徹されるのですが、戦前の教育体系には、それがすこぶるむきだしになっています。ですから、女たちは、教育制度の中で男たちより劣るものにされてしまった。つまり、女ははじめから男に劣っているのではなく、社会の差別の制度の中で、男より劣る者にされてしまったのです。ボーヴォワールは、「人は女に生まれない。女に成るのだ」と言っていますが、女は支配層の意図のなかで劣者としてつくりだされたということが女の歴史をかえりみるときいえます。

さらに公娼制度の問題ですが、封建社会で制度化された性奴隷のこの制度は、社会の構造に封建的なものが残っているため、戦前も、封建期のまま温存されています。それは男女差別、抑圧のある社会では、その社会を温存させ、支えるための「必要悪」となるのです。

私は、大阪の飛田遊廓あとに行ったことがありますが、すこぶる広大な場所を、刑務所の塀さながらの高い塀で囲い、その中で、性売買が公然とおこなわれ、それが戦後も、一九五八年まで、公認されていたことを考えますと、日本の女性蔑視の根深さが、いまさらのようにおもわれ、そのとき私はあらためて激しい怒りをおぼえました。

現代の問題点

女の問題は対男性とのかかわりで発現しますが、その問題の根は体制の構造にあるのです。ですから、体制の構造がかわるとき、女の問題もまたかわっています。これは、男の人の問題も同じです。さきほども申しましたが、「女と働く人との運命は共通している」のですから、女の状況がかわるとき、男の人の状況もかわっています。このことは、社会の変革がおこなわれるときに実にあざやかにみられ、敗戦のおりの変革にもこのことがあらわれています。

敗戦後の新生日本の方向として、民主化五大路線がＧＨＱからうちだされました。これは、「完全な男女同権と婦人の解放」「労働者の団結権の保障と組織の助長」「教育の自由主義化」「専制からの国民の解放」「経済の民主化」でした。完全な男女同権と婦人の解放がいわれるとき、労働者の団結権と組織の助長がいわれ、それは教育の自由主義化へつながっていることに注目して頂きたい。また、女が解放されるとき、男たちも解放されることは、絶対主義的な天皇制がなくなり、天皇の名によって、うむをいわさず男たちが戦争へかりだされることもなくなっている。さらに、秘密警察による拷問などもここで否定されています。そして経済の民主化の中で、独占の廃止、財閥の解体、農地解放がおこなわれたのです。

けれど、この変革は、日本の近代にのこった前近代的なもの、即ち、封建的な制度をここで払拭したのであり、いわば日本近代化の総仕上げであり、それは、また下から盛りあがったものというより、上からの改革であったことに、体質のもろさがあり、権力側の政策変換のなかで後退していきます。

ＧＨＱの占領政策は、一九四八年から、日本民主化よりも「今後極東に起こるかもしれない新しい全体主義の脅威に対しての防壁」と日本をすることに変わり、さらに安全保障条約とだきあわせに単独講和がむすばれた一九五一年以後は、日本の民主化路線は次第に受難を重くし、こんにちにいたっていると申せます。

さて、女たちの現代の問題点ですが、民主化路線の受難が深まっていくとき、職場においても、また、女たちは、母性保護の当然な権利である生理休暇や産前産後の休暇がとりにくくなり、若年定年制、結婚退社制などが強制される一方、高度な知的専門職の職場からもしめだされてゆきます。女たちに職場でしめつけがきびしくなると き、男たちにもまたしめつけがきびしくなり、労働組合は御用組合化され、教育も教育委員の公選が任命制になってゆき、勤評その他次第に非民主化され、経済の場では独占の復活もたちまちおこなわれ、そしてこんにち軍国主義化への傾向をつよめ、民主主義の空洞化が強く指摘されるとき、女たちの解放路線も、前途多難な状況にあることが指摘できます。

さきほど、研究発表のおり、明治以来、戦争のたびごと、女たちの職場進出の数がふえてゆくことが指摘されていましたが、これは、日本の独占資本主義形成の過程と、女の職場進出がみごとに対応していることが指摘できます。日本の資本主義は、戦争のたびごと、その体質をふとらせて来ており、婦人労働は、その底辺を支えてきたといえます。

こんにちでもそうですが、女たちの職場への進出は、経済的自立をめざすものよりも、家計補助、もしくは嫁入り道具をととのえる資金かせぎの傾向が一般的であり、つねに、使い捨ての若年低賃金労働力として利用され、景気調整のクッションとなっています。女たちの職場進出がすなわち婦人の解放とはいいがたい。女たちがどんな職場へ動員されているかということをみるとき、そこにはかがやかしい解放のすがたを大きくみることができません。利潤追求のあみの目にがっぽりとからめとられての職場進出であるといえます。では、女たちの職場進出は、まったく女の解放につながっていないかといいますと、働く女たちの量が多くなってゆくことにより、弁証法的な質的転換をとげ、女たちの解放の質をたかめる上で、ずいぶん大きな貢献をしています。こんにち日本の婦人解放の中核となっているのは、働く女たちであり、仕事を通じて社会のひずみ、女の問題を自覚した彼女たちこそが、これからの新しい女の歴史をひらく人たちであるとおもいます。

ところが、研究発表にもありましたように、女の若年労働者たちのおおかたが、職場生活は結婚までとしています。私はこのこともあながちに非難できません。なぜなら、こんにち女たちの動員されている職場は、そこに生き甲斐をみいだすことのできるほど、すばらしいところではなく、いずれも、男の人の補助労働であり、利潤追求の道具化されているのであり、どんなにその職場でがんばって働いても、そこで人間性が豊かに開花できるめぐまれた条件の場所は数すくない。職場に生き甲斐をみいだせないから、彼女たちは、結婚の中に生き甲斐をみいだそうとするのです。ことに、こんにちの女性週刊誌は、女たちに結婚への幻想をあおりたてますし、テレビのコマーシャルもまた例外ではありません。

ここに女たちのおとし穴が用意されているのです。なぜなら女たちは、職場でどんなにがんばっても、男女差別きびしい一般の職場では、女たちを管理職に登用せず、万年平社員の運命にあります。

ところが結婚することによって、エリートコースをのぼってゆく男の性的共存者となることによって、女は、何々夫人といわれる社会的地位を手にいれることができるのです。職場で苦労するより、そのセックス・アピールによって、丈夫で長持ちするエリートコースの男を夫にすれば、女たちは、すこぶる楽に経済生活も社会的地位も得られるのです。ですから、仕事の腕をみがくより、もっぱら顔をみがき、スタイルに気をくばることに、女たちは懸命になりますし、それがまた「女らしい」とたたえられもするのです。

男の人が、性を手がかりにして、女の人に養われる場合は、ヒモと言って軽蔑の対象となり、男の風上にもおけないとされますが、女の場合はそれがあたりまえとされるのです。階級社会が出現して、支配・被支配の関係が男女の間にもたらされるようになったとき、男が女を私有化していったことをさきほど申しましたが、女たちは、これはおれの女だぞと、男の人に私有化されて以来、今日まで、延々と悲しいことに、性を手がかりにして、それで経済生活と社会的地位を確保するようになり、それが、女の一つの文化の型としてこんにちまでつづいているのです。なぜ、つづいたかといいますと、それはつねに支配体制がその方が都合がいいからであり、支配のイデオロギーに貫徹された文化の型となっているからなのです。封建時代には、男たちの抑圧移譲の場として男女差別がありましたし、資本主義社会のいまもまた、男たちをモーレツ・ソーレツ社員として働かせるために、妻子を養うことを男の甲斐性とすることによって、利潤追求のわなをしかけてあるのです。

資本主義社会は、人間中心の社会ではなく、利潤追求、つまり金もうけを中心にあらゆる人間関係がむすばれます。人間と人間の関係が、本来的な人間対人間の関係でなく、ソン・トクの関係でつながるのです。ですから人間関係に不信が大きく出てきます。ところがまことの愛情関係には、ソン・トクはなく、互いのいたわりあいだけがあります。「せまいながらも楽しいわが家」というのは、そこにはソン・トクの関係でない、愛情関係による人間関係があるからです。

ですから、男も女もそうした人間関係による結合をのぞむわけです。女たちが職場で生き甲斐を持てないとき、男たちもまた、生き甲斐のある職場というのはそう多くない。男たちもまた、職場で利潤追求の道具にされているのですから、妻や子との愛情関係を生き甲斐にするのです。ところが、核家族となった夫妻中心のこんにちの家庭は、女にとっては、すこぶる居心地いいところかも知れませんが、この家庭を維持するために、男たちはより一層の労働強化を生きなければならない。もちろん愛する妻子のためならエンヤコラとがんばるわけですが、ここで、女と男の格差がでてくるのです。

つまり男たちは、社会の中で働くことを宿命づけられています。結婚するから退職しますなんて男は言えないわけです。どんなにつらくとも是が非でも働きとおさなければならない。家庭の経済の責任を持ち、仕事の責任を持ち、仕事の中に勤評があって、ストレスにみちてがんばるのです。この中で、いわば男はきたえられ、人間的に成長してゆきます。ところが、結婚して家庭に入った女は、夫の愛につつまれ、また子どもが保護をもとめて絶対的な信頼のまなざしで、たよってくれる。実に居心地いい状況がそこにあり、自分の存在の充実感があるのです。差別と偏見ときびしい勤評のある職場で働くより、どんな、なおざりなことをしても、家族という馴れあいの人間関係の中でそれは肯定される。夫は妻が必要、子どもは親が必要ですから、自分の存在が、他者から必要かくべからざるものとして、その存在理由が、大変即物的に出て来ますので、そこで満ちたりてしまう。男は社会の中できたえられているのに、女は、家庭において甘やかされている。もちろん、社会の中で、ますます俗物化してゆく男たちも多く、家庭において世俗にまみれない女たちの方が、純情な心情をいつまでも保ちつづけている側面もなきにしもあらずですが、やはり、経済的な自立のない生活、他者にその経済を寄生した生活は、女に人間的なたしかな自己確立をもたらしません。こんにちでも一般的な傾向として、社会人としては男より女たちの方がはるかに劣っていますが、これは、本質的なものではなく、男と女の生きなければならぬ状況によってもたらされた、後天的につくられた格差なのです。

さて、こんにち、女のライフ・サイクルと言って、結婚まで働き、子産み子育ての時期には退職して家庭にあり、子育てがすぎたら、ふたたび職場に出ることがいわれています。けれど、職場における男女差別がある限り、このライフ・サイクル論は、資本の利潤追求のための論理であるといえます。なぜなら、女の若年労働力を能率高く利用し、ついで、次代の労働力を生み育てる時期には家庭に帰し、さらに子育ての手がはなれた時期に、ふたたび低賃金で働いてもらうことにしている。現在の資本の側の婦人対策がライフ・サイクル論になっていることに注目してほしいとおもいます。

私は最初に、現在は法的には、「寄りあい婚」であるにもかかわらず、封建時代の結婚のかたちである「嫁入り婚」があたりまえの風俗としてうなずかれていることを申しました。結婚したら妻は夫に扶養され、その従属下にあるものとする「嫁入り婚」的風俗がなくならないのは、そうした結婚生活のかたちを残しておくことは、資本の利潤追求にとって、大変都合がよいからなのです。母性というのは、これは社会的な営みなのです。なぜなら、それは種族保存の営みであり、人類にとって大変大切な役割を果たしているのですが、これが、社会的な保護がなく、私的な場でおこなわれていることに問題があるのです。

つまり、女の肉体に母性機能が大きく発現するのは、結婚して、妊娠・出産・育児の時期であり、女たちが、その肉体において、種族保存の営みを大きくになうとき、経済権の場所から、はじきだされてしまい、経済的にまったく無力状態になってしまうのが、こんにちの一般的な現状です。そして、この経済的に無力状態になった妻をかかえ、さらに子どもをかかえ、その生活費のために働かなければならないのが夫の立場にある男たちです。

婦人問題はうらがえせば、男性問題だというのは、手のうらおもてのように、はなれがたい関係にある男と女なのですから、女が苦しい状況におかれるときは、それはまた、ただちに男たちへはねかえるのです。さらにこんにちでは、消費生活が高度にすすみ加えて物価高になっているため、普通のサラリーマン層の場合、男一人の働きでは、とても妻子を養い、子どもの教育費まで手がまわりません。そこで、結婚によって職場を追われた女たちは、内職とかパートタイムとかに動員され、低賃金で働き、いわゆる国民総生産世界第二位といわれる日本の経済繁栄の最底辺労働を支えているのです。

女が結婚によって男に食わせてもらうという風俗は、男のためにはならないで、資本の利潤追求のためであることをよく知ってほしいとおもいます。つまり、男たちは、職場において、モーレツ社員となって利潤追求の能率をあげ、くたびれきって帰って来た彼を、やさしくなぐさめ、休養させて、ふたたび、あすのモーレツ社員としておくり出してやるのが妻のつとめであり、その妻の働きによって夫が出世すれば、生活も楽になり、豊かなマイホーム生活がおくれると、説かれてもいます。しかし、マイホームぐるみ、こんにちではすべて利潤追求のあみの目にむだなくくみいれられていることを、私たちは、認識し、利潤追求の道具化され、それと気づかないうちに奇形化されている人間生活を、あらゆる生活は人間のためにこそ存在するというかたちへひきもどしてゆくべきだとおもいます。

こんにちの高度な消費生活も、資本の利潤追求のあみの目にくみこまれていますし、また、父と母がその子のために働くことも、利潤追求のメカニズムの中にくみこまれているのです。

なぜなら、こんにちの複雑化した工業化社会は、高学歴の労働力を必要としますし、学歴が高ければ収入もまた多くなりますから、父母はその子の教育のために、いわば犠牲にもひとしい苦労を重ねて働きつづけます、ところが、苦労して育てた子は、優秀な労働力となって、資本の側にとりあげられ、あとには産卵をおえたのちの鼻まがりの鮭のように、みすぼらしくやつれた老人夫婦がとり残されるというのが、こんにちの一般的な傾向です。

子産み・子育てという社会的な仕事を、家庭という私的な場で、父母の犠牲においておこなわせ、その果実である成年となった労働力をたくみにとりあげて、能率よく利潤をあげているのが、現在の資本主義の体制であるといえます。

人間が人間そのものとして尊ばれず、すべて利潤追求の道具としてだけながめられ、扱われるとき、種族保存の母性機能を大きくになう女たちは、そのことのない男たちとくらべられると、労働力の劣るものとして、労働力市場では買いたたかれるのは当然なのです。しかし、女の母性機能がハンデキャップとされるとき、男の人もまた、中年すぎて体力が落ちたときには、まだ働ける能力が充分あるのに、定年退職の強制となり、いままでのキャリアが生かされない低賃金部門へ追いやられます。さらに健康を害した病人の場合、体力の衰えた老人の場合、あるいは肉体的にハンディキャップのある人たちは人間としてスクラップ化されて、人間としての生き甲斐を与えられないのが現状で、世の人々は、そのことをあまりふしぎがらずに、それが「世の中」というものだと思いこんでいます。

けれど、こうした人間に対する見方は、支配体制の側のものの見方を、そのまま無批判にうけいれて、人間を見る見方であり、人間を利潤追求の道具化した見方なのです。あらゆる人間が人間として尊ばれなければならないとき、あらゆる差別は、人間が自分自身を冒瀆することであることを知ってほしいとおもいます。

こんにち、働くことがすべて利潤追求のあみの目にくみこまれていることによって、働く意義について疑問をおもちの方もあるかもしれません。けれど、女たちが家庭にあることもまた、利潤追求のあみの目にくみこまれているのです。経済権の自立のないとき、人間としての自己確立もまたおぼつかないのです。ところが悲しいことに、目下の日本の女たちは、働いても、自分の生活を自立して営むだけの経済権の確立ができがたい低賃金にいるのです。ですから、結婚して子どもが生まれると、子どもの保育料や家事のやりくりのことを考えると、職場にいるより、家庭にいる方が、経済上やりくりがつくということで、家庭に入ってしまう人たちがおおかたでもあるのです。そして、職場に生き甲斐を持ち、経済的にもやりくりのつく女の人だけが、職場に残ることになりますと、わが子を置き去りにして、働いているという白い眼でみられがちになり、働く女たちに、そのことも大きな負担となっていることが、さきほどのシンポジュウムにおいても、女の先生方からつらい体験として告白されています。

いまから、約五十年ほど前、中国の文学者魯迅は、北京の女高師で、「家出したのちのノラはどうなったか」と題する講演をおこない、職業人としての経験のない人形妻ノラは、生きるためには売春婦になるか、ふたたび夫のもとにもどって人形妻となるしかないのであるから、婦人解放のためには、経済権の確立が必要であり、女たちは繰り返し経済権よこせ、経済権よこせと叫びつづけ、経済権の確立を志せという意味のことを言っています。私もまったく同感です。

女たちの経済権の確立には、まず、具体的にこんにちでは憲法二十五条に保障されている人間として健康にして文化的な生活のできる最低賃金制の確立と、母性の社会保障の確立が、二大基本的条件であるとおもいます。何度も申しますように、女たちの解放は、男たちの、女とくらべての特権をおびやかすことではありません。男たちの人間的な解放もまたもたらすものであることを、今日は、男の方もだいぶおみえになっていらっしゃるので、どうぞこのことを男の方々はよく知ってほしいとおもいます。

明治四年、「部落解放令」の出たとき、貧農達が部落解放反対の一揆を起していますす。おれたちが部落の者なみになるなんてとんでもないというわけです。貧農というのは、支配のもっとも下づみの場、もっとも悲惨な収奪にさらされていましたから、その抑圧を、被差別部落の存在によってなぐさめていたのです。被差別部落がなくなることは、自分たちがもっとも下づみになると錯覚したのです。世のひずみをその身いっぱいにうけている被差別部落の人たちとともに共同して、前むきに歴史を新しくすることを考えず、抑圧をつねに下ずみの人に移譲することによって、自分の貧農状態を固定化することしか知らない無知のあわれさがこの一揆にはみられます。

こんにち、えらそうにしている男の人たちにも、すくなからずこの無知のあわれさがみうけられるのです。何度も申しますように、女の解放は男の解放とはなれがたくつながっているのですから、男女差別を、男対女という場でみるのではなく、こんにちの社会の構造の中で、どのような支配の意図のもとに男女差別がもたらされているかを、はっきりととらえて、女の問題は男の問題であり、女たちの母体保護の生休・産休の問題は、子どもの問題と直接つながっていることを、男の人たちは知ってほしいとおもいます。

「奴隷の意識は主人の意識だ」（ヘーゲル）ということばがありますが、生活の場で自己確立を持っていない人たちは、自分自身の主体性を確立していませんから、ものの見方、考え方を支配者の考え方をそのままうけいれ、支配の被害者でありながら、支配の共犯者となってしまう悲劇は、男女をとわず、こんにちでも一般的にみられる傾向です。

結婚が女たちによって、一生の生活保障の場であり、子産み子育てが夫の働きによる生活保障のもとに、女たちがおこなっている限り、女たちのたしかな人間的自立はおこなわれがたく、女たちがその人間的資質を豊かにみがく機会は、壁厚く閉ざされます。このことは、低学歴のゆえに、その人間的資質を発現する職業や機会を与えられない底辺層の人たちと同じ運命にあり、さらに売るべき労働力を持たないため、社会的に廃棄処分化される病人・老人などの弱者の運命ともまたつらなっていることは、さきにみたとおりです。

これら日かげの人たちの状況をひらくことと軌を一にしなければ、女たち全体の状況もひらかれず、それからまた男たちの状況もひらかれないことが、女の歴史をかえりみるときつよく指摘できます。

最後に、働くということは、どういうことかについて、ひとこと、言いそえておきたいとおもいます。ドストエフスキーの小説に『地下生活者の手記』というのがあります。その主人公は自分はエゴイストであると言い、毎朝いっぱいのおいしいお茶がのめるなら、世界なんか破滅したってかまわない、自分の生活さえ快適ならば、他人なんかどうだってかまわないといっています。私は、せんじつめれば、誰もが持っているこのエゴイズムを肯定したい。肯定した上で、さらに言いたい。たしかに、おいしいお茶をのめることが出来れば、世界が破滅してもいいでしょう。けれど、お茶をつくっていないあなたは、世界が破滅したら、おいしいお茶がのめなくなるはずです。世界のお茶をつくる人たち、いいかえれば、生産の現場で働いている人たちの生活が、よりよく保障され、その人たちがよろこびにみちてつくるのでなければおいしいお茶は、つくられない。よりよいお茶、つまり、カドミウムにも、水銀やＢＨＣ（編注・農薬の一種）にも汚されないおいしい飲食物をとるには、それらのものが、利潤追求のためのものでなく、人間のためのものとしてつくりだされなければならない。自分の快適な生活をのぞむならば、それら、生産の原点に働く人たちの生活が快適なものでなければ、自分の生活の快適さもまた永続した保障がないことになる。このことをおもうとき、私たちの働くということ、自分の生活の快適さを確保するために誰と連帯するかということになります。なんのために働くかと言うと、パンのためであることが、基礎的なものですが、そのパンを、どのような生産関係によって、私たちは生産するのか、利潤追求のためであるのか、人間のためであるのか、ということをはっきりつかまえて、自分の働く意義を考えてほしいとおもいます。

母親大会のスローガンの一つに、「母親がかわれば社会がかわる」ということばがあります。これもまた一つの真理の側面ですが、女の歴史をみますと、おおかたの母親たちは、社会より先にかわることをせず、社会がかわってから、かわっています。

これは、主人の意識をおのれの意識とした奴隷的意識の持ち主であるからなのであり、社会がかわる前に、かわっている母親は、人間としての自己確立を成しえた、すばらしい精神の持ち主たちです。子どもは、母親のたんなることばに影響されるものではなく、その生き方に影響されるところが大きいはずです。人間としての自己確立のない母親は、子どもからあわれまれることはあっても、尊敬されることはありません。くりかえし申しますが、経済権の自立のないとき、人間としての自立もおぼつかないのですから、困難にめげず、女の新しい歴史創造の前衛として、女の教師の皆さんは誇り高く生きてほしい。こんにち、さまざまな差別と偏見にさらされる家庭と職業の両立は、女にとって、すこぶる大変なことではありますが、職業人としての長い歴史とたたかいがあったため、女の教師は、他の女たちの職場より、働く条件がいささかよくはなっています。そして皆さんがよりよい条件をさらに獲得してゆくことは、下づみの場で苛酷な労働条件にあえぐ人たちの労働条件を引き上げるための牽引車の役割を果たすことにもなるとおもいます。よりよい条件にエリートとして自足するのではなく、下づみの場で働く人たちと、どのように手をとりあって人間解放の歴史を拓いていくか、このことを日常的な課題としてほしいとおもいます。

（一九七〇年八月二十九日・「大分県高教組婦人部のつどい」における講演）

おんなの戦後史

戦争の共犯者

太平洋戦争における死者は、戦場における軍人軍属の戦死者約百五十五万五千人、負傷者はのべ八百万人、国内における空襲などの死者約三十万人、負傷者約三十五万人と発表されている。国内における死傷者数は関東大震災の約十二倍といわれているが、原爆などによる被災のなかみは、いかなる天災もおよびつかない残酷なものである。空襲によって家を失った人々も約八百七十五万四千人いる。

戦争によるこれらすべての災禍は、人間の行為によってもたらされている。国中の人々が、きっぱりと戦争を拒否したならば、あわずにすんだ惨禍でもある。

太平洋戦争宣戦の詔書は、「自存自衛ノ為蹶然《けつぜん》起ツテ一切ノ障礙《しょうげ》ヲ破砕スル」とある。開戦を告げた朝日新聞の社説は「いまや皇国の隆替を決するの秋、一億国民が一切を国家の難に捧ぐべきである」と結ばれている。こうした中で戦争に協力した国民は、戦争の主犯者ではないにしても、共犯者なのである。女といえども、例外ではない。

「兵隊さんは命がけ、私たちはたすきがけ」を合言葉に、小旗を振り、歓呼の声をあげ、男たちを戦場に送った女たちの、あざやかな共犯性。子や夫を戦死させた女たちもまた、被害者であるとともに、共犯者でもある背反性を、にがく身に帯びているのである。

こんにち、女たちの戦争体験の記録がすくなからずある。そこにみられるのは、戦争に対するうらみつらみであり、被害者の立場から、戦争について書きしるしているが、共犯者としての、自己の戦争責任に対する告発は、きびしくおこなっていない甘さが目立つ。

たとえば、北上山系の山ふところから、わが子を戦場に送った母たちは、「川原の石ころ、ひろって来て、あらって神さまさあげて拝むと、兵隊の足さ豆できねエっていうのでなス、毎日オラ川原の石ころひろって来ては、あらって拝んだものだエ」(注1)と、当時を回想する。石ころを洗いながら、「気持が良ガンベエ。足ア楽ニナッタンベエ。足ヲアラッテ寝マベシハァ」(注2)と、おもいをすりよせていとおしんだわが子が「殺しつくし、奪いつくし、焼きつくす」戦争の中で、どんな役割を果したのか、彼女たちはみじんも考えることをしていない。

ナルシシズムにも似た自己愛惜の中で、戦争時代を情緒的に回想、その不幸を涙でしめらせることはあっても、戦争反対のための行動に大きく立ち上がっていないのは、戦死者の妻たちにおいても同じである。

奥羽山脈の山ふところに住む、戦死者の妻は言う。「お国から金もらってナス。ありがてエことだと思うマス。〝なに、生きてたって、酒ばかりのんで、借金ばかり残す男もあるものだ〟っていう人もあるナス。……今度戦争がおきたら、今度もまた誰かにやっぱし当ることだべナッス。世の中ってそんなんだべまっちゃ(注3)」

戦争に狩りだされた男たちは、二十歳から三十五歳にいたる青壮年層が主力である。こんにち四十代なかばから五十代なかばにいたる女は、男より百三十万人も多い。この世代にきわだつ男女比のアンバランスは、戦争未亡人・戦争未婚者が、やはりこの世代に集中していることを物語る。

戦争被害は、日本の女たちだけが大きくうけたのではない。日本に侵略された国々の女たちもまた、傷あと癒えない、くやしい戦争体験を持つ。中国はじめ東南アジア諸国の残酷きわまる戦争被害をみるとき、侵略戦争にくりいれられたことにより、日本の女たちは、加害者としての責任を問われることからもまた、のがれることのできない立場にいるのである。

注1　小原徳志編『石ころに語る母たち』(未来社)。

注2　中国戦線で日本軍が行なった非人道的な戦術を、中国では「三光」と呼んだ。三光とは殺光(みな殺しにする)、搶光(略奪しつくす)、焼光(焼払う)をいう。

注3　菊池敬一・大牟羅良編『あの人は帰ってこなかった』(岩波新書)。

性の犠牲

戦争のたびごと、敗者側の女たちが、勝者側の男たちの性の犠牲となる悲劇は、昔も今も変らない。

勝者の男たちは、食には不自由していないが、性には飢えきって日本へやってくる。その男たちに提供する女たちについて、敗者の男たちは、売春業者をあつめて相談した。そして八月十八日、内務省から、全国の警察署長あて、指令が発せられている。「芸妓・公娼妓・女給・酌婦・常習的密淫売犯者等を優先的にこれにあてる」と。

売春関係の職業についている女は、戦争がすすむにつれて次第にすくなくなっていた。売春関係の施設もまた、空襲などで焼け失せていた。女の調達と施設の整備のため、政府が五千万円の融資を約した特殊慰安施設協会(のちに国際親善協会と改称)が、売春業者によって設立されたのは、敗戦後まもなくである。「戦後処理の国家的緊急施設、新日本女性を求む」の広告が、焼け跡の町に出され、新聞広告もまたおこなわれている。新聞広告では「職員・事務員募集」となっており、高給優遇とある。戦争中動員されていた職場からはじきだされ、焼け跡の中で、生活の道をさがしていた若い女たちが、広告をみてあつまって来た。

実態は慰安婦だと言われ、考えこんでしまう者が多かったが、業者は、あつかましくも「お国のため、国際親善に貢献し、日本婦人の貞操の防波堤ともなる特別挺身隊員なのだ」と説得した。戦災して衣食住のめあてのない生活におり、家族のためにも収入がほしい者は、それが保障される職場ならと、慰安所の具体的な内容を知らないまま、勤めることをうなずいてしまった者もいた。

戦争中、お国のためという大義名分が、あらゆる個人的理由を圧殺して、人々に犠牲を強制、そのことによってたしかな利潤をあげた人たちがいた。慰安所業者から、同じことばが臆面もなく言われ、職を求めなくとも生活できる層の女のかわりに、職を求めなければ生活できない女たちが、「日本婦人の貞操の防波堤」として、犠牲にされたのである。

占領軍は、先遣隊が八月二十八日厚木に到着、その後、半月あまりの間に約十二万人が進駐、十月末には約三十万人の将兵が進駐している。進駐して来た兵士たちは、慰安所に列をつくった。その結果、性病が枯野を焼くにも似た勢いで蔓延して占領軍をあわてさせ、将兵の慰安所立入りが禁止されている。

慰安所は業者がうたいあげるような「防波堤」にはならなかった。占領軍が進駐した地域は、慰安所があっても、その日からさっそく婦女暴行がはじまっている。九月はじめの新聞記事には、事件がいくつか伝えられているが、その後紙面から消えている。プレスコードがしかれ、占領軍批判がきびしく取り締まられたためである。

そのため、占領軍の友好的な側面だけしか知らされないので、無知からくる女たちの悲劇もすくなからず発生した。たとえば、英語を教えてやると近づいて来た兵士に、焼けビルに誘いこまれ、十数人に輪姦された娘。うしろから来たジープの警笛に何気なくふりかえり、そのまま連れ去られた人妻。夫や親たちを抵抗できないように縛りあげ、その前で妻や娘が輪姦されることも珍しいことではなかった(注)。

敗戦の年十一月、東京都内でおこなわれた占領軍関係者の犯罪は、婦女暴行・強窃盗・その他届け出られたものだけでも、合計五百五十四件記録されている。婦女暴行は人の目にさらされたもの以外は、被害者が話題にされることをおそれて届け出ないため、届け出件数より、はるかに多いと推定されている。

輝かしい戦果がいわれていたとき、侵略先で日本の男たちもまた同じことをおこなっていたのである。侵略的な戦争は男たちを野獣化し、野獣化した男たちのえじきとして、敗者側の女たちはつねにむごたらしくもてあそばれる。敗戦のとき、日本の女たちも例外ではなかったのである。

注　小林大治郎・村瀬明著『みんなは知らない』（雄山閣出版）、水野浩編『日本の貞操』、五島勉編『続　日本の貞操』（蒼樹社）などによる。

売春婦たち

新しい時代には、かならず新しい性風俗がともなう。戦後の新しい性風俗は、まず売春の世界にあらわれた。

敗戦後まもなく、焼け跡に野犬のようにあらわれたパンパンと呼ばれる女たち。彼女たちによってもたらされた新しい売春風俗を、小説『肉体の門』（田村泰次郎）は、つぎのようにえがいている。「自分で客を見つけ、自分を売る。これ以上の合理的な直売法はどんなやり手の商人でも考えだしたことはない。銀河や星のきらめいている夜空のもとで、あるいは蒸し暑い雨雲の垂れこめた下で、焼けビルのなかで、立ちかけのマアケットのなかで、埋め残されたじめじめした防空壕のなかで、彼女たちは雑作なく仰向いてたおれる」

近代日本には性奴隷の公認市場が公娼地帯とよばれて存在した。「家」の犠牲になって、そこへ売られてくるのは、前近代的な地主制度に苦しくあえぐ、貧農層の娘たちが多かった。彼女たちは、「公娼制度の廃止」が、婦人解放路線の一つとして、GHQから指令されても、公娼から私娼に名をかえられただけで、前近代的な前借制度で身柄を拘束され、雇い主に監督された封建的因習むごたらしい管理売春から、ぬけだすことができずにいた。

ところが、みずからえらんで街に立ったパンパンたちのおおかたは都市生まれの家出娘である。「家」の犠牲となっているじめついた暗さがないかわり、人間不信の乾いたニヒリズムが、戦争の傷あとと共に、彼女たちにはあざやかにあった。

世の妻たちが、夫の社会的地位によって格付けされるように、パンパンたちも、客種により、特定の相手を持つものはオンリー、不特定多数を相手とするものはバタフライ、浮浪者などを相手とするものはジキパンなどと呼ばれて格付けされた。一般的なパンパンは、バタフライとよばれる層である。

一九四七年八月、東京都内で検挙された街娼八百三十九名について、つぎのような警視庁の調査がある。

検挙された街娼の年齢は十四歳から四十歳以上にわたり、そのうち十八歳から二十六歳までが九〇％。学歴は女学校卒が第一位で二百六十二人、全体の三〇％を占め、二位の高小中退よりはるかに多い。専門学校に学んだ者も十四人いる。前歴は、事務員、店員、ダンサー、工員、学生の順で、その動機も、享楽を求めて三百六十五人、生活苦三百十人、好奇心二百八十四人、誘惑されて百四十人、暴行されて自暴自棄七十五人と、戦後的特色がいちじるしい。殊に、誘惑と暴行の相手が、占領軍将兵がほとんどであることも、占領下の女の状況が物語られている。

ほぼ同じ時期の内務省での資料では、検挙者の性病被病率は約四〇％とある。収入は七万円近いものもいるが、おおかたは三万円たらずである。当時、消費者米価は、一升二十一円三十八銭。ヤミ米はその十数倍である。配給の籍を持たない女たちは、ヤミ市の買い食いで、収入のおおかたを使い果している。

ヒモとよぶ寄生者もなく、暴力団とは共同戦線的な横の結びつきを持ち、無法地帯に生きていた女たちは、この時期、女たちだけで自衛的なグループをつくり、団結していた。その中に、夜嵐のあけみ、かみそりお蘭、上海のおてる、ピーナツ山猫のおよね、ラク町まゆみなどと名のる姉ご格の女がいたが、いずれも二十歳前後である。時代のあらゆる先端的な風俗は、この年代層がエネルギーにみちて生きてゆくのだ。NHKの街頭録音「ガード下の女」（一九四七年四月放送）で、有名になったラク町お時も、有楽町界わいにあつまる二百人近い女たちの姉ご的存在であり、彼女は当時かぞえの十九歳である。

婦人解放がいわれていた旧秩序の解体期、警察による〝狩り込み〟にめげず、街頭にあふれでていたパンパンたちには、従来の女のあり方を否定する活力がなまなましくあった。にもかかわらず、彼女たちが新しくないのは、売春は、その風俗がいかに新しいものであっても、女の古い生き方でしかないからである。

なお、パンパンとは、女を意味するインドネシア語でプロムパンのなまったものではないかといわれている。

たけのこ生活

成人一日米二合一勺、敗戦のときの配給量である。たっぷり副食があるならともかく、当時は米がおもなカロリー源。そのたのみの米も、さつまいも・じゃがいも・雑穀などが代替配給になり、遅配がつづいた末に欠配となっている。

箸のいらない水ばかりの雑炊をすすり、たまに配給になる魚は、すけそうたらやほっけばかり。かぼちゃの茎やさつまいもの葉をおひたしにしてともかく腹のたしにする。そんな食事があたりまえだった日常である。栄養失調のため、娘たちの生理がとまってしまうのも珍しくはなく、家族の食糧をやりくる主婦は、過労も加わって夜盲症となり、老いているからと食事を遠慮がちにする老婆のつめは、干からびてぬけ落ちた。

「米を売ってくれる農家を知っている」と、見知らぬ若い女に誘いかけ、人里離れた山林に連れこんで、七人を暴行殺害した「小平事件」といわれる中年男の犯罪は、米が宝物のようであった時代を背景としている。

飢えに泣き叫ぶ子をなだめかねて、川へ投捨てた母(『毎日新聞』一九四六年四月二十六日)。自分たちだけ米を食べ、雇人には代用食ばかり与えていたために、うらまれて殺された歌舞伎俳優一家。八高線高麗川駅近くで列車が転覆、死者百七十四人、重傷者三百人以上の惨事があったとき、死傷者の大半は、家族のためにさつまいもの買い出しに行った女たちだった。

飢えにせまられると、常識も分別も消しとんでゆく。買い出し先の農家が留守だったため、台所にしのびこんで、おひつのご飯をほおばってしまった主婦(『毎日新聞』一九四六年三月十四日)。妊婦にたまに特別配給になる魚も、大家族の嫁の身分では、本人の口には入らず、しゅうとやしゅうとめに横取りされている(長野県連合婦人会刊『戦後信州女性史』)。

農家へ嫁入ったら飢えずにすむこと、その縁故で生家の家族の飢えも救えると説く仲人口にうなずいて、都市生まれの娘が農家に嫁入ることが目立ったのも、このころである。

当時、都市生活者からうらやまれた農家も、なかへ入ってみれば、食糧がありあまっていたわけではない。供出割り当てはきびしく、それが未納の場合は強権発動による家宅捜索がおこなわれた。

戦前、農家の一人あたりの所得は、都市勤労者所得の半分にも満たず、戦後数年へた一九五一年にようやく都市勤労者に追いついている貧しさである。家族の人数に応じて残されたわずかな保有米を、生活物資ほしさのゆえにヤミ売りをしたあと、農家の食事もまた、「じゃがいも入りの朝ごはん、夜は大根とおいもを細くきった中に小麦を引割っていれた雑炊」（長野県須坂市公民館発行『私の戦争体験』）であり、都市生活者と大差ない食生活をしながらスキ・クワの重い農業労働にはげんだのである。

このころ、法の番人であるからと、ヤミ買いをせず、配給食糧だけで生活していた、一人の判事が栄養失調で死んでいる。敗戦から四、五カ月の間に、東京のヤミ市露店が六万店に達しているのは、法を守っていたら、生きられない時代だったからである。

ヤミ市がさかんになるとともに、農村からヤミ米を多量に買いあつめ、麻袋につめた一俵近い米を、背負って運ぶ、かつぎ屋といわれる人たちが目立ちはじめた。なかに女たちがすくなからずいた。当時、米は移動禁止。官憲にみつかったらその場で没収された。駅ごとに見張りに立っている警官や、列車内に乗りこんでくる武装警官の取り締まりから、巧みに逃げる毎日をくりかえし、戦後の生活苦を、かつぎ屋稼業でのりきった女たちの中に、権力の弾圧にめげない、たくましい根性の持ち主が多かった。

一方、かつぎ屋の運んでくる高いヤミ米には手の出ない庶民家庭の女たちは、みずから手持ちの衣類やそのほかの生活必需品を持って、農村に出かけた。戦災で着たきりの人たちは、春になると、冬に着ていた上着をぬぎ、米にかえた。それらの生活が、たけのこ、あるいはたまねぎ生活とよばれたのは、わが身の皮をはぐような生活だったからである。

戦後婦人運動が、戦前にみられなかった大衆的な行動性を持ちえたのは、明日食べるもののない生活を、身の皮をはぐようにしてきりひらいたことにより、自分の行動力に自信を持った女たちの存在と、無縁ではない。

婦人団体の誕生

「男女の完全な平等と婦人解放」は、占領政策の日本民主化五大路線の一つ。賽《さい》の河原の石積みにも似たせつない努力を重ね、長い歳月、女たちが要求しつづけても、戦前の日本政府のもとでは、ついに得られなかった婦人解放の諸権利が、敗戦後、法制的にはたちまち実現した。

戦後の婦人運動は、婦人解放の追い風にのり、敗戦の年から約三年の間に勃興する。勃興期婦人運動をになった主な婦人団体の成り立ちをみると、敗戦の年十一月、新日本婦人同盟（後の日本婦人有権者同盟）が、市川房枝ら戦前の婦選運動者を中心に組織されている。アメリカの婦人有権者同盟をモデルに、女権主義による不偏不党の立場で運動を展開しているが、婦選運動にあったエリート婦人運動の体質から脱しきれないため、自主的ではあっても、大衆的な婦人運動とはなり得ていない。

当時の婦人団体でもっともはなやかな出発をしたのは、敗戦の翌年三月発足した婦人民主クラブである。朝日新聞社の後援でその結成大会がひらかれ、GHQのすくなからぬバックアップもあった。

そのころ、GHQで婦人対策を受け持っていたのは、民間情報教育局の中尉、エセル・ウィードである。まだ三十代の彼女のもとに、加藤静枝、羽仁説子らが顧問格で出入りし、ここに通訳として松岡洋子が参加、新しい婦人団体設立のことがはなしあわれ、その後よびかけられて赤松常子、山本杉、山室民子、宮本百合子、佐多稲子らが加わって結成がすすめられている。初期占領政策のおとし子でもある婦人民主クラブは、やがて占領政策が日本非軍事化から、アメリカのための反共の防壁化へと変ってゆくにつれ、鬼子的に成長、GHQからはなれている。

婦人解放を、新日本婦人同盟が段階的な改良主義に求めるのに対し、婦人民主クラブは階級闘争のなかに求めている。勃興期の革新的な婦人運動は、この二源流のほか、労組婦人部の存在もみおとせない。

占領当初、労働組合の結成が奨励され、戦後一年をへた一九四六年八月末の労働組合数は約一万三千六百をかぞえ、うち女子組合員数は百万人近い。当時の労組は社会、共産いずれかの政党のもとに系列化され、婦人組織もまた例外ではない。しかし、革新といわれる組織にともかく多くの女たちが所属、職場の婦人問題にとり組み、ことあるごとに大きな動員力をみせるようになったことは、戦後婦人運動のきわ立つ特色である。

この時期、職能婦人団体の勃興や消費者運動を主とする主婦連合会、戦死者の妻たちが中心となっている未亡人団体の結成もみられるが、体制協力的な地域婦人会が、隠然たる勢力で復活してきたのもまたみおとせない。

戦争中、大日本婦人会の細胞組織であった地域婦人会は、敗戦の年六月、本土決戦がいわれて結成された国民義勇隊に吸収され、組織がなくなっていた。婦人会組織がないことによって、もっとも不便をかこったのは、地方行政機関である。婦人会は末端行政の下働きに、従順に奉仕してくれる便利な存在であったが、ＧＨＱの婦人対策は、官製婦人団体を許さない。そのため、自主的をたてまえとして婦人会の結成がすすむが、そのほとんどが行政機関の後見でおこなわれている。

戦前的な網羅組織の上、旧大日本婦人会の地方幹部が、ふたたび役員になだれこんだ地域婦人会は、その反動性が心配された。しかし権力の同伴者的体質のゆえに、女たちの社会的・政治的進出が奨励され、封建的因習打破がGHQからうち出されていた時期は、青年団とともに、地域の民主的勢力となり、進歩的な役割を果たしてもいる。

政党婦人部の存在も戦後的特色であり、保守政党婦人部は地域婦人会や未亡人団体の役員層と関係深く、革新政党婦人部は系列下の労働婦人部と関係が深い。

成り立ちや活動はことなっても、この期の婦人団体は、いずれも反封建・反軍国主義の立場をとり、法制上保障された解放を志していることが、目立つ特色である。

政界の新参者

女の議員はその進出のはじめ、女たちの反封建の志に支えられるところ、すこぶる大きかった。

日本の女がはじめて被選挙権・選挙権を行使したのは、一九四六年四月十日におこなわれた戦後最初の総選挙のときである。

この選挙戦のとき、男の立候補者が、天下国家のことを大言壮語するのと、あざやかな対比で、封建的な家族制度の廃止や女を差別している民法や刑法の改正を地味に説くのは、戦前、婦人運動に参加していた女の立候補者に多かった。

静岡県で立候補した山崎（現姓、藤原）道子もその一人である。夫の性的放縦を大きく許し、女にきびしい刑法の姦通罪の改正や、妻を無能力者扱いする民法の改正を、彼女が女たちに誓って選挙戦をすすめていたとき、戦争中、ボルネオで司政官をしていた夫が、若い現地妻とその間に生まれた幼い二人の子を連れて引き揚げてきた。日給九銭の印刷女工時代、彼女を社会問題に開眼させ、無産運動にみちびいた夫との同志的な三十余年のきずなはたやすく断ちがたかったが、彼女はみずから離婚を申し出た。

当選のしらせをうけたとき、彼女はいっている。「女としたら当選の喜びより、信じていた夫との別離の悲しみの方がはるかに大きい」と。「五年間も外地にいた夫の苦労もよくわかる。許せるものなら許したいという気持でいっぱいだが、でも、もし私が夫を許したら、私は当然、当選を辞退しなければならない。女の自覚と独立をいいつづけて来た私は、夫も許し、当選も甘受することはできない」（『朝日新聞』一九四六年四月十二日）。

戦前、女たちは多妻のうらみに泣き、夫の一方的な追いだし離婚におびえた。戦後の解放への序曲は、女たちにとって、妻の権利の確立だったのである。そのため山崎道子は、「泣いて馬謖《ばしょく》を斬る」かたちで、夫と離婚している。

このときの総選挙で、三十九人の女の議員が出現した。日本の女たちが解放のモデルとしたアメリカにおいてすら、上・下院あわせて女の議員は十余人にすぎない。国際的にも目立つ数だった。

この目立つ進出は大選挙区三名連記制の選挙法と、女がはじめて選挙権を使ったご祝儀投票が、女の立候補者へ大きくあったことがみのがせない。そのため「あいた口へぼたモチ」的な偶然で、議員にえらばれた女たちがすくなからずいた。彼女らは婦人議員クラブを結成、超党派の立場で婦人問題にとり組むことをもくろんだが、その会合の水準は「隣組の婦人常会である」と酷評されている（『朝日新聞』一九四六年七月十一日）。彼女達は議事法もまだ身につけていなかったのである。

戦後数年の間は、国会内での女の議員の言動がとかくうわさにのぼった。政治の世界への新参者として注目のまとであったことと、女であるため男よりきびしく批判されたからでもある。

党籍を転々とした女の議員が、イデオロギー的には対立する他党の、妻子ある議員と恋愛、「厳粛なる事実」を発生させたことがあった。彼女は相手の男議員ともども、婦人団体から辞職を勧告されている。そして彼女は次の選挙で落選しているが、相手の男は堂々と当選、そのことがかすり傷にもなっていない。

女に対する差別の言葉は、国会段階においても、当時、あたりまえのようにいわれていた。一九五一年一月、戸叶《とかの》里子が、首相の施政演説に対する代表質問を、本会議場において女ではじめておこなったときのことである。他党の男の議員が、ラジオの国会討論会において「首相への質問演説に女など出してけしからん」と発言した。「男女同権ではないか」と反駁されると、彼女の質問が立派であったにもかかわらず、いいのがれのため「委員会でするような質問では困る」とケチをつけている。女にきびしく男に寛大な差別を、人々があたりまえとする限り、差別を差別ともおもわない言葉が、あらゆる場所でまかりとおる。国会段階においても、そのことは例外ではなかったのである。

地方政治への参加

戦後まもなくのころは、女の票と女の議員の進出とは無縁ではなかった。このことが国会議員選挙においては、第一回の総選挙の際に典型的にみられ、地方選挙においては、戦後第一回と第二回の統一地方選挙の町村会議員の場合にあきらかにあらわれている。

第一回の統一地方選挙は一九四七年におこなわれ、このとき、女の町村会議員は全国で六百七十七人選出された。一九五一年におこなわれた第二回の統一地方選挙では、さらにふえて七百七十五人となっている。(注1)

当時、女の町村会議員のほとんどは、地域婦人会を選挙母体としている。そのため女の票と女の議員の進出は直結し、女たちの団結の強弱もまた女の候補者の当落に、たしかなかたちでみることができる。

町村会議員の選挙においては、部落ごとの地区推薦が戦前からあたりまえとされ、自由な投票ははばまれがちだった。ところが婦人会が選挙母体となった女の候補者は、地区を越えた女の立場から町村政参加をいい、男中心に運営されている町村政の因習打破をたかくかかげて選挙にのぞんでいる。そのため選挙の方法もまた新しかった。

第二回の統一地方選挙のとき、岩手県胆沢の一農村において、婦人会がおこなった伊藤まつをの選挙も、その例の一つである。立候補をためらう会長をときふせ、手続き、選挙費用、運動すべてを、推しだした女たちが責任を持ち、二十二人の定員のうち第二位で当選させた。選挙費用はわずか七百五円であった。(注2)候補者に経済的な負担をみじんもかけず、選挙者たちが中心になって手弁当で運動する「理想選挙」は、婦人会が中心になっておこなった戦後まもなくの地方選挙では、全国各地で珍しからぬことだった。

選挙事務所での炊きだし、飲み食いが当然とされ、買収や供応もさかんに横行する中で、から茶の接待しかしないのは女の候補者の選挙事務所に多かった。

金にも物にもたよらず、女の一票だけをたよりにストイックに選挙戦をたたかう女たちには、新しく得た選挙権によって新しい選挙をひらいてゆく開拓者としての誇りがあった。それとともに、長い蔑視にさらされて来た屈辱を、具体的な行動の中ではねかえしてゆく燃えたつような意欲もまたあった。

当時、婦人会の中心になったのは、四十歳台の壮年層の女たちである。彼女たちは封建的な制度と因習の中で子産み子育てを終え、戦争体験も浅からず持っている。嫁づとめからようやく解放され、主婦の座に落ち着いたとき、婦人会活動の中で制定まもない憲法や改正民法、民主主義などについての学習をおこない、近代的な婦人解放への意識高揚を持ったのである。

しかし、これら町村議会の女議員も、一九五五年の第三回統一地方選挙では、二百四人に激減した。(注3)町村合併による議員定数の減少が影響してもいるが、基本的な原因としていえることは、女の票が女の候補者にたやすく流れなくなったのである。

なぜなら戦後十年をへた社会の構造変化とともに、女たちの生活と意識が変わってきたからである。一九五〇年代の後半になると、もはや封建的なものは女たちのもっとも大きな重圧ではなくなった。地域に自主的な読書や学習グループが育ちはじめ、農協婦人部や生活改善グループも独自な活動をおこない、戦後十年近い歳月をへて行事化し、惰性化した婦人会活動に対する批判勢力となりはじめていた。そのため、選挙のとき、これらの女たちの票は、婦人会が選挙母体となっている女の候補者へそっくり流れてゆかなかった。

一方、政治の分野への新参者である女の議員は、まじめではあったが、政治に「女の立場」を反映させ、それを持続的に推進、女の状況をひらいてゆく識見と力量を持つ者はまだ数すくなかった。また、女たちは、男の議員よりも女の議員に対して批判きびしく、その批判は女の議員を育てるための率直な対話とならず、かげ口となって隠微にささやかれ、このことも女の議会進出を不利にした。

町村議会で女の議員がきわ立って減った第三回の統一地方選挙のとき、市区町村議選挙における女の投票率は男より高い。そして近年、いずれの選挙でも、女の投票率は男を上まわる。だが、投票行動の中で、自分の主権がどのようにくすねられてゆくのか、その仕組みにおもいおよばない女たちがふえることは、女の参政権のためにめでたいことではない。おのれの投票がどのような政治をささえることになるのか、そのことの反省をいま女たちは迫られている。

注1、3　婦人参政関係資料集（婦選会館刊）。町村合併などにより、統一地方選挙の期日からはずれた選挙もあるので、この数字は全国の総数ではない。

注2　伊藤まつを著『石ころのはるかな道』（講談社）。

子を産む自由

「寿《ことぶき》産院事件」というのがあった。一九四八年一月、東京・新宿の産院主夫妻が、もらい子の乳児二百四人のうち百三人を餓死させ、多額の養育費をただ取りし、配給品を横流ししていたことがわかり、逮捕された事件である。

殺された乳児のおおかたは結婚外の性関係によって生まれた子どもたちだった。新聞や雑誌の広告をみて、寿産院をたずね、そこで人知れず出産、そのまま子どもを置いてゆく母たちは、その子を産みたくなかったのである。

近代社会においての性関係は、結婚制度によって社会の中に秩序づけられており、結体制維持のため構造化されている。そのため、男と女の性関係が公認されるのは、結婚によってのみである。その関係の中で子を産む場合は正統化されるが、結婚外の関係において子を産む場合は異端とされて、世の人々にそしられる。異端を生きる自覚の中で、結婚外の性関係を持つ女は、当時はまだまれだった。望まないのに受胎し、その処置に窮したのは、敗戦前後の混乱のとき、あてどのない性関係に追いこまれた女たちに多かった。

産みたくないのに、受胎した女たちが産まざるを得なかったのは、人工中絶が法的に許されず、いやおうなしに生まなければならなかったからである。もらい子殺しの「寿産院事件」は、産まない権利を奪われている女たちの、追いつめられた状況がその背景にある。

優生保護法が成立したのは、「寿産院事件」がニュースとなった年の七月である。その後改正があって、育てられない子を産まずにすむ道が女たちにひらけ、出産のたびごと、生命を危険にさらす多産の苦しみから女たちは救われたが、のぞまない受胎からは、まだ解放されていない。

「わしゃ、このごろ、夜もろくにねむれねえ、父さんがそばに寄ってくるとゾクッとする」と、中絶ノイローゼになった一人の農婦が、受胎調節の講習会で発言すると、出席者が深く共感、互いに夫の無理解を語りだすエピソードが、『保健婦の手記』（生活教育の会編・一九五八年刊）にある。できたらおろせばいいと、男は自分本位にあっさりわりきるが、新しい生命を自分の体内に宿した女にとって、中絶のたびごと、傷つき出血するのは、子宮ばかりではない。さりげなくふるまっても、こころにもまた痛みにみちて血がしたたり流れているのである。

戦前、「産めよ、殖やせよ、国のため」と説かれ、一夫婦五人以上の子どもを産むことが奨励された。侵略先を失った戦後は、かわって少産が女に要請されている。家族計画普及が国策として大きくうちだされたのは一九五六年である。

家族計画は、保健所の受胎調節指導を中心にすすめられたが、大企業においては労務対策の一環として、保健所よりさらに徹底した指導がおこなわれている。そのため社宅住まいの主婦たちは、二人以上の子を持つことに罪悪感すら覚えるようになり、同じ傾向は世間体を気にする農村の女たちにもまたみられた。

人工中絶の届け出数は、家族計画がさかんにいわれていたときは年間百万件以上あり、いまもなお七十五万件以上ある。中絶の実数は、届け出数の二倍以上あるのではないかといわれ、人間が月に行ける現在でも、女たちは、のぞまない受胎からなお未解放なのである。

こんにち労働力不足の中で、ふたたび女たちに二人以上の子を生むことがのぞまれはじめている。しかし、子を産み子を育てることが社会によって保障されず、母子の生活が子の父の経済活動にたよらなければならないとき、「産む権利・産まない権利」は、男のものではあっても女のものではない。

「懐胎の婦女薬物を用ひ又はその他の方法を以て堕胎したるときは、一年以下の懲役に処す」とするされた戦前のままの堕胎罪は、いまもそのまま刑法にあり、優生保護法によって、とりあえず骨抜きにされているにすぎない。女の解放の基礎的条件である「産む権利・産まない権利」の確立は、法的にもまだ女に保障されていないのである。

かまどの改善

生活改善のことが、村でいわれだしたのは農地改革も一段落した一九五〇年前後からである。それは、「能率高い近代農業のにない手を育てるため」の農業近代化政策の一環としてあらわれている。

占領時代の政策の多くは、アメリカをモデルにしているが、一九四八年に制定された「農業改良助長法」もまたその一つである。法が制定されるとともに、農林省に生活改善課が設けられ、生活改良普及員が全国各地に置かれた。

初期生活改善の中で、全国的にもっともよく普及したのは、かまどの改善である。当時、農家のおおかたは、原始時代と大差のない石と土でつくったかまどを用い、煮たきのおおかたは、いろりでおこなっていた。前近代日本の農民生活は、いろりを中心に、生活文化が育ち栄えた。いろりがつぶされ、煮たきがレンガやコンクリートでつくった改良かまどに変わることは生活文化の前近代から近代への移り変りを意味した。

かまど改善によって、たきぎは従来の三分の一でことたりた。炉の煙に目をしょぼつかせることもなくなり、台所の作業もはるかに能率的になった。

農村生活の改善三カ年の成果として、一九五三年、第一回生活改善実績発表会が農林省主催でおこなわれた。そこにあつまった農家の主婦たち二百二人は、ほとんどが中農層である。

「生活改善しようとして一番困ったこと」の問いに、金がないことをあげた者が四十八人でもっとも多く、ついで、部落なりグループなりの人々の気持ちをまとめること(二十二人)、方角その他に関する迷信(二十人)、老人の理解が得られない(十九人)などがある。あげられている理由はいずれも重なりあって、生活改善をおこなう上で、壁となったものである。

金の工面については、女たちだけで無尽講をつくったグループもある。掛金は、縄ないやたきぎの背負いだしなど、内職収入をあてている。五カ年計画で、一日一合の節米、雑穀や野菜の売り上げによる月掛け貯金、一日一個の卵貯金をはじめた女たちもいる。紡績に働きに行った娘の月々の送金で、かまど改善の仲間入りをした家もある。

一家の経済権からはじきだされている女たちは、かまど改善のため、日ごろの過重労働にさらに労働を加え、粗食をさらにまずしくして、金をうみだしたのである。

女たちの涙ぐましい努力がみのり、五〇年代後半になると、かまど改善は全国的に普及した。ところがこのころ、スイッチをいれるだけで火の番のいらない電気がまや、マッチ一本でことたりて、たきぎの世話がはぶける石油こんろ・プロパンガスなどが農村に入りこんできた。

利潤追求ひたすらな企業の側の市場開拓は、「貨車が手押し車をとりかたづける」と同じ速度で、改良かまどを無用の長物化し、女たちがすくなからぬ努力の末にたどりついた生活改善より、はるかにすすんだ技術的な生活改善を農村にもたらしている。その後、あらゆる電化製品は都市なみに農村にもゆきわたり、家事労働は軽くなったが、女たちは相変わらず、過重労働から解放されていない。他産業の高度成長いちじるしい六〇年代に入ると、男たちがたしかな現金収入を求め、なだれのように農業からはなれてゆき、かわって女たちが農業生産の主力となったからである。そして六〇年代後半からは、農業労働のかたわら女たちもまた臨時雇の農外労働へ流れ出す傾向が目立つ。

かまどの改善がいわれだした当時、専業農家と兼業農家の数は、ほぼ同じであったが、いまでは全農家の八六％が兼業化し、所得上では、農業はすでに内職化している。都市の勤労者と大差ない消費生活を維持するためには、夫の出かせぎと妻のパートタイム労働はもはや欠かせぬものとなり、農業もまた生活の最後のよりどころとして手放せないのである。

戦前とはかたちのかわった過重労働や出かせぎ別居の不自然な夫婦生活に耐え、はじめて維持される近代化された農村生活。それはだれのために役立っているのか、このことへの根源的な問いと対決をなおざりにした生活改善は、かつてのかまど改善と同じく、農村の女たちの現状打開のエネルギーを、一時の間に合わせに消費してしまう欺瞞性をはらんでいる。

ＰＴＡ

「私たちのＰＴＡの会合では男子の出席はほとんどなく、乳幼児づれの婦人が多い。発言も提案も全くないのが実際である。大都会では女性の活発な意見もでるというけれど、私の方ではただ集って先生の説明を拝聴するだけである」――一九四八年六月の朝日新聞「声」欄の投書である。同じ欄に、ボスと学校が結びつき、何かと名目をつけては寄付をつのる悪徳ＰＴＡ一掃の投書もある。

当時の母親たちは、「産めよ・殖やせよ」政策の中で、子を産むことを奨励された女たちである。平均五人の子持ちはあたりまえなので、乳幼児を連れてのＰＴＡ出席が珍しくなく、おおかたは「ものいわぬ女」たちでもあった。

全国的にＰＴＡの結成がほぼ終わった一九四八年五月、毎日新聞が新制中学のＰＴ

Aについての世論調査をおこなった結論として、〝「後援会と混同」「ボスの活躍」は、PTAの行く手に早くも現れた危険信号である〟と指摘している。

この年十一月、旧保護者会長がそのままPTA会長となり、校長が会計をにぎってボス的に運営していたため、行政当局から解散させられたPTAが京都にあった。PTA内部から批判があがらず、行政側から非民主性が指摘されるのは全国的な傾向だった。同じ年十二月、東京軍政部は、PTAの多くはBTAであり、「ボスと教師の会」か、さもなくば金もうけをもくろむ「べガー（物乞い）と教師の会」であると酷評、警告を発している。

戦前的な財政後援会的体質やボス支配をなくそうとするうごきが、PTA内部に目立つようになったのは、一九五〇年代にはいってからである。わが子の民主主義教育の道づれとなって歩みはじめた女たちが、民主主義の学習をすすめるにつれ、新しいエネルギーに満ちはじめたのだ。

荒れた校舎の修理や校庭のぬかるみなおしから出発したPTA活動である。女たちのすくなからぬ奉仕活動に支えられ、戦後まもなくの教育環境はととのえられている。数年にわたるこのような奉仕活動とともに学習活動をおこなって来た女たちは、はじめて、学級PTAの司会をさせられたとき、心配でその前夜ろくに眠れなかったころがあったとは思えぬほど、論理たしかな発言ができるようになり、PTA活動のリーダーとして育っている。

給食費の不正をただしてBTA的体質をPTA的に脱皮させた女たちや、PTA新聞を創刊、そこで家計簿なみのこまかさで学校予算の問題点を指摘する女たちの出現は、女たちに民主主義がすこやかに根づいたことをまた示す。

PTAや婦人会の女たちが結束、反対運動を盛りあげて売春業者の進出をはばんだ東京の池上特飲街事件は、朝鮮戦争のはじまった一九五〇年のできごとである。陳情・署名運動などに取り組む中で、女たちは政治の仕組みに開眼する一方、社会的な行動力を身につけている。

PTA活動が機縁となって女たちはさまざまな社会活動に参加してゆく傾向が大きい。母親大会運動の源流になった「母と女教師の会」や「子どもを守る会」に結集したのも、PTA活動の中で、問題意識を育てた女たちである。

しかし、社会的にあらわれたこれらのうごきよりも、PTAを基本的に支えてきたのは、会費を支払うだけでPTAに関心のない親たちと、PTAを社交場化する「PTAマダム」や、わが子の成績だけが気にかかる「教育ママ」たちである。

結成当初からくりかえし警告されてきたPTAのボス支配と後援会的体質は、いまもなお一般的にみられる。この病弊をそのままにしているかぎり、PTAは教育の民主化にはいささかも役立たない団体といえる。また、しきたり化され、行事化された

PTA活動は、家庭に閉じこめられた女たちの気ばらしにはなっても、教育の反動化をはばむ力にはなり得ず、かえってそのことに力を貸すおそれが今日多分にある。

平和運動

戦後の婦人運動は、家族制度復活反対や売春防止法制定など、反封建の運動では超党派的な統一戦線が成立しているが、平和運動では分裂が目立つ。このことは、「婦人の日」制定をめぐるうごきと、婦人団体協議会解散のいきさつにあきらかにみられる。

戦前からの祝祭日が廃され、国民の祝日が設けられたのは、一九四八年である。女たちは「婦人の日」を祝日に加えるように運動したが実現をみなかった。このとき、市民的婦人団体が、日本の女がはじめて参政権を行使した四月十日を主張したのに対し、共産党系婦人団体は国際婦人デーを主張し、両者は対立して運動をおこない、記念集会もまた分裂してひらいている。

しかし、この期の女たちは、階級の別なく差別されてきたことと、戦争に苦しめられてきたことの被害者意識を同じくしているため、超党派的な結集で歴史をひらこうとする志向が大きくあった。

同じ年の八月十五日、女たちが超党派で「平和確立婦人大会」をひらくことをもくろんだのは、米ソ冷戦がはげしくなり、占領政策の転換が目立ちはじめたからである。ところがこの準備過程で、市民的婦人団体が、「人の心の中に平和のとりでをきずく」ユネスコ憲章の趣旨を中心にすることを主張したのに対し、共産党系婦人団体は「植民地化反対・民族独立」「戦争準備反対」など、共産党の運動方針にそったスローガンを主張して対立、やはり分裂した大会となっている。

婦人団体協議会（婦団協）は、その翌年の一九四九年四月十日、労働省婦人少年局のよびかけで「婦人の日大会」がひらかれ、そこに超党派的に参加した婦人団体によって結成された。そしてこの年八月十五日の「婦人平和大会」は婦団協が主催、共産党系団体も加わり、平和をのぞむ女たちの声は一つになっている。

ところが、翌年の「婦人の日中央集会」でふたたびイデオロギーの対立があらわになった。婦団協は朝鮮戦争がはじまった十日後、「戦争はいやですの一点においては全参加団体の意見の一致をみた」ことを表明したが、それ以外の対立点は解消できないまま、無期休会の名のもとに解散した。

平和の問題で女たちの超党派的な結集がふたたびみられるのは、原水爆禁止運動と母親大会運動においてである。

原水禁運動は、ビキニの水爆実験で、第五福竜丸が被爆した事件をきっかけに、女たちがまず立ち上がって署名運動をはじめたことからはじまる。その署名運動がもとになって超党派的な国民運動が展開され、一九五五年の原水爆禁止世界大会開催へと歴史がうごいている。原水禁世界大会はその後、毎年ひらかれ、分科会の婦人協議会には、世界各国の女たちもまじえて毎回数百人以上の女たちが集った。だが、一九六二年にソ連の核実験がおこなわれ、それをみとめる共産党の方針がそのまま世界大会に持ちこまれたため、参加団体の対立をみて分裂、超党派的な平和運動の場ではなくなっている。

母親大会運動は、原水禁世界大会と同じく一九五五年に第一回大会をひらいている。ここには、都市の母親ばかりでなく、農漁村・鉱山・基地・被差別部落などの、社会的にも生活的にも表立つことなく生きて来た女たちがあつまった。「生命を生みだす母親は生命を、育て、生命を守ることをのぞみます」を中心スローガンにした母親大会は、回を重ねるごとに参加者がふえ、市民婦人や労組婦人中心の従来の婦人運動を質・量ともにのりこえた大衆的な運動が出現、戦後婦人運動はここで大きく前進する。しかし、勤評・安保などに反対の方針をうち出すにつれ、保守系団体は脱落してゆき、また、原水禁世界大会の分裂をみた年、同じ問題で内部対立があり、分裂はさけることが出来たが、六六年に総評が翼下団体に不参加指令をおこない、六九年には日本婦人会議が不参加、七〇年には婦人民主クラブが連絡会から脱会、当初のころの燃え上がるような超党派的結集はすでにない。

女たちの平和運動の主流をになった革新的な婦人団体は、六〇年安保を境に分裂と停滞が目立つ。革新的な婦人団体には、革新政党の同伴者的体質が大きくあり、革新政党間の対立がそのまま婦人運動にも持ちこまれる結果、男たちと同じわだちを女たちも通ることになり、こんにちの平和運動の分裂は、そのまま女たちのうごきにも反映している。

〝主婦〟論争

「主婦の心はふやけている。朝から晩まで同じ仕事をくりかえしているために、知的な新陳代謝もうけず鈍い頭脳へ退化してゆく危険は多い」(石垣綾子「主婦という第二職業論」『婦人公論』一九五五年二月号)
主婦とはダメな女と、むきだしにいわれ、主婦たちは沸《わ》いた。うなずく者、反発する者、不安にかられる者。主婦たちの熱気をはらんだ反応とともに、ジャーナリズムにもまた数々の主婦論があらわれた。それらの論旨を大別すると、つぎの三つの部類にわけることができる。
その一つは、「主婦業は、本来の職業を第一の職業として持ったうえで、さらにそのほかになさるべき第二の職業である」とする石垣説を支持したもの。主婦は職場に進出することにより、働く者の矛盾に開眼するとともに、家事・育児の重荷を自覚するはずである。主婦たちはこれらのことの解決のために、団結してたたかいをすすめ、新しい歴史のにない手として成長してゆくべきだという論旨。

その二は、主婦は女の天職的なものだとするもの。主婦の働き場所である家庭は社会に対して重要な機能を果たしており、愛情関係による人間の本来的な生活の場である。育児や家庭管理をおろそかにして経済活動をおこなうことは、人間生活の本末を転倒しているというのがその主な趣旨。

その三は、一般的な主婦は、社会の矛盾を集約的に生きており、職場へ進出することによって、かえって家庭生活も本人の労働も資本の好餌食となる。主婦の立場から社会の矛盾をとりのぞいてゆく運動をおこない、職場の女たちとの共同戦線を成立させ、矛盾のない社会にしてゆく道もあるとするもの。

主婦論争がにぎやかに沸きおこった一九五五年は戦後十年目である。技術革新がすすみ、産業構造は「もはや戦後ではない」と経済白書は指摘している。産業構造の変化が、家庭の消費生活を大きくかえてゆくのは、この年以後、加速度的にみられる。

初期主婦論争は、主婦のあり方をめぐっておこなわれた。しかし、生活様式が近代化されてゆくとともに主婦たちの状況もまた大きくかわってゆく中であらわれた次の段階の主婦論は、主婦の存在意味が問いかけられている。

主婦権は、家事労働が繁雑だった前近代的な生活様式の中で保障されたものである。家事が妻によらなくとも処理できるようになると、「妻は単なるオンリーや遊女としてしか意味がなくなるとすれば、そこからの脱出口をどこに求めるべきか」とした梅棹忠夫の「妻無用論」(『婦人公論』一九五九年六月号)は、女が社会人として自立することを説く。これに対して、主婦は妻としてばかりでなく母としての役割も大きい。子育てとその教育の問題はどうするのかと、主婦たちの反撃がすくなからずあった。

これに対して「母という名の切り札」(『婦人公論』同年九月号)でこたえた梅棹は手きびしい。家事労働の場で失われた主婦の存在理由を、母の役割の中にみつけだそうとする女たちは、子どもに密着した教育熱心な母となる。子どもを自分の余剰エネルギーの発散と地位保全のために利用しており、妻や母の役割の中で、主婦は人間としての自己喪失をごまかしているのだ、と。

「婦人解放論の混迷」(『朝日ジャーナル』一九六〇年四月十日号)と題し、「家政婦をたのむと賃金を支払わなければならぬ家事労働を、主婦がおこなった場合、なぜ無償なのか」と磯野富士子が問題を提起したのはその翌年である。

労働力は商品として消費されるときは有償となるが、私生活において消費されるときは無償である。従って家庭という私生活の場で消費される主婦の労働力は無償であることが、論争のなかであきらかにされた。経済権の基本的な確立がなく、私生活の中で子を産み子を育てるという無償の家事労働をおこなう主婦の存在は、資本の利潤追求にとって、不可欠な存在であることも指摘されている。

これら主婦論争の中で、あきらかにされた問題点は、今日まで変わらずに続いている。さめた自己意識を持つ女たちは、もはや妻や母の役割だけに生きがいを見出してはいない。『人形の家』のノラは、人間として生きるため、いさぎよく夫と子を捨てて家出した。

しかし、今日の主婦たちは、家出しても資本の利潤追求の道具としてしか生きる場所のないことを知っている。その彼女たちが人知れず病んでいる絶望は、ノラのそれよりなお底深い。

売春防止法

「売買春は悪」。このことを国の方針として打ちだすように、女たちがくりかえし政府にせまっても、のれんにうでおし同然、結果はいつもむなしかった。

売春禁止の法案が、流産法案とよばれたのは、提出するたびに審議未了で流されたからである。それが、女の議員たちの長年の努力のつみかさねと、年ごとに高まった有権者層の女たちの要求で、ようやく採決のはこびとなったのは、一九五五年の第二十二国会においてである。

しかし、この法案の衆議院本会議での採決は、反対一九一票、賛成一四二票で不成立。反対したのは保守党議員たちである。そして百人以上の保守党議員は、たくみに逃げて採決に加わっていない。法成立をはばむため、すくなからぬ額の金が業者から保守党議員に贈られていることは、のちに発覚した「売春汚職」の捜査によってあきらかにされている。

このころ発表された売春白書（労働省婦人少年局）によると一九五五年六月末現在、全国の集娼地域は、赤線、青線、駐留軍基地、自衛隊付近などあわせて約二千、戦前にくらべ約六百五十カ所もふえている。業者数は三万七千人、大部分は日本人で、少数の朝鮮人、中国人、アメリカ人がいる。

売春婦は集娼、街娼、その他をあわせ、全国に約五十万人いると推計され、うち集娼は約十二万人である。集娼の年齢は二十―二十七歳が七割。学歴も七割が小学卒。既婚者が四割強おり、その七割が一―五人の子を持っている。生家の職業は農業が第一位。収入は名目的には業者六割、女四割のわけまえになっているが、実質は三割以下である。女の手取り月収は、赤・青線で一万―三万、基地周辺では二万―三万円が多い。転落の動機は七割が経済的理由をあげている。

低学歴と貧困は集娼の特色であるが、第二十二国会（編注　一九五五年）の衆議院法務委員会に参考人として出席した集娼にも、そのことはあざやかにみられる。法案に賛成する二十三歳の集娼の前歴は芸者である。彼女の母は早くに病死し、父も病気、六人の子どものうち三人が働いてもその日の生活がやっとである。それをきりぬけるため、前借三万円で彼女は長野県伊那で芸者に住みこんだ。ところが一年以上働いても、かえって借金は二十一万円にふえている。着物などを処分、借金を七万円にへらし、それを返すために八万円の前借で吉原に来たのであるが、月十一万円以上かせいでいるのに手取りはわずか五千円。借金は月に一万円しかへらず、金の計算がどんなからくりになっているのかもわからない。病気になっても客をとらされている同僚をみておそろしくなり、身一つで脱走、参議院議員藤原道子のもとにかけこみ訴えをおこない、その保護のもとにいる。

法案に反対する三十九歳の集娼は、長崎県の従業婦組合長。夫に死別、子どもをかかえて、行商、保険外交員、日雇までやったが、食べていけず、母子心中を考えたこともあると述べている。彼女は長崎の丸山で働きながら子どもを育てているので、法案が成立して保護施設に入れれば、子や親に送金できないと訴える。売春をはじめたとき、貧しさを耐えて丸山の橋のたもとでパン売り（編注　街娼）をしている人たちの姿をみると、はずかしくて顔も上げられなかったとも述べている。

売春防止法は翌一九五六年、第二十四国会に政府から提出され、成立（刑事処分規定は五八年施行）した。政府が提出せざるを得なくなったのは、第二十二国会での否決を非難する世論をなだめるためであった。それと次の通常国会に法案を提出する付帯決議をおこなっていたことと、参議院選挙を前に男より数の多い女の有権者の票のゆくえが無視できなかったからである。

法の成立と実施をはばむため、業者と女たち十万人が保守党に集団入党をくわだてたこともあった。またそのために二千万円の金が使われ、日本の汚職史上、もっとも腐臭に満ちた売春汚職も発覚している。内容にぬけ穴ばかりの防止法は、買春の男は罰せられず「買春自由法」ともいわれるが、この法律の制定により、明治の廃娼運動以来いわれつづけていた「女の肉体は商品ではない」ことがきっぱりと打ちだされたのである。

売春防止法が成立してすでに十五年たつが、売春はかたちをかえてなおはびこっている。このことは、男が経済権を大きくにぎり、結婚が女にとって生活保障の場であり、女が妻と母の性的役割におしこめられ人間的自由を大きく奪われていることと無縁ではない。

女子学生亡国論

「昭和三十年ごろまでの女子学生は、結果はともかくとして、大部分が家庭の事情のいかんにかかわらず、戦後の自覚女性のチャンピオンという明確な意識をもって進学して来たし、したがって入学試験のさいの面接でも、それぞれ目的を語り、社会人として働く決意をしめしたものであった。ところがこの五、六年はどうかというと、面接で目的を聞いても、はっきり答える女子が、まことにすくなくなってしまった」（暉峻《てるおか》康隆「女子学生世にはばかる」『婦人公論』一九六二年三月号）。

職がなければ人生の落後者になるほかない男がはじきだされ、結婚のための教養を目的にする女が、学科試験の成績がよいというだけで大量に入学されては、学者と社会人の養成を目的とする大学の機能にひびが入る。女子学生の進出は、大学教育が社会に還元されない結果となって、国家のためにもなげかわしい。適当な対策を講ずべきだと、「女子学生亡国論」がいわれだしたのは一九六二年である。

女子学生の進出が目立つといわれる四年制大学の文学部におけるこの年の女性の比率を見ると、過半数をこえているのは、学習院八九％、青山学院八六％、成城七八％、立教六四％などで、慶応は四四％、早稲田は三四％、全国平均は四二％である。だが、文学部、教育学部をのぞく他学部の女の数はすくなく、大学生総数のうち女子学生はわずか一五%にすぎない。

にもかかわらず、「女子学生亡国論」が世にはびこったのは、大学教授といわれる知識層の男たちにさえ、女性蔑視と差別の思想が根強くある日本の前近代的思想風土に加え、高度成長政策とともにあらわれている教育や職場における男女差別の状況と無縁ではない。

戦後の教育は、占領期においては、憲法にもとづいた教育基本法、学校教育法による民主主義教育がおこなわれたが、独立後は、年ごとに反動化がすすむ。能力差別、男女差別の教育がおこなわれ、女は職業人としてより、家庭人として生きるべく教育されている。

一方、社会状況にも、戦後まもなくの婦人解放の風潮はすでにない。職場において女たちは、底辺労働へは大きく動員されるが、男と対等に学んでいるはずの四年制大学の女の卒業者には、就職の門はせまく閉ざされている。男女共学という新しい状況はひらかれたが、男女平等の社会生活はひらかれてはいない。女は職業人として生きるより、社会的地位や名誉のある男の妻になる方が、はるかにたやすく「社会的威厳」を手に入れることができるのだ。そのため、男たちが学問研究や社会に役立つことよりも、学歴差別のある社会の中で、生活条件をより有利にするため大学に学ぶように、女たちもまた結婚の条件を有利にするため大学に学ぶなりゆきとなっている。さらに大学側においても、大学経営は、学問や社会のためより、企業としての利潤追求が主となっている。

大学の退廃現象は、大学を花嫁学校化する女子学生が原因であるより、企業の要請にあわせ、学生の「大量生産」をおこなっている大学のあり方そのものにある。一九六八年から六九年にかけて、全国的にみられた学園闘争は、このことに対する学生側の大学側に対する告発である。ところが「女子学生亡国論」においては、女子学生のあり方だけが一方的に問題にされている。

そして「女子学生亡国論」は、大学側の男女差別を当然とする口実となり、女たちは入学試験の際、具体的に差別されるようになっている。たとえば、早稲田大学教育学部では、女の合格最低点は男より高く、男は女より成績が劣っても、男であるということで入学を許されている。熊本大学、富山大学、九州大学の薬学部における女の入学制限もまた女の大学教育が社会に還元されないことを理由にしている。

女の大学教育が社会に還元されないのは、男中心社会の機構がそれをはばんでいるからである。しかし、そのことはいささかも問題にされず、社会に役だたない女たちの現状だけが大きく指摘され、女たちに対する差別理由となっている。

今日、ウーマン・リブが、問題意識を持った女子学生の間に大きく共感されているのは、たてまえだけは自由平等がうたわれても、教育や就職の場に性差別がぬきがたくあることを、彼女たちは屈辱の体験をとおして知っているからである。

結婚退職制・若年定年制

「結婚退職制度は憲法違反」——一九六六年十二月二十日、住友セメントの女子職員鈴木節子が会社を相手どっておこなった訴訟に勝った。

法のもとでの平等がうたわれても、男女の差別はあらゆる立場であたりまえにおこなわれている。ことに職場においての男女差別は、使用者側ばかりでなく、労働組合側もまた当然とする。

男が女に対し、どのような態度をとっているかで、その男の思想の質があきらかになるように、労働組合が女の問題に対し、どのような取り組み方をするかで、その労働組合の体質もまたあきらかになる。

結婚退職を説得されたとき、鈴木節子は組合にまず相談に行っている。入社したとき、「結婚または満三十五歳に達したときは退職する」という念書を提出させられたが、組合がこの念書に抵抗の姿勢をとっていたからである。

結婚しても退職しない彼女に、会社は解雇辞令を出した。彼女は組合のバックアップでただちに訴訟をおこなった。

裁判闘争ができたのは、組合の指導と応援があったからと、鈴木節子は組合を信頼している。しかし東急機関工業の志賀穂子の場合は違った。会社側と組合がおこなった男子定年五十五歳、女子定年三十歳の協定によって、彼女は職場を追われる結果になっている。

東急機関工業の組合規約では、労働協約の締結は、組合員の三分の二以上の出席で成立する大会において、出席者の四分の三以上の決定によるとされている。ところが大会で四分の三以上の賛成がないにもかかわらず、女子三十歳定年制が会社側と締結された。それまで男と同じ五十五歳だった女の定年が、男たちの年功序列賃金獲得のため、女たちに不利益に変更されてしまったのである。

このとき三十六歳だった志賀穂子は、当然定年退職させられた。組合大会の際も三十歳定年制に反対した彼女は、組合外の組織である「三十歳定年制反対・働く権利を守る会」のバックアップで一九六七年に東京地裁に訴訟し、六九年勝訴している。

職場の女たちは、使用者の圧迫に対するたたかいとともに、組合幹部の男たちの無理解ともたたかわなければならぬ困難があるのだ。「働く婦人の中央集会」は一九五六年以来、毎年ひらかれているが、毎回くりかえされて、そのことが訴えられている。

従来の労働組合幹部には、女は結婚して夫に扶養されるのが当然とする家父長意識がぬきがたくあるため、労働協約で、女の若年定年制を結んで、いささかも恥じないのである。鈴木節子の裁判闘争を支援した住友セメントの組合も、会社側に女の結婚退職制を廃止させはしたが、「女性は第二子出生後退職」という労働協約を会社と結んでいる。

女は結婚によって夫に扶養されるのが当然とする人間的痛覚を失っている考え方は、男ばかりでなく女にもまたある。男の補助労働にしか使われない女は、まともな職業人ではないのだから、職場生活を適当に楽しみ、利用し、ハズ・ハンティングをこころがけ、二十五歳ともなったら何をおいてもまず「結婚」をめざせと説く女の評論家もいる。

人間関係を利害打算によってとらえるのは、資本の論理である。そこでは人間を人間として大切にすることよりも、利益を得ることがまずめざされ、人間関係はみじめに退廃する。その退廃を退廃とすら感じなくなっている人間疎外のきわまった今日的状況のなかで、女たちの結婚退職制も若年定年制もまかりとおっているのである。

違法とされてもなお存在する結婚退職制や若年定年制をとりはらうためには、働くことは人間として当り前のことなのだということを、まず女自身がゆるぎなく自覚することである。そして、人間を人間たらしめない現在の労働のかたちを、人間のためのものに変えてゆく努力を、たゆまずつづける以外、女たちの解放への道はあり得ない。

部落解放

「私の指がかわいいといって
　からめた指を二人は長い間大切にしていたその彼が
　私を四本指だといいはじめたのは
……………私は死のうと思った」

三年前、長野県の母親大会で、この詩(注1)を朗読した部落の娘は、いま部落解放の仕事に取り組んでいる。

戦後の部落差別は、戦前のようにあからさまではないが、なおすくなからずある。例を長野県にとると、部落解放同盟長野県連合会が、結成以来二十年間に取り扱った差別事件は、四百件をこえている。差別の内容は、戦後十年ほどは、村祭や入会権《いりあいけん》などの差別が主だが、部落の母親たちが給食当番にあたってつくったみそ汁を学童たちが捨ててしまったという事件も二件ある。

集団的な表立った差別が、あまり見られなくなった一九六〇年代にはいると、結婚をめぐる差別事件が目立って多くなっている。恋愛で結ばれた当人同士は結婚をのぞむのだが、部落の人でない側の父母や親類などの圧迫で二人の間が裂かれてしまうのだ。そのため自殺してゆく部落の青年男女はいまも珍しくない。

被差別部落は、封建社会安泰のためにつくりだされた制度である。部落の人たちは身分差別社会のいけにえの民であり、いたましい受難者であることが、こんにちではあきらかにされている。にもかかわらず、なお根強く差別があるのは、日本の近代資本制社会が、封建遺制をたくみに利用、体制安泰をもくろんできたことが、かたちをかえて現在もなおつづいているからである。

部落解放同盟は、一九六九年第二十四回大会の運動方針の中で部落差別の本質をつぎのように指摘する。「部落民が市民的権利の中でも、就職の機会均等の権利を行政的に不完全にしか保障されないこと、部落大衆が差別によって主要な生産関係から除外されていること」。これらの問題点は、男女差別の本質とも寸分のすきなく重なりあっている。

部落の人たちが、「親代々の永久失業者として、労働市場の底辺をささえ、一般労働者の低賃金、低生活のしずめ（さらに引下げるおもり）としての役割を果し」ていることもまた、失業者の最大プールである女たちの社会的状況とまったく同じである。

差別打破に、部落の女たちが大きくうごきはじめたのは、一九五六年からである。その年三月、全国から千人の女たちが京都にあつまり、部落解放第一回全国婦人集会が二日間ひらかれている。

全体会と、分科会「世帯のこと」「子供のため」「親たち自身」などにおいて、互いに報告しあう差別の体験は、参加者みんなが味わってきた共通体験であり、話す者も聞く者も、おもいが激して涙にくれ、「泣きあう集会」ともいわれた。

「泣きあう集会」は、回を重ねるごとに「考えあう集会」と変わっている。はじめて第五回の集会に参加した一人は、「部落解放という大きな立看板をみたときは、何やら身のすくむような恥ずかしさを感じ、うなだれて会場へ入りました。それが二日のうちにすっかり気が変りまして、今はこうやって胸を張って出て来ました(注2)」といっている。

そして第十四回ともなると、「共産党であれ、社会党であれ、この会場で党派のためのあいさつをすることは、すでに差別行為ではないか(注3)」と、進歩的なことばにひそむ差別をも、きびしく告発する確かな批判精神を持つ女たちが現れている。

部落差別と男女差別はその根を同じくしており、解放への道すじもまた同じである。部落解放をいう者が男女差別をおこない、女の解放をいう者が部落差別をするならば、その解放論はまことのものではない。

注1、3　『同和教育長野』から。

注2　『婦人界展望』六九号。

老後

おむつ　おむつカバー
何とかそろったが　おさきはまっくら
年よりのひとりぐらし　（石塚ルイ）

八十歳の彼女は、いま路地裏の木造アパートに住んでいる。おむつとおむつカバーをそろえたのは、先夜おもらしをしてしまったからだ。

そのときテレビをみていた彼女は、いやな悪臭はどこからだろうと思った。四畳半のせまい部屋うちをみまわしたあと、凍《こご》えるおもいで息をのんだ。自分のおもらしを気づかずにいたのである。老いの果てがいよいよきわまったのだ。凝然として彼女はしばらく身うごきできなかった。

九州・福岡に生まれ育った彼女は、明治の文学少女だった。『女子文壇』に投稿し、「青鞜社」の女たちに人知れずあこがれた青春時代をすごしている。

上京したのは、関東大震災直後である。結婚に破れ、独身で生きる道をえらんだのだ。

昭和に入ってから、西武線中井駅前で古本屋を開業した。近くに住んでいた林芙美子もときおり立ち寄った。好きな本を取り扱う仕事なので張りのある日々だったが、戦争ですべてが焼けうせた。

戦後の彼女は、息子同然にしていた青年の共働き家庭に協力、家事と子どもの養育を受け持って老年をむかえている。

「徹夜して痛む手さすり内職をなしたる代の百円に充たず」というやりくりに追われる生活だったが、彼女は「原水爆禁止のためならと内職のわずかの金をカンパしてくれし主婦」と、平和運動にも働いている。

さらに、「学童の寄りくる午後はバラックのわが家は児らの殿堂となる」。放課後の学童保育に十二年間働いたのち、七十七歳で老人ホームに入った。

彼女はその老人ホームに一年あまりいて、逃げるように去ってきた。ホームの維持が主で、入居者たちが従になりがちな取り扱いが腹立たしかったし、一人一人あざやかに異なる過去を持つ入居者たちの、隠微ないがみあいもやりきれなかったからである。

ところが戻って来た家庭には、「年よりの座はなくなって　われこそとばかり　ステレオがのさばっている」のだ。すわる座もなくなった彼女は公園へよく出かけた。

「ベンチには　きのうのばばもじじもいた　だまりこくって　つちくれのよう」。

生活保護者に快く部屋を貸す人はない。ようやくみつけて移り住んだいまのアパートに、朝日新聞「ひととき」欄投稿者たちがよりつどっている「草の実会」で知りあった同じ老年の女たちがたまにおとずれてくる。彼女たちは家庭においては戦前的な古めかしい姑になることを拒否し、社会的には市民的な立場で戦後の各種の運動に参加し、世間的には楽隠居として通っている人たちである。だが、家庭的にも社会的にも、老人の孤独は彼女たちにもまたぬきがたくあるのだ。

環境も設備も模範的とされている有料老人ホームへ、家族の重荷にならないうちにとすすんで入居し、生きている限り人間性をみがきつづけてゆきたいと、聖書研究グループで学んでいる一人は言った。ゆくてに死しかない者ばかりが隔離されている老人ホームは、老人にとって生き甲斐のある場所ではない、と。

息子が課長だから、老齢福祉年金ももらえないと、一人の友はわびしく言った。大学を出てとついでいった娘は、社会へ目をむけなさい、生き甲斐をみつけなさいとはげますけれど、もうこの年になると、欲しいのは気楽な憩いだけだ、と。

友のことばを深い共感でうなずきながら、彼女がもっとも身近におもうのは、みとる人もなく、自分の汚物にまみれて死んでいった老人たちのことである。そして彼女は自らをはげますように歌をよむ。「生きることを　仕ごとと思おうと老友の手紙そうだ！　一票持っているのだ」

生産に役立たなくなった老人が山に捨てられた昔ばなしがあるが、いまも形を変えた姨捨山物語や楢山節考はなくなっていない。

ウーマン・リブ

「女らしさってなあに？」「お母さん！　結婚ってほんとにしあわせ？」「男にとって女とは？　女にとって男とは？」——女のあたりまえとされている日常生活に対する問いをかかげ、戦後生まれの若い女たち百人あまりが、夜の銀座でジグザグデモをおこない、「おんな解放！　闘争勝利！」と声をあげたのは、一九七〇年の国際反戦デー。

ウーマン・リブとよばれるこのうごきは、すでに多様な運動を展開しているアメリカのウーマン・リブに触発され、六八年から六九年にかけて高揚した学園闘争の思想的遺産をうけついであらわれており、戦後婦人運動の流れとは別の場所から発生している。

戦後の婦人運動を時期的に大別すると、勃興期は敗戦の年から一九四八年までの約三年間で、この間に戦後婦人運動はその源流の形成をほぼ終えている。つづく展開期はその後の約十二年間、六〇年安保までである。この時期は、戦後の民主化路線と平和主義路線が権力によって無残に踏みつぶされてゆく過程であり、女たちもまたそれなりに問題に対決し、体験をつみかさねている。そして六〇年安保以後は、停滞・混迷期となっている。

六〇年代に入り、婦人運動が活力を失ったのは、社会構造が高度に資本主義化されるにつれ、女たちがかかげてたたかってきたものが、色あせてしまったからである。戦後婦人運動の指導者層のおおくは明治生まれであり、戦前に運動をおこなってきた人たちが大半を占めている。ためにその解放理論は、かつて展開期にあった資本主義社会のものであり、今日の成熟した資本主義社会における婦人問題は、それではもはやきりひらけない。

女たちの運動によって、封建的な制度は復活しなかったが、男女差別はなくならず、再軍備をしないことを言明していた政府によってすすめられた軍備は、年ごとに増強され、現在ではアジアの国々の脅威となるほど強大になっている。

戦後婦人運動が果たした役割をかえりみると、やくざな夫につれそったけなげな妻さながらである。いささかでも目をはなすと、何をしでかすかわからない政府に対し、その暴走を許さない歯止め役となっており、結果的には、現体制を補完するはたらきをしている。

女たちの問題点は、現体制のもつ矛盾からあらわれているのに、結果的にはその体制を支えることになってしまう従来の婦人運動に女たちがいらだっていたとき、ウーマン・リブがあらわれたのである。

現体制維持のため構造化されている結婚制度や家庭を否定し、男と女の新しい関係を模索する若い女たちの出現には、成熟しきった資本主義社会の風俗現象だけではない婦人解放の新しい芽がある。

組織によらず、個人の生き方をとおして問題との対決を目ざすウーマン・リブが新しい婦人運動として現れたことは、すぐれたリーダーの個性的な指導力に頼ること大きかった近代的婦人解放運動が、いま衰退の季節をむかえていることをもまた物語る。だが現代の女たちの閉塞状況を開こうとして、ウーマン・リブを生きる女たちより、マスコミによって与えられる意見をうのみにし、権力側の意図を受け身に生きる女たちの方が圧倒的に多いのだ。そんな女たちによって選挙権が使われる時、ふたたび歩み出そうとしているかに見える戦争への道を、女たちがそれを気がつかずにおし進める危険がすこぶる大きい。

ことしは婦人参政二十五周年、今日の堕落した政治状況に対して、責任の半分は女にある。女性解放を言葉で叫ぶのはやさしいが、それを女自身が、自己対決の中で生きることは生やさしいことではない。

多くの女が戦後の婦人運動に参加したが、女の解放ということをどのように自分はとらえていたのか、またその解放を自分はどのように生きているのか、きびしく問いなおしをせまられて、女たちは、いま歴史の分岐点に立たされている。

（『朝日新聞』一九七一年八月十三日〜九月十日）

戦後婦人運動への衝撃

喪にくまどられた記憶がある。

ときは一九六〇年六月十八日夜、ところは国会前の道路上、何かの奇跡を待ちのぞむように、数万の人々がそこにすわりこんでいた。あとわずかな物理的な時間がたつことによって、新安保条約が自然承認というかたちで成立するのだ。いらだたしさのやり場がなかったとき、となりにすわりこんでいた青年がはなしかけてきた。アリストファネスの『女の平和』を知っているか、と。うなずくと、彼はさらにいった。世界中の女たちが、軍備や戦争に反対して、あのようなセックス・ストライキをおこなうことができないものだろうか、と。

暗さのにじむ重い口調が、あまりにまじめだったので、私はいささかたじろいだ。一日や二日のストライキならば、効果はないだろうし、長い歳月のそれは、あらゆる男たちの間にちらばって生活している女たちの状況からして、統一行動はとれないはずだ。芝居の中では成功しても、現実にはむりだと答えると、青年は、女でなければ出来ない強力な反戦行動だと思うのだが、ともいった。

民主的なあらゆる大衆行動が、いささかも有効に用いられず、戦後民主主義の処刑を目のあたりにした夜、男たちの反体制運動に失望したと言う見知らぬ青年が提案した女たちのセックス・ストライキ。詩人の夢想でしかないと思っていたこのことが、現実的な問いかけとして、あらためて私にせまって来たのは、それから十年後、ウーマン・リブといわれる女たちのうごきが、日本にあらわれてからである。

戦後婦人運動を時期的に大別すると、勃興期は、敗戦の年から一九四八年までの約三年間で、この間に、戦後婦人運動はその源流の形成をほぼ終えている。つづく展開期はその後の約十二年間、六〇年安保までである。この期は、いわば、戦後の民主化路線と平和主義路線が権力によって、一つ一つ無残に踏みつぶされてゆく過程といってても過言ではなく、女たちもまた、それなりに問題に対決して運動を展開し、体験をつみ重ねている。六〇年安保以後は、分裂・混迷期であり、この期の目立つ特色は、婦人団体の政党系列化と、反体制婦人運動の分裂である。このことは、戦後革新運動の分裂・混迷とその軌道を同じくしており、戦後革新運動の病弊は、そのまま反体制の婦人運動に投影している。

こんにち戦後の革新運動が、結果的には体制補完のはたらきをしたことが指摘されているが、戦後婦人運動についてもまた同じことがいえる。

すでに、雇用労働者の三分の一以上を女が占め、職場で働く女たちが千四十八万人に達し、さらにそのうちに占める既婚者数が五〇・五%をかぞえる現在（一九七一年）、女たちの生活状況は戦前と大きくかわっている。しかし、そのことによって女たちに解放はもたらされず、女たちは封建のくびきから放たれたが、資本の利潤追求の網の目にすきまなくとりこまれ、戦前とはかたちのかわった閉塞状態にいるのだ。

これらのことに対し、婦人運動が有効に働き得ず、その低迷がいわれていたとき、戦後婦人運動を否定し、「セックスの解放」をたからかにうたいあげてあらわれたウーマン・リブの運動は、まだ風俗現象の域を脱していないが、戦後婦人運動にそれなりに参加、婦人問題に接近してきた女たちに、すくなからぬ衝撃を与えたことはいなめない。

日本におけるウーマン・リブは、すでに多様な運動を展開しているアメリカのウーマン・リブに触発され、六八年から六九年にかけて高揚した学園闘争の思想的遺産をうけついであらわれ、独自な行動は、七〇年の国際反戦デーにはじめておこなっている。その日、「女らしさってなあに」の横断幕を先頭に、「内なる女意識を告発せよ！」「避妊教育の徹底化を！　中絶費用の国庫負担を要求する」「男にとって女とは？　女にとって男とは？　性のテクニック化、遊戯化フンサイ」「貞女と慰安婦が侵略を支える」「お母さん！　結婚ってほんとにしあわせ？」などのプラカードをかかかげ、宵の銀座でジグザグデモをおこない、「おんな解放！　闘争勝利！」と声をあげた百人あまりの若い女たちは、いずれも戦後生まれである。

彼女たちは、つづいて十二月八日、「女は侵略へ向けて、子供を産まない、育てない」のスローガンをかかげ、二十九年前のこの日開始された太平洋戦争に、なんら抵抗することなく協力していった母たちを痛烈に批判し、ふたたび街頭デモをおこなっている。

戦後婦人運動の指導者層のおおかたは、明治生まれであり、戦前の婦人運動や反体制運動に参加した人たちが、その大半を占めている。ために、戦後婦人運動は、戦前の婦人運動や反体制運動の思想的遺産の上に展開され、その運動目標も、国内、国際的大状況の中からとりだされており、組織中心の運動が主となっていた。

ところがウーマン・リブは、個人の主体的参加によるものであり、「女」への根源的な問いかけを、セックスの場から提出、個人の生き方を通じて、問題との対決がめざされている。

女性史的にみるならば、青鞜社運動において提起された自我の確立・個性の発現・恋愛の自由を、青鞜社世代の女たちからは孫の世代にあたる女たちが、さらに問題を裸にし、反体制運動とかかわらせて提出してきたことが指摘できるだろう。

かつてかかげて闘ってきた要求が、戦後の諸改革の中で、法的措置としては申しぶんなく達せられたため、女の解放への問題意識を鈍化させ、すこぶる政治主義的となっていた戦後婦人運動の盲点をえぐって、ウーマン・リブはあらわれてきた。そして、青鞜社運動以来半世紀をこえる歳月があり、女たちの状況は、当時にくらべると、はるかにひらかれているかにみえはするが、女たちのセックスが、体制維持のために構造化されていることは、当時も今も、基本的には変わっていないことが、ここであらためてあきらかにされている。

さらにウーマン・リブが、既成革新の権力主義と保守性を容赦なく攻撃する新左翼の男たちも、女に対しては旧態依然たる保守性からいささかも脱していないことをきびしく告発して、あらわれていることも注目したい。

その人の人間に対するかかわり方の根源性は、セックスの場において、ごまかしなくあきらかになる。いかにことばで人間解放をとなえても、その人がおのれのセックスをまったく動物的なものとし、その対象を単なる客体としかみないのであれば、その人の思想の質はまことにうたがわしい。

セックスの場から女たちの意識変革とともに男たちの意識変革をせまる問題提起は、戦前世代の女たちより、はるかにセックス・タブーから放たれて生きることの出来た戦後世代の女たちだからこそなし得たのであり、そこには時代性がまぎれもなくしるしづけられている。

ウーマン・リブは、婦人解放の新しい芽を大きくはらんでいるが、それをになっている人たちの若さの故の性急さと、主観の燃焼はげしいことばは、人間関係の重さを耐えながら、解放への志を地域や生活の場で地味に磨いている主婦たちや、ゆくてをはばむ「社会通念」の価値体系を長い歳月かけて根気よく掘り崩している職場の女たちに、拒否反応をおこさせるおそれもある。また、女たちの矛盾は対男性の関係であらわになるが、男女差別の根は社会の構造にあり、その構造の中で、男たちもまた被害者となっているのである。

ウーマン・リブを発展的に展開してゆくためには、これらの問題点をひらいてゆくための多様なうごきを、女たちが広範におこし、互いに連帯のきずなをかたくする努力が、ぜひとも必要である。

（『朝日ジャーナル』一九七一年六月二十五日号）

性解放は女性解放か

性解放は女性解放かと問われれば、基本的にはそうだと答えざるを得ない。なぜなら、歴史的に展望するとき、女たちの性がきびしく閉鎖された時代は、女たちに対する抑圧もまたきびしく、女たちの社会的地位はすこぶる低いが、女たちの社会的地位が高いときは、性的状況も比較的自由であり、女たちの性的状況と社会的状況はつねに対応しているからである。

日本における性風俗は、古代社会においてはおおらかに解放されていた。「人妻に吾も交らむ吾が妻に人も言問へ」と、筑波山の〝かがい〟の際にうたわれているように、性の自由な祭典があり、神礼行事の一つとして、男女の性行為が神に奉納されている。

性行為がいやしいものとされ、性が淫靡《いんび》なものとされてしまったのは、女たちが卑しめられてゆく過程と道すじを同じくしている。そしてそれは社会体制が、男性中心の封建社会となり、「家」を中心とした家族制度が完成されてゆく過程と軌を一にし、売春が制度的な完成をみるのもまた同じ道すじにおいてである。

性は人間にとって自然として存在する。にもかかわらず、かずかずの社会的タブーに規制されているのは、社会体制にきびしく規制される人間関係が、性の状況にストレートに反映するからである。

女たちに抑圧がもっともきびしかったのは封建期である。このとき、男たちだけが自由であったかといえば、男対女の関係においては、男により自由があったが、身分制秩序の中で、男たちもまたその人間性をきびしく抑圧されていたのである。男対女の関係において、被支配の立場にある男と女の運命は手のうらおもてのように連なっている。男たちもまた、その社会生活において抑圧がきびしい状況を生きなければならぬとき、男たちはその抑圧の状況を、女たちの状況と比較して、女よりはましであるとしてみずからなだめ、また男たちにだけ許されている性的自由の中に、その抑圧を発散する。

家系をたやさぬための子を産む道具として存在させられる女は、その性がきびしく閉鎖される一方、あらゆる男たちにひらかれている特定の女の性が、金で公然と売買されていた封建社会は、女たちにとって、暗黒時代といって過言ではない。だが、そうした社会の中で一方に、農村地帯などにおいて、古代以来のきわめて自由な性風俗があったことも見逃せない。

〝かがい〟の風俗の名残りとみられる祭礼の夜の男女の自由な性風俗は、明治にいたるまで辺地には一般的にみられたし、また、若者宿・娘宿の風習の中でも、男女の交際は、人目をはばかる抑圧されたものではなかったらしい。

古代以来の解放された性風俗が辺地農村にのこったことは、年貢を納める道具として存在させられている農民たちには、私有財産のみるべきものはなかったし、また姓を許されていない彼らには、姓に象徴されている「家」制度とも無縁であったことと深くかかわっている。

すなわち性風俗のあり方は、私有財産と「家」制度とに深くかかわりあっており、さらにそれらの制度を存続させるための体制の意向が、強くそこに反映される。このことはつづく時代状況の中にもあきらかにみられる。辺地農村から、解放された性風俗がなくなってゆくのは、明治に入ってから、学制の強制施行によって全国的に識字率があがってゆくのと同じ過程においてである。

明治の変革は、封建社会の身分制を排除、天皇支配下における四民平等をうたいあげ、庶民層にもまた姓を名乗ることを許可した。封建体制の細胞基盤であった門閥的「家」制度は、資本主義社会の中で新しく衣替えさせられ、絶対主義的天皇制を支える細胞基盤として、庶民層まで「家」制度の中に拘束、その支配体制を完成してゆく。法的に完成された「家」制度とともに、風俗の文明化が言われ、学制の普及とともに、農村にあった解放的な性風俗は、野蛮とされて排除されていったのである。

一方、風俗近代化の潮流は、封建遺制として存在する売春制度反対のうごきと、一夫多妻的習俗である蓄妾反対のうごきとなって都市にあらわれ、さらに時代の近代的成熟の中で恋愛の自由が、婦人解放のステップとして叫ばれている。

日本の近代社会は、封建的地主制農業と資本制機械工業が結びあわされて成立している。生産の基底部に、封建的なものを制度的に残し、それを踏み台にして資本制生産様式の近代工業が発展しているが、生産の基底部に封建的なものが制度的に存在するとき、男対女の関係の中で、女の身分もまた封建的なものによって、制度的に規制される。

社会の構造を反映する男女の人間関係において、女は常に底辺の構造をその状況に反映している。戦前の婦人運動において、男女同権・「家」制度廃止・売春制度廃止がいわれても、敗戦までそれが実現しなかったのは、封建的な生産関係が社会の基底部に存在していたからである。封建的な生産関係の変革なくしては、女たちの身分を規制している封建的なものもまた変革されない。

女の状況は、対男性の関係において、その矛盾があらわになるが、女の状況を規制しているのは男ではなくて、社会の生産関係の基礎構造であり、女たちはその生産関係の上部構造として存在する政治の中で統制されるのだ。

近代に入って女たちの状況がもっともみじめに政治によって統制されたのは、昭和の軍国主義時代に入り、ファシズム的な政治下である。ファシズム的な政治体制下では、人間は物化され、その主体性は圧殺される。明治期以来、婦人解放路線の中で叫ばれた「恋愛の自由」も、ここでは国賊的行為とされる。女たちは「人的資源」の生産者として、食糧も衣料もとぼしい生活の中で、「産めよ殖やせよ」と、生物的次元での多産と早婚が奨励され、「お国のために結婚して下さい」と行政機関を通じて要請され、「結婚は単なる自己の都合や利害を中心に考え、その時期を決するような時代ではなくなりました」と、結婚における人間的主体性が公然と否定されている。

性風俗におけるこのような女たちの状況をかえりみるとき、その性風俗は生産関係とそれとかかわった政治体制によって規定されており、このことは戦後の状況においても基本的にかわっていない。

被支配の立場にある男と女の運命、そして働く者の運命が連帯していることは、社会に変革がもたらされるとき、あざやかにあらわれる。

敗戦後の日本の民主化路線として、占領軍司令部はつぎの五大改革を指令した。「完全な男女同権と婦人解放」「労働者の団結と組織の助長」「教育の自由主義化」「専制からの国民の解放」「経済の民主化」。

この指令にもとづいて、男女は法的に平等となり、婦人参政権も実現をみ、同じ過程の中で「家」制度も崩壊、女たちは制度上においては長かりし封建的束縛から放たれた。そして同じ民主化路線の中で、労働者の団結権が保障され、教育が国家的統制から放たれ、絶対主義的天皇制がなくなり、財閥の解体があり、封建的地主制から農民たちが放たれている。女たちの状況は、社会の構造に規制されているので、その解放は、単独におこなわれることはなく、つねに社会の諸変革と相連なっておこなわれるのである。

戦前、女たちの上に主要矛盾としてあった封建的なものは、戦後の変革の中で、法的にとりはらわれ、女たちの解放への足場はできたが、個々の具体的な生活の中では、なお道はけわしい。なぜなら封建的な矛盾はこんにちにおいては、日常生活の中ですでに影うすくなっているが、かわって、独占的な資本主義社会の諸矛盾が、女たちの状況を強く規制しているからである。

戦後日本の都市家庭にみられる三大変化として、松下圭一氏は、家族革命・消費革命・性革命があったと指摘している（『マイホームからの解放』）。すなわち、家族革命は、「家」本位の家族制度から、夫妻と子ども単位の核家族にかわり、子どもの数も、戦前の出産率五人あまりから現在では二人たらずとなっている、と。

消費革命は、家事の電化に加え、衣生活では既製衣料の大量生産による廉価販売があり、またインスタント食品の普及によって、過重な家事労働がなくなった、と指摘する。

性革命は、「家」制度下における子産みの道具化されていた女たちが、戦後は、性のいとなみを子どもを産むためのものであるより、夫とともに楽しむものとして、妻の側の欲望もまた重んぜられるようになった、と。

たしかに言われるような三大変化はみられるが、問題はこの変化の側面からまた発生している。すなわち、夫妻単位の核家族となった近代家庭からはじきだされた老人問題が、封建家庭の嫁・姑問題にかわってあらわれている。また消費革命も、資本の利潤追求の場として推進されているため、つぎつぎ新製品がうみだされる華やかな消費攻勢に、となり近所的視野でことに処する女たちを、たえず欲求不満へかりたて、「豊富の中の貧困」といわれる現象がもたらされている。

そして性革命であるが、家族革命と消費革命によって余暇の増大した中間層以上の女たちがイエロー・ペーパーなどによって、性生活に対する享楽性を肥大させるため、妻の娼婦的性知識の過剰におそれをなす夫たちの存在もみられ、テクニックやムードづくりが強調され、人格性がかえりみられない性知識のはんらんは、すこやかな性解放のすがたとは言いがたい。

さらに、〝よろめきドラマ〟といわれるものが、テレビの午後の番組に登場し、すくなからぬ視聴率をあげるようになったのも、戦後家庭の三大変化といわれる現象が、一般的となった時期と対応する。

ＮＨＫの国民生活時間調査によると、一九六五年現在、サラリーマン家庭の妻の場合、日に五時間以上もテレビをみる人たちが、五〇％近くもいる。夫は仕事に没頭、子はすでに母の手のいらぬ年齢となり、余暇のありあまった家庭内に、うつろに生きている女たちが、現代版新派悲劇ともいえる〝よろめきドラマ〟によって、精神的・肉体的な欲求不満をなだめているすがたは、あわれにみすぼらしい。

核家族の近代家庭も、家事の過重労働からの解放も、そして性生活における夫妻の対等性も、戦前、封建的習俗に苦しめられた女たちが望んでいたかがやかしい女性解放のすがたであったはずだ。ところがそれが成り立っている現在、いぜんとして、女たちはなお閉塞されている。

封建的な習俗からは解放されたものの、「自由」の使い道がわからず、夫の働きによって経済に心配のない階層の女たちは、子育ての時期には、教育ママに傾斜、子育て後は、あくびと吐息で、退屈をかこちながら老い朽ちるか、〝よろめきドラマ〟にうながされ、火遊びめいた情事によろめくかする傾向がみられ、女たちの頽廃的現象が戦前よりも大きくある。一方、経済に追われる層の女たちにも、戦後家庭の三大変化は、新しい問題をもたらしている。

こんにち、女子雇用労働者は一千万人を超え、全雇用労働者の三分の一に達しているが、中でも既婚者の職場進出が最近いちじるしく目立つ。一九六七年度の労働省婦人少年局の調査によると、女子雇用者総数中結婚している者は三六・九％に達し、さらにこれら既婚者の就職理由は、生活費のたしにするためが五四・二％、生活を支えるためが二九・七％、いずれも生活をやりくるための切実な理由で職場に進出している。しかし、男子との賃金格差はこの層にもっともいちじるしい。すなわち、三〇〜三四歳の年齢層は五〇・一％で約半分、四〇〜四九歳の年齢層は四一・四％とその差はさらにひらいている。

現代家庭は、「労働力再生産の場」であるとともに、「資本の利潤追求のために生産された商品の最終的な消費の場」である。消費革命は後者によって現象し、このため生活費のいちじるしい増大が、主婦たちを職場へ動員するのであり、統計数字にあきらかなように、彼女たちの賃金はきわめて低い。そして低賃金のプールとしての彼女たちの存在は、さらに労働者全体の賃金をさげるオモリの役目を果たし、彼女たちは、資本の利潤追求の二重・三重の客体となっている。

なお、既婚女子労働者のうち、中学生以下の子を持つ者は五〇・三％で約半数を占めており、そのうち三十代の既婚者は約八〇％が中学生以下の子を持っている。家族革命による核家族化の中で、働く母たちの最大の悩みは保育の問題であるといっても過言ではない。そしていわれている性革命であるが、経済に追われる層の人たちのおおかたは、過密化の中の住宅難で、せまい民間アパートなどの入居者が多い。一室が居間・食堂・寝室をかね、家族ぜんぶのざこ寝生活では、性を楽しむムードも空間も持ち得ないし、職場や内職で疲れ、さらに家事・育児の負担がなお大きい女たちの場合、性を楽しむ時間的ゆとりもまたない。

このことは、農村家庭になると、さらに問題は深刻化する。夫の出かせぎによって、半年後家《ごけ》、もしくは十カ月後家といわれる妻たちの存在はもはや珍しくなく、さらに子どもと老人だけをのこし、妻も出かせぎのため家を離れる崩壊家庭もみられるような状態である。

一方、出かせぎにでない専業農家といわれる層では、若者たちは結婚難になやんでいる。都市の過密化と反対に過疎化してゆく農村では、中学や高校を卒業するとともに若者と娘たちは都会に流出、残るのは、家業をつぐ〝あととり〟といわれる長男や長女の立場にある者ばかりである。彼らは、新しい農業経営を目ざし、研修会に出席、またクラブ活動をおこなっているが、その中で恋が芽生える。こんにちの農村は、若い者同士の恋を否定するほど封建的ではない。しかし、〝あととり〟同士の結婚は、家族労働を中心に成り立つ農業経営の上から、たやすく許されない。憲法で結婚の自由が保障されていても、自分たちにはその自由がないと、〝あととり〟の立場にある若者や娘たちのなげきは深い。

世に言われている性解放や女性上位時代などということも、このような実態を展望するとき、まともな性解放もなければ、かがやかしい女性解放のすがたもみられないといわざるを得ない。

こんにち売春は制度的にはすでにない。しかし実態はまぎれもなく存在する。社会が男たち中心に組織されており、女たち一般の経済的自立が困難であり、結婚が女たちにとって生存権確保の場であり、さらに性が人格を欠落させた享楽的なものとしてあるかぎり、法で禁じても、売春はつねにはびこる。売春と姦通はブルジョア社会の偽善に満ちた「家庭の幸福」を補完するものとして、日常的にみられると指摘されている（エンゲルス）。

戦後日本においてもこのことはいえる。たとえば風俗小説といわれるものの内容は、売春と姦通の風俗が主であり、それらをとり去ったらみるべきなかみは、何もないと言っても過言ではない。丸山真男氏は、「肉体文学から肉体政治まで」（『展望』一九四九年十月号）の中で「純文学作家と称せられる人達がずらりと揃って、それこそ一糸乱れず同衾を描いているのには恐れ入った」と、ある小説特輯号の例をあげ、何十年か何百年かあとにその特輯号を読んだ人々が、「一九四九年頃の日本人は coitus のことで年中頭が一ぱいだったと思ったってそう無理じゃないだろうね」と語っている。

以来二十余年「一億総発情化」をおもわせる描写がマス・コミ小説のほとんどを占め、さらにテレビにおいては〝よろめきドラマ〟のほか、〝おいろけ番組〟なるものが、深夜番組で年ごとにさかんになる。そしてこれらと競合して、婦人雑誌・週刊誌における性記事のはんらんとなる。正しいかたちで性解放がおこなわれていないからこそ、このような現象がはんらんするのであり、それはまた現代資本主義体制安泰のためのたくみな演出でもある。

上昇期の資本主義は勤勉・禁欲の生活に支えられて発展したが、爛熟した資本主義は消費と享楽の生活に支えられるのだ。なかで特に性の消費と享楽性は重要な位置を占める。

人間疎外が極限に達している社会では、性は唯一の主体的行動の場であり、人々に情熱を自覚させる唯一のものであり、人間疎外からの人間回復の唯一の手段なのだ。ためにこんにちみられる性の消費と享楽のはんらんは、体制の安全弁的役割を果たしている。

いつの時代においても、その時代の性風俗は、独自に発現するものではなく、体制の意向と根深くかかわっていることはさきにもふれた。またその時代のあらゆる先端的な風俗は、レジャーをもっとも多く持つ若者たちによってもたらされるが、性風俗においても例外ではない。

こんにちもっとも先端的な性風俗を生きているのは、若者たちのレジャー層である学生たちであるらしい。結婚を前提としない同棲生活があり、愛情がなくとも一杯の水をのむごとき、さりげない性の関係も珍しいものではないらしい。だが、その先端的な風俗も、こんにちの体制の意向である消費と享楽の生活を先端的なかたちで反映したものであるなら、やはりレーニンの指摘どおり、「いかに革命的であっても、まったくブルジョア的なものである」。

しかし、倦怠に満ちた結婚生活を売春と姦通によって補完し、またそのことへのあこがれを持ちながらも、金と機会にめぐまれないため、風俗小説やよろめきドラマ、おいろけ番組によって欲求不満をごまかしているおとなたちのあわれにうすぎたない性風俗を否定、それをもたらしている体制への反逆として、新しい性風俗が、男女双方の実存の中できびしく把握され、いとなまれているのであるなら、私はあえて彼らの新しい性風俗を否定しない。たとえばサルトルとボーヴォワールの場合にみるような新しい男女倫理の確立が目ざされているのであるならば、新しい性風俗に歴史創造の芽がないとはいえない。

性のいとなみは、女にとってはそのまま母性のいとなみへ直結する。母性保障も育児保障も確立しておらず、女の経済的自立が困難な社会において、男の経済的保護に依存せず、女が性生活をふくめたその生活をまったく主体的に生きることは不可能に近く、受難がすこぶる重い。にもかかわらず、自己の人間的主体確立のため、女たちがそれを志すとき、女を男の補完者としてしか存在させない現体制の変革が、女たちの人生設計のプログラムにおのずとのぼる。

性解放と女性解放は深くかかわっているが、男をも女をも人間疎外している社会の中では、それは空中の綱渡りにもひとしい困難なことである。

（『婦人教師』一九六九年九月号）

「女らしさ」がねらうもの

数年間アメリカに滞在、最近帰って来た友人が、雑談のおりに言った。テレビでダニー・ケイが「日本の女」を演じてみせたが、その特色をまことに的確にとらえていたのに感心するとともに、日本でいわれている「女らしさ」について、あらためて考えさせられた、と。

ダニー・ケイ演ずるところの日本の女は、つねに男のうしろに従ってゆき、顔に不可解なうすら笑いをたやさず、小腰をかがめて、やたらとあちらこちらに卑屈に頭を下げどおしであったのだ。

外国の喜劇役者にとっては、なにげないものまねであったのだろうけれど、その動作や表情の由来を、わが身につらく知っているため、素直に笑えないものがあったと、友人は言った。

男に従うことが婦徳とされ、喜怒哀楽を率直に表情にあらわすことは、はしたないとされ、あらゆる感情をあいまいな微笑でごまかし、すべての人間関係においてへりくだることを美徳とされた日本の女たち。外国人には理解しがたい動作や表情に表現されている「女らしさ」は、戦前の良妻賢母教育が、女たちに強制したものである。

文化の型がちがえば、「男らしさ」「女らしさ」の型もまたちがう。男と女は人類の雌雄として、生物学的なちがいはあきらかにあり、肉体の構造は生まれつきまぎれもなく異なっている。

しかし、生活行動として要求される「男らしさ」「女らしさ」は、男女の素質に先天的にそなわっているものではなく、その社会の秩序として、学習させられる他律的なものである。ために社会がかわれば、そこで要請される「男らしさ」「女らしさ」もまた異なってくる。

かつて日本には、女のために男がしつけられた時代があった。古代の宮廷男性のしつけは、「すべてをのこをば、女に笑はれぬやうにおほしたつべしとぞ（すべて男は、女に笑われないようにしつけなければいけないという）」（『徒然草』第百七段）とされている。

しかし、古代社会が崩壊し、中世戦乱の世となって、封建制が展開するとともに、日本におけるフェミニズム的習俗は消滅、男性中心の風俗が完成されてゆく。

身だしなみはじめ、日常の行動、立居振舞にまで、こんにちイメージづけられているような、「男らしさ」「女らしさ」がいわれるようになったのは、近世社会からである。

身分制度を体制維持の支柱とした近世封建社会は、士農工商の身分によって、住居・服装・行動の差別があり、あらゆる人間関係は、上下尊卑の別があるとされる。そして上位の者に対する下位の者の献身と服従が人倫とされ、身分・性別に応じた「らしさ」が、道徳的な規範となっている。

他律的な「らしさ」をたくみに価値づけることによって、体制安泰をもくろむ政治的な配慮は、明治の教育体系の中では、封建期より以上にちみつに組織されている。「女子ノ最モ急ニスヘキ所ノモノハ修身ノ道ナリ、坐作《ざさ》進退ノ節ナリ、家事経済ノ要ナリ、子女養育ノ法ナリ」と、明治十五年の文部省年報は説く。これは、外に国際関係の微妙なうごきがあり、内に民権運動の激化や経済不況があって、動揺した体制を補強するため、人民の近代的開明化を志した文明開化路線の教育を否定、体制の秩序維持を目的とした、徳育中心主義へきりかえた際の、女子教育の基本方針である。

欧米を模範とした文明開化の女子教育は、いらざる女書生をつくるばかりだとの、当時の批判の中で、封建的な女訓を内容とした修身と作法を教え、家事・育児の技術や裁縫・手芸を学習させることによって「女らしさ」をそだてることが、うちだされたのである。

社会の矛盾が激化するたび、体制を補強するために教育課程があらためられ、封建的儒教倫理をもとにした「男らしさ」「女らしさ」が強調され、ついにファシズム的軍国主義教育となっていった、にがい歴史を私たちは持つ。「男らしさ」「女らしさ」は、男女の人間性をはぐくむものであるより、男女差別をたくみにごまかすものであり、それは体制安泰の配慮とわかちがたくむすびついている。

戦前の男女差別の制度において、男は女よりはるかに優位に立っていた。しかしそれは、男対女の関係においてだけであり、社会的な展望でみるとき、男女差別は、男たちの状況を決して有利にしてはいない。

たとえば、戦前の家族制度のもとで、女たちは、「家」や夫や子のため、犠牲と忍従を生きることが、女の美徳とたたえられた。しかし、「一旦緩急」があり、天皇の名によってことがおこなわれるとき、男たちは、女たちが強いられた以上の、生命ぐるみの犠牲と忍従が強制されている。男女の身分差別は、権力の専制の中で、ときには女たち以上に、残酷な状況を生きなければならなかった男たちが、その抑圧を、権力への抵抗に転化しないための、抑圧移譲の安全弁的役目も果たしていたといえる。

男女の制度的差別がとりのぞかれるのは、敗戦後の民主主義的諸改革の際である。そのおり、教育の場においても、差別教育は否定され、ひととき民主主義の蜜月時代があった。しかし、憲法や教育基本法で目ざされている民主主義は、その後の歳月の中で、正しいかたちで育てられることなく、政治的な反動がそのまま教育の反動化につながり、「男女の特性に応じた教育」をうちだした、このたびの高校教育課程改正の答申にも、教育の理念よりも、政治的な配慮が先立っていることがあきらかにみられる。

戦前の生活構造や様式とは、隔世的な変化が、社会にも家庭にももたらされているこんにち、明治十年代と大差ない古色蒼然とした女子教育の方針が復活してきたのは、それなりのもくろみがあるからなのだろう。

こんにちの教育には、産業界の意向が大きく反映する。全雇用労働者の三分の一を女が占めている現在、女子労働を無視してはなりたたない産業界である。

だが、使用者に義務づけられている母性保護は、利潤追求と相いれない。ために結婚によって母性機能が大きく発現するときは、退職させられ、育児期間がおわったちは、臨時や日雇で景気調整のクッションとなり、低賃金の錘《おもり》ともなって、職場に動員させられているのが、女たちの一般的な現状である。

「女子の特性」をはぐくむ教育には、職業的にも経済的にも自立を許されず、夫の働きに依存して生きなければならぬ女たちの状況を、女は子産み子育てと家庭が本来的な生き場所であると教えて正当化し、結婚退職や若年定年制をこばむ女たちを、なくしてゆくこともまたもくろまれている——とみるのは、戦前の良妻賢母教育を知る者の被害妄想であろうか。

女たちが経済的に自立できないことは、男たちの利益とはならない。消費水準が戦前とは比較にならぬ高さとなっている現代である。妻子を養うため、男たちはエコノミック・アニマル化され、そのためにもっとも利益を得るのは企業の側である。
職業と家庭の両立が、あたりまえな女の生き方となろうとしている世界的な傾向があるとき、時代錯誤にもひとしい良妻賢母教育がうちだされてきたことは、男たちの社会生活が、いままでより以上に抑圧きびしくなることと、無縁ではなさそうだ。

（『朝日新聞』一九六九年十月二十一日号）

おんな・百年

王政復古と女たち

古代天皇制への復帰をうたいあげ、明治維新の基点となった王政復古が宣言されたのは、一八六八年の一月三日。その日の夜あけ、西郷隆盛指揮の薩摩・尾張・越後・土佐・安芸、五藩の兵がいきなり皇居をとりかこんだ。そして「王政復古」派の皇族・公卿・藩主たちだけを宮中にいれて朝議をひらき、摂政・関白と幕府の廃止、総裁・議定・参与の三職の設置をきめ、「諸事神武創業ノ始《はじめ》ニ原《もとづ》キ」と宣言した。いわゆる「王政復古の大号令」がおこなわれたのである。

このとき明治天皇は十五歳。彼はまったくのロボットであり「王政復古の大号令」は、大久保利通・西郷隆盛・岩倉具視らの大芝居であったことは、すでに史家があきらかにしている。

もっとも「王政復古」を来たらせたのは、彼ら権謀術策にたけた政治家たちの策略だけではない。その思想潮流となったのは「平田国学」や「水戸学」であり、それを奉ずる下級武士たちと新興ブルジョアジーである地方における豪農・商層の人たちが活動家層の中心になっている。

古代社会の遺俗である宗教的権威を天皇に復活させた平田国学は、天皇を「日ノ神」の系譜をつたえる「現御神《あきつみかみ》」とし、「尊卑善悪ノ差別」を強調したその学説は、儒教的名分論につちかわれている日本人の思考方法にたやすくむすびつき、尊王攘夷のイデオロギーとして人々にひろくうけいれられている。この平田国学とほぼ同じ系譜に立つ水戸学の代表的な学者会沢正志斎に『迪彝篇《てきいへん》』という書物がある。彼はその中でつぎのように言っている。

ヨーロッパでは、「国王といへども一夫一婦に限りて外に妾睽《しようしよう》を蓄ふる事を許さず」とされているがこれはまちがっている。男は陽で女は陰であるゆえに、「陽は貴く、陰は卑しければ、男女のみちも、億兆の臣民一君に事ふるごとく、一家には一夫にして、妻あり妾あり衆女共に一男に事ふる事、天地の道なり」とし、「天地の道に随ひ妻妾を蓄へ」ることは、「聖賢の教」であるというのだ。

ために「王政復古」により、ときの顕官となった男たちは、こぞってこの「聖賢の教」を実践している。メカケのないような男は、男の半人前。「あいつはまだメカケも持てないのだから」と、小馬鹿にされる。そこで白昼堂々と妾宅へ馬車をのりつけることが、男たちの誇りの一つとされたのである。

「女に対するとき、彼女を、肉欲の餌食、またはメカケと見なすような関係のうちには、はてしれぬ堕落がはっきりとみられる」と、マルクスはきびしく指摘したが、日本の男たちは女を男のなぐさみものとしてしかみとめず「酔うては枕す美人の膝、醒めては握る天下の権」と、放歌高吟している。

古代社会の君主である天皇のカリスマ的権威を核として出発した日本のいびつな近代。「王政復古」はその後の日本の歴史の中で、かずかずの後ろむきの倒錯をもたらす「つまずきの石」ともなっている。

古代天皇制の基礎がためのために創作された神話をもとにして、ふたたび復活した紀元節、「建国記念日」といわれるものもその倒錯の代表的な例といっていい。

一揆や惣休と女たち

幕末・維新期の社会状況の特色として、農民闘争の激発があげられている。

一揆とよばれるそれは、階級的な自覚をもった組織による闘争ではなく、地域ごとに孤立した自然発生的な闘争である。

だが、ときは支配権力の動揺期。この一揆は、連鎖反応的にとなりあった各地にひろがり、すこぶる大規模となったものが多く、また「世直し」とよばれるかたちの一揆が多いことも、この時期における農民闘争の特色である。

「世直し」型の一揆は、底辺層農民の結集されたエネルギーが主力になっておこなわれている。近世封建社会の商品経済の進展の中で、藩と高利貸資本の二重の収奪に苦しむようになった底辺層農民たちが、藩に対して要求をかかげて立ち上がるとともに、日ごろ彼らと直接利害の対立している富商・地主の家をうちこわすなどの行動をともなう一揆でもある。

統計でみると、幕末・維新期の農民一揆は、一八六六（慶応二）年と一八六九（明治二）年に、発生件数がすこぶる多く、この間に徳川幕府の崩壊と明治政府の成立がある。

前項で、薩摩・尾張・越前・土佐・安芸、五藩の兵のクーデターによる「王政復古」のことにふれ、また「王政復古」を来たらせた思想潮流として、「平田国学」「水戸学」のことをあげたが、幕末・維新期の農民闘争を展望するとき、封建社会を倒す原動力的なはたらきをしたのは、志士といわれる活動家層の働きもみのがせないが、底辺層農民たちの「世直し」一揆も、大きな比重を占めている。

この農民闘争の中で、女たちは、いったいどんな役割を果たしたのであろうか。徒党・強訴は、その家族をもふくめて、打ち首・はりつけの極刑がおこなわれることになっていたのである。働くこと以外、生きるてだてを持たない男たちが闘争に立ち上がるためには、家族間の同志的な協力がいる。近い例の三池闘争や日鋼室蘭の闘争をかえりみても、女たちの団結の力が男たちのたたかいを支えている。江戸期から明治へかけておこなわれた農民一揆にも、かげにかくれた女たちの力強い支持があったからこそ、男たちは、生命をかけた行動が出来たのだとおもわれる。

ところが、従来の史家は、この女たちの働きについて、あまりとりあげることをしない。歴史は、男がつくったとする無意識の先入観が、女たちの働きについて見落してしまうからだろう。一方、女の歴史ブームといわれるこんにち、マス・コミの上で、特権層の女たちの歴史が多彩にとりあげられている。だが、それは商業ベースにのせた興味本位なものが多く、反権力のたたかいにおける、女たちのいたみに満ちた地味な働きは、発掘されていない。このことは、地方における女性史の未開拓なこととふかくかかわってもいる。

農民一揆における女たちのはたらきをさがしていたとき、「はやり正月」「惣休《そうやすみ》」などのことばにぶつかった。サボタージュやストライキなどのことばが渡来しない以前の、働く人たちの抵抗のかたちを示したなつかしいことばである。記録されている日本最初のストライキは、一八八六（明治十九）年、甲府の雨宮生糸紡績場におけるものだとされているが、それ以前、マニュファクチュア（工場制手工業）段階の労働へかりだされていた女たちは、「はやり正月」「惣休」のかたちで、待遇改善を要求していたらしい。

開明政策と女たち

「ざんぎり頭をたたいてみれば文明開化の音がする」と、明治初期の俗謡は言う。封建期、身分によって、ちょんまげのかたちはちがっていた。身分制の廃除がおこなわれた明治の変革の中で、ちょんまげ頭が次第に消滅していったのは当然のなりゆきである。

「散髪勝手たるべし」の布告がでたのは、一八七一（明治四年）八月。男のちょんまげにみあうのは、女たちの島田まげや丸まげである。身うごき不自由な重苦しい髪を、さっぱりとたちきり、身がるな断髪すがたとなる女たちも、すくなからずいたらしい。あわてた当局者は、翌年四月、散髪は「男子ニ限リ候……婦女子ノ儀ハ従前ノ通相心得」と、女子断髪禁止令を布告している。

生産関係の基底部に、生産物の過半量を収奪する封建的地主制をのこし、政治体制は絶対主義的な天皇制を確立していった明治政府である。開明化は、絶対主義的な権力を補強する範囲においておこなわれたのであり、女たちは、天皇制を支える基盤となった家族制度のきずなから脱出をゆるされなかった。男子に「ざんぎり」が許され、女子に封建期のままの髪型が強制されたのは、明治の変革における男女の差別を、象徴的にあらわしている。

こんにち、正月や結婚式に女たちが日本髪といわれる髪かたちでのぞむことが、いまだに習俗として根強くのこっている。ところが男の場合は、ちょんまげで、正月や結婚式にのぞみはしない。あらたまった場合、女たちが封建期のままの髪かたちをしても、なおおかしくないのは、女たちの生活から、封建的遺習が、まだまったく消えてしまっていないせいでもあろう。

明治の変革において、政府はつぎつぎと開明的な政策をうちだしたが、それを具体的に、になって推進するのは一般人民である。

明治政府の文明開化政策は、急速な資本主義化による富国と近代的軍隊創設の強兵へとつづいている。そのための識字率向上は、近代国家建設のための基礎的な要請でもあった。

一八七二（明治五）年発布された学制は、「幼童の子弟は男女の別なく小学に従事せざるものは、その父兄の越度《おちど》」とされ、ここでは男女差別のない初等教育の義務化がいわれた。

学制は発布されたが、学校経営費はすべて父兄負担とされたのである。つづいて、「生き血をもって国に報ゆる」徴兵令もまた施行された。この時点で、全国各地に強制就学反対・徴兵反対の農民闘争がおこっている。封建期とかわらぬ収奪に加え、近代化政策の出費もまた負担しなければならぬことは、底辺層農民にとっては、になうに重すぎる文明開化であったからだ。

ために就学率は底辺層の子どもたちにすこぶる低く、とりわけて女子の就学率が低いことが指摘されている。

一方、学制美談として語られているものもまたある。長野県の例でいえば、権令（県知事）が、学制奨励の講演をした際、八十八歳になる老農夫が隠居仕事の片手間に、ぞうりやわらじをつくり、それを売ってやっと貯えた金一円（当時の米相場は一円に白米上一石九升）を献納、女たちもまた、「紡績ノ余資」や「養蚕ヲ勤メ生糸真綿ヲ売リ」などした、おろそかならぬ勤労の末に、やっと貯えた一円から十円の金を献納、学制施行に協力している。

学制は政府がうちだしたが、基底部においてこれにこたえ、涙ぐましいほどの協力をおこなった「村農田婦」とよばれる人たちの存在も、見おとせない大きな推進力である。

良妻賢母

文明開化期、西欧近代思想を日本に紹介した、福沢諭吉・森有礼・中村正直など、明六社の主だった同人たちは、幕末から明治にかけて、外国生活を体験している。彼らがそこでふかく感銘をうけたことの一つは、夫のよき同伴者である知性すぐれた妻と、子どもの教育についても指導的な役割を大きく果たしている母のすがたであった。

これこそ文明女子とうなずいた彼らは、帰国後、女子教育の振興を声たかく言った。この文明開化思想の生んだ良妻賢母の第一人者は、鳩山春子であるといわれている。わが国最初の官立女学校である竹橋女学校をへて、東京女子師範学校に学んだ彼女は、女にひらかれた文明開化コースのトップをすこぶるめぐまれて歩んでいる。

女子師範卒業後、春子が結婚した法学博士鳩山和夫は、アメリカ帰りの文明開化主義者。彼は、妻にミルの著書をすすめて読ませるほどの、女に対しては進歩的な理解を持っていた。和夫が、「御婦人方の心得」として、『羅馬字雑誌』(一八八八年)に発表している文には、「これからは女が男のフレンド、親友になることが大事である。男の親友になれるよう、女は一通りの学問をして、男にシンパサイズできるようにならねばならぬ」とある。

春子は、この夫にみちびかれたところすくなくない。彼女はその自伝に書いている。「私としても夫の事業に趣味と理解を持ち、夫と同化することができるやうに励みましたから、学識や才能に於いて非常に懸隔があっても、夫によく面倒を見て教導して貰ひ、常に充分の信用を以て夫の手とも足ともなることを許してくれたばかりに、私が如何に幸福な人生を送ることができたかを思い乍ら、どんなに感謝して居るかは、私より他に知る人はありません」。

和夫・春子夫妻の間には、一郎、秀夫の二子がある。明治十年代、子どもたちがその父母をパパ・ママとよび、音羽御殿とよばれる西欧ブルジョア風の宏壮な邸宅内での家庭生活は、当時においては、すこぶる新しかった。

だが、封建的な家族制度をよしとするその後の国の政策は、国定教科書の中で、儒教的・国家主義的な良妻賢母たちをたたえた。たとえば、夫の危難に際し、自分の生命をささげたオトタチバナヒメや、夫の出世のために生家から持参した金を、惜しげもなく夫に渡して役立てた山内一豊の妻などが、あるべき妻のすがたとされている。賢母としては、我が子の教育にこまやかに心くばった孟子の母、情をころし、我が子の修業の持続をはげました中江藤樹の母、お国に忠義をつくすことが、最大の親孝行であるとした「水兵の母」などが、同じく教科書にあった。

この儒教的・国家主義的な良妻賢母像は、敗戦後の民主化の中で否定され、子どもたちが、父母を、パパ・ママとよぶのも一般化した。

先日、テレビの婦人学級むけの放送に、助言者としてあらわれたある人はいった。こんにちの妻は、新版山内一豊の妻となることが必要だ、と。

彼女は、アメリカにおいて読まれ、日本でも訳された『夫を成功させる法』という著書からの引例として、出世競争のただなかにいる夫を助けるために、妻は夫のブレーンとして、知識の吸収につとめ、それにもとづいて夫によき助言をおこない、彼の目とも耳とも手足ともなることが、現代の良妻であることをいっていた。

「明治百年」のこんにち、これがよしとされるならば、良妻賢母像は、文明開化の時点から、一歩もうごいていないことになる。

政治活動と女たち

明治以後、女たちの政治活動がみられるのは、自由民権運動からである。この運動の中で知られている女には、土佐の民権婆さんとよばれる楠瀬喜多や、宮中出仕をやめて運動へ参加した岸田俊子（中島湘煙）、大阪事件に連座した景山（福田）英子などがある。

なかでも、岸田俊子と景山英子は、ジャーナリズムが派手にその名を喧伝したので、ときの民権少女たちのアイドルとなっている。だが、目立たない地味な場所で、困難なたたかいにのぞんだ女たちが、何人かいたことが当時の資料に散見される。

民権運動はそのはじめ、野にいる士族たちが中心になって、運動をひらいている。ついで、一八七七（明治十）年の西南戦争後、地租改正反対をさけんで、豪農層が参加したことにより運動の全国的なひろがりをみ、ついに、一八八一（明治十四）年、十年後に国会を開設する勅諭が発布された。このことにより、士族・豪農層の運動は軟化するが、資本の原始蓄積総仕上げのため犠牲にされた没落農民たちが中心となった運動は、武装蜂起をともなって尖鋭化している。

一八八四（明治十七）年は、農民民権といわれるこの運動がもっとも激化した年。郡役所・警察・監獄・兵営などを襲撃、専制政府転覆をもくろんだ群馬事件・加波山事件・秩父事件・飯田事件などがおきた。

なかでも、秩父事件には、埼玉・群馬・長野の農民たちが多数参加し、各地で警察・軍隊と衝突、凄惨な闘争を展開しているが、事件の中心指導者の一人として村上泰治の妻がいる。彼女の夫は、秩父困民党員。彼は、困民党内に潜伏した警視庁のスパイを他の同志とともに殺害したことにより、十二年の刑をうけている。彼女は夫にかわって、運動に積極的に参加したのであろう。

また、未遂で発覚した飯田事件の検挙者の中に、豊橋在住の村雨のぶ子の名があり、飯田を中心とした政治結社、愛国正理社の社員にも、何人かの女たちの名がある。

明治期、女たちの政治活動がゆるされたのはこの自由民権運動の時代までである。一八九〇（明治二十三）年公布された「集会及政社法」によって、女たちは、政談演説をきくことも、政治結社に参加することもきびしく禁ぜられている。同じ年、直接国税十五円以上を納める二十五歳以上の男子に限られた制限選挙によって、第一回の帝国議会は開設され、教育勅語もこの年発布されている。

明治憲法体制は、女と貧乏人を政治活動から排除してのち、確立をみている。その後、女たち自身のたたかいにより、政談演説を聞く自由だけは、一九二二（大正十一）年、ようやく獲得したが、選挙権はもちろん、政治結社への加入もついに敗戦まで禁じられたままだったのである。

米騒動と女たち

米騒動と女たちといえば、一九一八（大正七）年におこなわれた「越中女一揆」のことが、ひろく知られている。日ごとにあがる消費米価に、富山県の魚津港で沖仲仕として働いていた女たちが、米の県外移出の荷役を拒否、「米よこせ」の運動に立ち上がったことがきっかけとなり、運動は全国的にひろがり、ついにときの政府をたおしている。

日常のくらしにじかにつながる消費米価の高値にたまりかね、女たちが立ち上がったのは大正期がはじめてではない。いまから百八十年あまり前の天明期においても、女たちが「米よこせ」に立ち上がった記録がある。

一七八三(天明三)年は、全国的な大ききん。餓死者の数はつまびらかではないが、南部藩における宝暦・安永の両ききんのとき、同藩だけでそれぞれ六万人以上の餓死者が記録されているが、これどころではない膨大な数であったろう。あらゆる木の芽をつみ、木の皮をはいで食し、草やワラをきざんでだんごにつくって飢えをしのいだ当時、いろりばたのむしろまではいでこまかくきざみ雑穀にまぜて食べたという。

そのむしろは、カカ座といわれる主婦のすわる場にあったものが、もっとも塩気がしみていてよかったという哀話もかたりつたえられている。

女たちが立ち上がったのは、このときである。ところは信州・飯田町。当時の問屋である旧家の記録には大略つぎのようなことが記されている。

「天明四年三月八日夜、自分方へ女ばかり二十九人がおとずれ、この節、米が高値で困っている。出来秋まで貸してもらえまいかといい、断っても、いつまでも帰らないので、一人に五十文ずつやって、やっと帰ってもらった」と。

このころは江戸幕府が成立して約百八十年。商品流通の発展とともに、封建社会も次第に変質、農村では、農民層の階層分化がいちじるしく、都市においても、大量の労働者の発生をみている。

「そろりそろりと天下のゆるるきざし」のみえはじめた時代の大ききん。世なおし一揆とよばれる地主・豪商宅の打ちこわしなどが、このとき各地でおこなわれている。

この打ちこわしは主として男たちがおこなっているが、打ちこわしまでいかない「米よこせ」のデモには、女たちが主になっていることが、地方史の中にはみえている。

前記の記録には、同じく三月二日、飯田の町方の女たち七十人ばかりが村方の地主宅へ「米よこせ」の要求にいき、夜に入ってさらに二十人あまり加わっており、翌三日には約三百五十人ばかりの女たちが、村方へおしよせている。

食わなければ生きられないという切実な現実の中で、やむにやまれぬ女たちの行動であり、行動すれば、ともかくいくばくかの米が獲得できるのだから、つたえ聞いて女たちが日ごと大きく行動をおこすようになったのだろう。

安政五（一八五八）年の北陸ききんの際も、加賀百万石といわれる地方の女たちの行動が米騒動のきっかけとなっている。

氷見の港町では、商人が米を船につみだそうとしたとき、女たちがさわいだことから騒動がおきているし、金沢城下では、城東の卯辰山におおぜいの女たちがのぼり、「米よこせ」と絶叫、その声が城中までとどき、藩の命令で米が安くなっている。

佐渡の相川でも、女たちおおぜいがおのおの茶わんを持って代官屋敷にゆき、だまって茶わんをささげて米のはらい下げを要求している。

くらしをやりくりする女たちのせっぱつまったおもいから生まれる多様な闘争は、江戸期においても、すでに大きくあったのである。

キリスト教と女たち

さきごろ（編注　一九六六年）来日したフランスの女流文学者ボーボワールは、その婦人論『第二の性』で、「キリスト教の理念は女性圧迫にすくなからず寄与した」と指摘している。

男の肋骨から女がつくりだされたとする『創世記』の神話がふまえられ、男女の位置づけがおこなわれているキリスト教の教義体系には、たしかにかがやかしい女性解放のすがたはない。

にもかかわらず、日本の女性史の上では、キリスト教は高く評価され、事実また、女たちの解放のために、先駆的な役割を果たしている。

このことを私は、日本の女たちの上に大きなくびきとなった儒教・仏教よりは、より進歩的な生産関係の中から、キリスト教が生まれて来たからであろうと考える。

つまり、儒・仏の思想は、奴隷制的な生産関係をふまえて成り立ってきたものであり、キリスト教は、奴隷制に抵抗して、生まれて来ている。両者の成り立った生産関係の基盤はきっぱりとちがう。このことが、奴隷的状況におかれている者にとっては、キリスト教が光りとなる決定的な理由である。

日本にはじめてキリスト教がもたらされたのは、一五四九（天文十八）年、戦国期である。

当時、キリシタンといわれたこのキリスト教に対し、大名とよばれる層の男たちもすくなからず帰依している。だが、これら支配層の男たちの帰依は、宣教師をとおして外国貿易による利益を求めるためと、新兵器である鉄砲を入手するための便宜的な場合が多い。

しかし、女たちの帰依は、野心に満ちた男たちとは、次元のことなった、純粋に自己の救済をもとめたものであった。

史上、名高い細川忠興夫人ガラシャの場合も、彼女が入信したのは、一五八七（天正十五）年、豊臣秀吉がきびしい禁教令を発したのちである。彼女は、明智光秀の娘である。本能寺の変ののち、たちまちあえない最後をとげていった父の運命は、深いショックであったろう。そして、逆賊の娘としての肩身のせまい日常の中で、生きることの意味をまさぐりつづけたとき、地上の権威を否定したキリスト教が、彼女にとって、光りある導きの糸となったことがおもわれる。

一夫多妻・子どもの結婚に対する家父長の専制・離婚などを禁じた、キリスト教のおしえは政略の道具となっていた支配層の女たちには深い共感でうけとめられたのだろう。徳川家康の息子松平忠輝の妻となった伊達政宗の娘も入信していたことがいわれている。

また、キリスト教は、底辺層に日常化されていた、堕胎・間引き・人身売買も禁じている。生活苦のため、よんどころないこととしてあきらめはしても、おのれの胎に宿った子を、むざと殺すことは、女たちにとって胸うちふかく血のにじむ痛みがあったはずだ。これを禁じたキリスト教は、底辺層の女たちにとっても、おもいのよりそってゆく福音であったろう。

秀吉が禁教令を発したとき約二十万といわれていたキリスト教信者は、それから二十五年後、徳川家康が禁教令を出したときには約七十五万人といわれている。その後あらゆる迫害を加えての禁教は、日本の植民地化をおそれたというより、封建的統一支配者にとって、キリスト教があなどりがたい対立勢力であったからなのだ。

西欧においては、女性圧迫にすくなからず寄与したと指摘されているキリスト教が、日本においては、近代に入ってからもその解放にすくなからず寄与している。このことは、日本における生産関係の基底部にアジア的後進性が長くのこったためではなかろうか。

社会主義者とその母

(一)

開国以来約半世紀。欧米資本主義社会の諸制度を輸入して、促成栽培した日本の資本主義は日清・日露の二度の対外戦争に勝って成熟、その内部矛盾もまた大きくなっていた。

社会主義の思想と運動は資本家と労働者の敵対的矛盾の中から生まれている。ために資本の側の走狗《そうく》になっている権力のよって立つ基盤と、ぎまんに満ちた社会のしくみを、あからさまにあばく社会主義者への弾圧は苛烈をきわめた。

日露戦争に反対、「平民新聞」によって非戦論をとなえた明治の社会主義者たちは、講演会の壇上で、口をひらけば、臨席の警官から、「弁士中止!」の声がとび、集会はたちまち解散させられてしまうのが例だった。一方、筆をとれば、国の政治の秩序を乱したと起訴され、多額の罰金を課せられ、さらに獄につながれた。

幸徳秋水（伝次郎）が、はじめて入獄したのは、一九〇五（明治三十八）年二月末日。獄中の秋水に面会するため四国から上京した彼の母多治子《たぢこ》は、秋水の同志堺枯川（利彦）のもとをおとずれ、しみじみと言った。「佐倉宗五郎にも親はあったろうし、由井正雪にも親はあったろうと思いますから、もう何もグチは言いませぬ」と。

秋水の父は、彼の生後十一カ月目、一八七二（明治五）年死去。多治子はこのとき三十二歳、二男二女がのこされた。「幸徳のお多治さんはいつ寝るんじゃろう？」と人々がうわさしたほど、昼夜をわかたずはたらきどおした、夫没後の多治子。

彼女は土佐、中村の郷士の家に生まれ、その父は医師。士族へ嫁すべき家格であったが、生来ひよわく小柄であったため、労働のはげしい田舎士族にはむかないと、代々薬種商をいとなんで富み栄えていた幸徳家へよめいりさせられたのである。

だが、家運のおとろえに加えて夫の死。のこされたおさない子どもたちを育てるため、多治子は、はたらきにはたらいた。

からだはひよわかったが、彼女の精神は、すこぶるすこやかだったのだ。

「大逆事件」で秋水が逮捕されたのは、一九一〇（明治四十三）年六月。いままでの筆禍事件とはことなるので、多治子は、覚悟をきめ、最後の面会にふたたび土佐から上京した。

彼女はこの事件についても、一度もグチをこぼしたことも、また泣いてみせたこともなく、よそ見にはすこぶる元気であった。

母と子が対面したのは、十一月二十七日。「もうお目にかかれぬかも知れません」子が言うと、母は、「私もそう思ったけん来たのじゃ」とこたえた。「お体を大切に」。子がいたわると、母は、「お前もしっかりしておいで」とはげました。たがいになみだをかくした面会だった。

七十一歳の老母は、長い旅の疲れをいやす間もなく、そのまま土佐へまたひきかえした。

帰郷後、多治子は言った。「伝次郎はきげんように可愛らしくしちょったけんのう、あねいにしちょったら誰も憎むものはないじゃろ」。息子は決して悪人ではない、と母は確信していたのだ。旅のつかれと心労で多治子は秋水に面会してから一カ月目の十二月二十八日に没した。

社会主義者に対し、権力側がおこなった惨虐きわまる血祭り「大逆事件」。処刑された人たち誰にも母はあったはず。当時肩身せまく生きたであろう彼女たちについて、こんにちつたえられるところまことにすくない。

（二）

言論の自由は、天皇制権力のもとでは、極度にせばめられ、権力へのきたんのない批判は、ただちに罪とされ、刑に処せられた。

「警察へ行って談判してやる！」

一九一〇（明治四十三）年三月、むすこ石川三四郎（一八七六～一九五六）が二度目の筆禍事件で、入獄がきまったとき、七十近いその母は、むすこの無実を信じて、いきりたった。

三四郎の最初の入獄は一九〇七（明治四十）年、日刊『平民新聞』の発行兼編集名儀人として、足尾銅山の労働争議に対し、紙面をあげてこれに応援したことにより、朝憲紊乱《ちょうけんびんらん》その他の罪名で下獄。二度目は福田英子が創刊した、『世界婦人』に、「墓場」と題してのせた「この世は墓場のようなものだ、生きた人間はめったにいないで幽霊や悪鬼どもが、墓石の間からぬけでてきて、到るところに陰険な悪事を働いている」という意味の社会批判が、またまた朝憲紊乱の罪に問われたのである。

いきり立つ母を三四郎の兄がなだめた。「お母さんがいくら談判しても、三四郎の罪がゆるされるものでも、軽くなるものでもないから、それは無駄です。三四郎の仕事は後世にのこる歴史的な大仕事なんだから、お母さんはじまんしてよいのです」。

だが、母の心痛はひとかたならぬものだった。彼女には四人の男の子がいた。四男は、政治活動にたずさわらなかったが、長男・次男ともに、明治二十年代、自由党壮士として、血気にはやり、「埼玉硫酸事件」に関係している。

「埼玉硫酸事件」とは、一八九一（明治二十四）年、上野を発った汽車が王子へかかった際、車中で埼玉県の自由党員が、政敵の改進党員に硫酸をあびせた事件。発案者は三四郎の次兄で、彼は当時十九歳、東京法学院の学生だった。

長男・次男ともにこの事件でただちに捕われ、六日目に家宅捜査があった。このとき、三男三四郎が、硫酸を買う使いにやらされ、子どもであるためことわられて、無駄になった購入書が、長火鉢のひきだしにあることに気づいた母は、刑事が眼前にいるので、その処置に窮し、すきをみて、これを口中にいれのみ下そうとしたが果たさず、ついに煮立っている鉄びんの中へ投じ、発見をまぬかれた。

長男・次男ともに未決に一年拘留され、長男は刑期一年、次男は控訴審で無罪となり、出獄した彼ら二人が、やがて家庭を持ち、母の心労がいささかやすらいだとき、こんどは三男三四郎が、社会主義者として入獄一度ならず。老いた彼女はその心労に耐えかねたのだろう、三四郎が再度下獄する日近く、脳溢血で倒れて逝った。

三四郎は、後年、そのときのことを回想、母の死はすこぶるつらいことだったが、まだ、下獄していなかったため、臨終に間にあい、かつ兄弟相あつまって貧しいながら葬式ができたのが、せめてものなぐさめであったと言っている。

権力に対しては、決して屈することのなかった男たちも、その母に対してはすこぶるこころ弱いのが日本的特色である。

前項でふれた幸徳秋水は、一九〇五（明治三十八）年十一月、渡米を前にして木下尚江とくぬぎ林の中を散策、革命について語りあっている。その際、尚江が言った。「だが、母の在る間は思いきったことができない」と。これに対し秋水がこたえた。「母でも亡くなったら、何をする気も出なかろう」。

明治期の社会主義者の自伝を読むと、妻に対するより、母に対するおもいが深くみられる。革新運動における男たちの意識構造をさぐる上で、このことはみのがせない重要な側面を持つのではなかろうか。

（三）

一九一二（明治四十五）年三月一日。千葉監獄の病監で、一人の社会主義者が、ハンガーストライキをおこなって死んだ。その人の名は赤羽巌穴《がんけつ》（一《はじめ》）。としは三十七歳。

巌穴と起臥をともにしたことのある石川三四郎は、彼の印象についてしるしている。

「常に慷慨《こうがい》悲憤してこころ平かならず……革命志士の典型に接するの感をいだかしめ

た」。

遺書がないので、ハンガーストライキをおこなった原因については、つまびらかにされていない。だが、ときは大逆事件後の社会主義運動の冬の時代。そよとも身うごきできない運動の前途に絶望したことが、大きな原因になっているようだ。

彼は、母を失なったのちに書いている。「多謝す、社会主義。若し余にして汝を信ぜざりしならば、余は疾く既に母の後を追ふべかりし也。母の死により絶望悲哀の淵に沈める余を奈落の底より引き起して希望の微光を仰がしめたるものは汝也。母の死によりて有《も》てる凡《すべ》てを失ひたる余の生ける屍骸に、復活の光明を与へたるものは汝也。救世済民の大主義の上に立ち、時運の非に抗して、余の凡《あら》ゆる力を以て此の悲惨なる人生と健闘せんとする勇気を与へたるものは汝也。汝は実に我再生の恩人にあらずや、復活の救主にあらずや」。

巌穴の再生の恩人にして復活の救い主である社会主義運動もまた、息の根をとめられているのだ。ために、生きる希望をうしない、社会主義運動の息の根をとめた権力への抗議として、ハンガーストライキにより死をえらんだのであろう。

巌穴の母はガンをわずらい、五十三歳で死んだ。母病むのしらせを、アメリカにおいて知った巌穴は、さっそくに帰国、その看病にあたっている。

巌穴の父は、長野県塩尻在、郷原の旧家のむすこ。自由民権運動に参加したのち、放蕩《ほうとう》をきわめ、家によりつかず、家産を蕩尽《とうじん》して他郷で死んだ。長男巌穴はじめおさなご九人をかかえた母は貧乏の中で田畑を耕し、働きにはたらいた。

日本では、前途のひらけないことを見きわめた巌穴が、渡米を決意したとき、母は嘆願した。「日本で分相応なことをして家庭をつくっておくれ」と。

だが、巌穴はあえて渡米した。功成り名遂げて母を喜ばしたならば、とりあえずの不孝をつぐなうことができるはずだと考えたからだ。しかし、彼が功成り名をあげない先に、母は死んだ。身一つで、帰国した巌穴は、母の看病にあたって、貧乏のつらさを友に訴えている。「余は今度の経験でますます貧のつらさを知り、いよいよ貧民、すなはち余と同境遇にあるものに対し、同情に耐えず」。

母の死後、積極的な社会主義伝道の中で、すでに獄死の覚悟をしていたことが、巌穴の行動にはあきらかにみられる。

一方、社会主義運動について「母が在る間は思いきったことができない」と、嘆息した木下尚江は、母の死を契機として、運動からはなれている。彼の転向については、弾圧のきびしさに臆したのだろうなどとも言われているが、ことはいささかちがうようだ。彼の転向声明ともいうべき、『懺悔』を読むと、社会主義運動への参加も、新しい権力をみずからがにぎる「功名」のためであり、その「功名」は、母をよろこばすためであったと、告白している。人民解放が基本的な志となっていないため、母の死によって、「功名」の目的をうしない、尚江は運動から脱落したのだ。

母の死を契機として、運動に殉じた者と、運動から脱落した者と。そこには、社会主義運動を、貧しい者の連帯の場としてとらえた者と、個人的功名の場としてとらえた者との相違が、あざやかにあらわれている。

社会主義者の妻

明治期以来、社会主義運動をおこなって来た人たちの回想記に登場する女たちは、すくなくない。

なかになつかしくこころうたれるひとも、何人かいる。渡辺八代《やよ》もその一人。彼女は、明治から大正へかけての社会主義運動の揺籃期、運動に関係した人たちから、あたたかい灯のようにしたわれた渡辺政太郎の妻。

渡辺政太郎は山梨県中巨摩郡の出身。家が貧しく徒弟奉公などの中で成長、貧しい生活の中で生きる意味を求めてもだえ、はじめ熱心なキリスト教信者となって、孤児院などで働いた。一八九九（明治三十二）年、二十六歳のとき、神田の青年会館でおこなわれた労働問題演説会を聞いて感激、社会主義運動に投じ、きわめつきの貧しさの中で死にいたるまで、主義の宣伝、同志の世話と養成にこころをくだいた社会主義の殉教者。政太郎は場末の長屋をまわって、子ども相手の一銭移動床屋、大道飴屋、荷車引きなどで、くらしをたてていたが、三度の食事にもこと欠く日がめずらしくなかった。同志の面倒みること厚く、下積みの働きを、ゆきとどいておこなうため、収入のないことが多かったからだ。

この夫の活動をかげで支えたのが妻八代。彼女は裁縫の賃仕事でくらしをやりくり、どん底生活にあっても、いつも笑顔であかるく、いささかも愚痴をこぼすことがなかったという。愛に溢れた人だったのだ。渡辺夫妻が間借りをしていたのは、白山の古本屋の二階。隣室にも、若い同志が間借りしており、貧しさの中で、互いにいたわりあう夫妻の愛情に、感激することしばしばだったらしい。たとえば冬の寒い晩、仕事から帰って来た夫に、妻が火鉢のうもれ火であたためておいたうどんをすすめると、夫は言う。自分は外ですませて来たから、お前おあがり、と。妻は首を振った。いえ、私は、先にすませ、これはあなたの分にのこしておいたものです、と。もちろん、夫も妻も食事はとっていないのだ。

政太郎は、貧しい生活の中でろくな治療もできないまま、肺患をこじらせて死んだ。一九一八（大正七）年、四十五歳だった。

いとこ同志だった八代は政太郎より年は一つか二つ上だった。写真をみると、地方出身者特有の素朴なあたたかい表情の持ち主で、小柄な人である。

渡辺夫妻のもとへあつまってくる社会主義青年たちの着物をいつの間にか縫いなおしておいたり、ほころびを手早くつくろったりして、家出同様にして親もとを離れている青年たちを、家族的なあたたかさで世話をし、夫没後も、それはかわらなかった。青年たちから、渡辺の小母さんと慕われていた彼女は、キリストへの信仰をひとりこころにあたためていたらしい。運動にたずさわる青年たちに、間借りの部屋を解放、彼らをはげましとおしたが、針仕事をしながら小声で讃美歌をくちずさみ、聖書をひもといていることもあった。だが、青年たちがゆくと、遠慮してこっそり聖書をかくしてしまう心づかいもした。

夫の生存中も、自分の働きで自分の生活を支えることを当然としていた八代は、夫没後も、誰からも援助をうけることなく相かわらず貧しいが自立した生活をいとなみ、人間的にスジをとおした生き方をしていた。

没したのは一九二九(昭和四)年。病床を見舞った若い同志に、「私は一度も悪いことをしたことがないから、きっと天国へいけるでしょう」といった。彼女を知る人たちは、宗教観の是非は別として、さもありなんと、彼女のことばと人柄にあたたかくうなずいている。

婦人労働者

（一）

略奪労働。日本の労働者の歴史をふりかえるとき、まずそのことがいえる。戦前、婦人労働者の代表的な職場は、製糸と紡績。そのいずれにしても、貧しい農民層の娘が大きく動員された。「ほとんど監獄における囚徒のうくる待遇よりはるかに劣れり」と、資本の側に従順な官辺ですら、まゆをひそめて指摘した。しかし、それらの職場における劣悪な労働条件を指導したのは、はじめ官辺であったことが、こんにちのこされている資料からいえる。日本の資本主義の育成は、明治新政権によって、上から強力に推進されている。西欧先進国へ追いつき、追いこすことを目標とした日本の近代化政策は、機械や技術は進歩的なものをとりいれたが、労働条件は、もっとも劣悪なものを、とりいれたのだ。

一八八五（明治十八）年、ニューヨーク領事館から提出されている報告書によると、国際市場において、日本製生糸が、日本から蚕種を輸入しているイタリア製生糸にとるのは、労働時間が日本では平均十時間ぐらいであり、イタリアでは十五時間。これでは国際市場で負けるのがあたりまえだから、もっと労働強化をおこなえとある。「富国強兵」による「国力充実」は、このころの国是。資本家たちは、「お上」の奨励によって、いさんで労働強化にのりだした。そこでおこなわれたのが労働時間十八時間。過労・粗食に加え、家畜小屋さながらの不衛生な宿舎にたちまち肺結核がはびこった。健康保険も医療保護もない当時、病いにやつれ、紡績や製糸工場から帰ってくる娘たちが村に目立った。「低賃金労働」と「強兵」の給源である農村に、結核がはやりだしたのは、それからである。

政府はあわてた。そして十二時間労働・月二回休日制・児童労働禁止などの、「工場法案」をつくったのは、一八九八（明治三十一）年である。

これに対して資本家側は、大きく反撃した。主人と従業員の間を、法律をもって規制するなど、日本古来の美風にそむく、と。すなわち、主人と従業員は、「温情」によってむすばれており、主人は親ごころをもって、働く人たちの面倒をみているのだから、法など施行すると、人情の欠けた国民をつくるばかりだ、という。

資本家側が、いかに「温情主義」をとなえても、結核工女の悲惨は、ふえこそすれ、すくなくはならなかった。ともかくもというわけで、工場法が公布されたのは一九一一（明治四十四）年。実施は五年後にのばされたが、昭和に入ってからも、まともに工場法がまもられることは、すくなかった。

結核工女問題のとき、日本医師会会長金杉英五郎は、製糸王といわれる片倉兼太郎について、「氏は、金をためるのも上手だが人を殺すのも上手である」と言った。同じことは紡績王といわれる人たちにも言える。

製糸や紡績の婦人労働者は、結核ばかりではなく、自殺による死も、また多かった。利潤追求だけが主になる職場の人間関係は、耐えがたく重くるしい。まだ二十歳前後の、感情の激しやすい年ごろでは一途に、死へ傾斜してゆくことが、多かったのだろう。

戦前、「カラスの鳴かない日はあっても、女工の死なない日はない」とまでいわれた日本の製糸業の中心地、長野県岡谷・諏訪地方。ために、諏訪湖の底は、彼女たちの身投げの死体によって、浅くなるともいわれた。自殺の原因は、職場の過酷な懲罰にたえかねたものと、男にもてあそばれ、妊娠の始末に窮したものが大半。生産の場では、労働の主体でありながら、搾取の客体となり、性愛の場では、種族保存の人類的使命を身におびていながら、男たちの単なる性的ななぐさみものとされた女たちの悲劇の歴史が、焼ごてのあとさながら彼女たちの死には、しるしづけられている。

(二)

るいるいとつみかさなっている女工哀史。

近代の婦人労働者の歴史をかえりみるとき、まずそのことがいえる。女工哀史は日本ばかりではなく、資本制生産の発展期、働く女たちの受難として、各国にみられる。なかで、日本のそれがぬきんでてむごたらしいのは、前近代的な封建的人間関係が、近代的な資本制生産の中においても、なお根強く存続していたからである。

資本制生産様式を新しい酒とすれば、封建的な人間関係はさしずめ古い革袋。この矛盾の中で、働く女たちは、かずかずの哀史にくるしくまみれたのだが、歴史は弁証法的に発展する。新しい酒はやがて古い革袋を破ってゆく。その過程で、女たちの封建的束縛からの解放もまたかちとられてゆくのである。

紡績・製糸に働いた女たちは近代的賃労働者のさきがけである。日本の近代社会のゆがみを身いっぱいにしるしづけられていながらも、封建期の女たちにはみられない、新しい歴史の芽が彼女たちにはある。

身分によって服装が制限されていた封建時代の働く女たちは、絹ものを身につけることができなかった。近代に入り、みずからのはたらきによって、それをまず身につけたのは、製糸や紡績に働いた女たちであったようだ。

明治期の製糸業関係の書類に盆暮の賞与品目を記録したものがある。工女争奪のはげしくなった明治二十年代に入ると、製糸家たちは、優秀工女を確保するため、豪華な反物を彼女たちに賞品として与え、ひきとめ策とした。

「工男女日給モ年一年ト高値ヲ支払フ。殊ニ本年ハ盆景品賞与及年末賞品等、優等ハちりめん紋付羽織・米沢つむぎ、代価ニテ二十円位ノモノヲ与へ、以下之ニ準ズ。平均工女一人ニ付盆年末共十円前後ニ当ル。各製糸家最早此上ニ給スベキ品ナキヲ訴フ」と長野県岡谷における一八九五（明治二十八）年の記録はしるしている。

時代はさらにくだるが、大正期の世界大戦による好況期、紡績へ働きに行った娘が、月々米一俵買ってあまる金を送金したほか、嫁入りの衣類をととのえて帰ってきたのを、貧農の女房たちがうらやむエピソードが小説『荷車の歌』（山代巴）にある。「我が働きで我が着物も買う、三度の飯も睨まれずに食う。工場女ごの方が炭焼女房より何んぼええもんか」と。女工哀史よりも農婦哀史はなおきびしかったのである。

「女工小唄」は働く女たちによって即興的に口ずさまれ、連歌式につぎつぎうたいだされて成立している。抑圧きびしい生活環境に対するなげきや、労働のつらさ、使用者や上役へのうっぷんが数多いが、なかにそれらの状況をけとばす不敵でたくましい心情をうたいあげたものも、またみられる。

女工女工と軽蔑するな　女工は会社の千両箱
偉そうにする主任じゃとても　もとはマス目のくそ男工
宿舎流れて工場が焼けて　門番コレラで死ねばよい

女たちを封建的な束縛から解放する運動は、明治期から戦前までは、市民階級に属する女たちのイニシアチブによってすすめられている。だが、その基底に、苛酷な職場の状況に耐えながら、近代産業の発展に大きく貢献、社会の近代化を促進している働く女たちが、層厚くあったことをみおとしてはならない。

（『婦人しんぶん』一九六七年一月―十二月）

革命と性

中島湘煙と福田英子

酔うては枕す窈窕《ようちょう》美人の膝　醒めては握る堂々天下の権

これは幕末、〝志士〟とよばれた倒幕の活動家たちが愛唱した歌の一節。歌の内容に象徴されているのは、酒と女と権力。俗物男たちの三大欲望である。

変革を叫ぶ男の思想の質がどの程度のものかは、その男が、女に対してどのような態度をとっているかで見分けられる。いかにラジカルに人間解放を叫んでも、その男が、女を単なる享楽の対象物とし、あるいは生活の実用品化しているならば、その男の思想の質は、まことの人間解放からはほど遠い。

このことは、女の場合についてもまた言える。女の自立度は、女が男とどのようにかかわっているかで明らかとなる。革命運動のなかで身じろいだ女たちの思想の質や意識構造を、彼女たちの対男性態度からたどるとき、彼女たちの新しさと古さがそこに浮かび出る。

体制変革を志して生きた近代の女たちの対男性態度に触れる前に、まず幕末、倒幕に働いた女たちの特色を一瞥《いちべつ》しておこう。

倒幕活動になんらかの形で助力した女たちは、「勤王芸者」と「勤王女性」に大別される。

前者はなじみの男に傾倒して、その運動に同調、後者は国学の教養から、主体的に運動に参加している。前者は若いが、男たちの性的享楽の対象者である娼婦層。一般の女たちとは異なった習俗に生き、後者の大方は、すでに子産み子育ての終わった未亡人もしくは隠居身分の年配者たち、性を超越した状況にいる。

志士とよばれた男たちのほとんどが青年であるのに、一般の若い女の倒幕参加が、目立つ形で現われていないのは、当時の女たちの閉塞された状況と無縁ではない。

一般の若い女の参加が、政治運動に表立った形で現われてくるのは、明治の自由民権運動からである。民権運動のなかで、はなやかにその名をうたわれているのは、岸田（中島）俊子と景山（福田）英子だ。

俊子は、後に自由党副総理中島信行夫人となり、湘煙と号した。彼女は、京都の富裕な呉服屋の一人娘。文明開化の進歩的な教育を受け、平民の娘として初めて宮中に出仕、皇后に漢学を進講、今様紫式部、清少納言とうたわれた。だが、陰湿な後宮生活にあきたらず、惜しげもなくそこを出て、民権運動に参加した。

時は一八八二（明治十五）年、民権運動ピークの季節。十九歳の俊子は、ときには黒紋付きの清楚さで、ときには緋ぢりめんの着物、黒ちりめんの帯、髪は高島田に結《ゆ》い、芝居の姫君さながらの濃艶な姿で、演壇に立った。

彼女は、板垣退助、陸奥宗光、後藤象二郎などからも恋の意思表示を受けたが、中島信行を夫とした。中島は俊子より十七歳年上。女性関係においては清潔、性格は温厚篤実。最初の妻には死別している。その妻との間には三男があったが、俊子はこれらの子供たちとも問題なく過ごしている。

民権運動を右翼の場でになった中島夫妻は、やがて夫が衆議院初代議長となり、ついでイタリア公使、男爵となって、体制内エリートとして終始。この行動には、多分に俊子の意見が反映している。

一方、景山（福田）英子は、生活苦にあえぐ岡山の下級士族の娘。体制内エリートの地位に執着する中央幹部たちがすでに見捨ててしまった民権運動の壊滅期に単身家出して参加、運動を挽回しようとしたあせりから生まれた過激な地下活動に生命を賭けている。

「東洋のジャンヌ・ダルク」として英子の名が喧伝されたのは、「大阪事件」のとき。彼女は二十歳だった。

「大阪事件」は、朝鮮の内政改革運動に参加、国際的な連帯のなかで、民権運動の新しい推進をはかろうとした自由党左派の人々の動きが一八八五（明治十八）年大阪で発覚、資金集めや爆発物の運搬に少なからぬ役目を果たしていた英子は、渡鮮をあすに控え、長崎の宿で逮捕された。被告六十三人中英子が紅一点。すでに民権運動からおりてしまっている岸田（中島）俊子に代わって、以来、英子は〝民権少女〟たちのアイドルとなった。

獄中生活三年あまり、憲法発布の恩赦で、英子が他の同志とともに出獄したのは一八八九（明治二十二）年二月。天地も震えるほどの万歳の声に迎えられ、贈られた花束にうずまり、名士の賛辞に輝いた出獄歓迎会場の英子。彼女の生涯で最もはなやかなひとときだった。

その夜、英子は、自由党左派の領袖、「大阪事件」の指導者として、ともに出獄してきた大井憲太郎と結ばれた。

英子の婚約者小林樟雄は大井配下の同志で、やはりともに獄中生活を送っている。運動中の遊郭遊びを理由に、小林に絶縁を言い渡しながら、英子が、同じ遊郭遊びを行なっていた二十二歳年上の大井の求愛をいれたのは「威名赫々の英傑」を夫とする俗世的功名心がなかったとはいえない。

民権運動は、自由・平等・民権・共和のすぐれた近代思想を唱えているが、運動者は、その内面にルネッサンスを経たヒューマニズムをふまえていない。ために、酒に浸り、女を弄した幕末志士と同じ行動様式のなかで退廃し、指導者層は権力側の差し出す官位に懐柔され、下部活動家は、弾圧強化のなかで敗残する。

大井は官側に懐柔されこそしなかったが、女に対する態度に革新性はない。療養中の妻をいずれ離縁すると約して、英子と内縁関係を結んだ後、さらに他の女とも関係を持った。大井の子竜麿を生んだのち、英子はこれを知り、大井を難詰したが、彼に誠実さのないことを知ると、潔く別れた。

民権壮士・伊藤痴遊は言う。「私が覚えてから、女流演説家として、或は婦人の自由とか言ふて、政治論で騒ぎまはった者は、其素行のをさまってゐた者は殆どなかった。大概は四人か五人の情夫があり、又、本人が品行を固くしてゐても、周囲の男子がそれを空しく許して置く筈もなく、大概は株式会社の傾きがあって、誰も彼も関係があったと言ふやうな醜態の下に生涯を誤った例に乏しくない」。（原文のまま）

俊子や英子のほかにも、民権運動に参加した若い女たちがいたことは記録にみえる。今日いうところのフリー・セックス的状況が、この時点であったことが思われる言葉である。

だが、男たちは自分の品行はさておき、女たちの品行については、興味本位にあげつらう。たとえば、後の青鞜社運動の場合も、時の内務省警保局長が「彼女らは色欲の餓鬼だ」と公言、また、大正期の婦選運動者に対しても「不品行なものが多い」と代議士が議会で発言している。女たちが隷従から脱出、新しい身動きをするとき、必ずそこに貼られるレッテルは、性道徳におけるふしだらである。民権運動に参加した女たちは、古い女性道徳を振り切り、恋愛の自由の主張と実践を求めたのであろう。しかし、彼女たちの〝性〟に対する態度が、男たち同様なほしいままなものであったとは考えられない。

女が差別されている社会では性愛における身構えは、男と女では落差が大きい。男の場合は単なる肉欲の充足であっても、女の場合はそこに自分の人生を賭けている場合が多いからだ。

英子の場合も、大井との関係に、世俗的な名誉心があったとしても、それなりに自分を賭けている。ところが、大井の方は燃えるがままの情熱に身をまかせ、飽きればほかの女に移ってゆくほしいままなものだった。

口に民権を唱えながら、女の人権を踏みにじることを意に介さない男たち。彼らは、国会開設によって代議士の栄職につくと権力側の買収にたやすく乗り、その無節操によって、世の人の政治不信をさらに大きくした。

英子が大井と別れた後、結婚した福田友作は、ミシガン大学に学んだ知識人である。相愛の夫婦生活が数年あったが、英子との間に三男を残して病死。その後英子は、偶然隣へ越してきた堺利彦との交友のなかで社会主義に開眼、また十一歳年下の石川三四郎と十年にわたる愛情生活を持ち、彼の影響で社会主義者として生きた。しかし石川は、大逆事件後の「冬の時代」に国外に亡命、数年後に帰国したが、英子のもとへは戻っていない。

石川が国外へ去った後、英子の詠んだ歌に

若き人よ恋は御身らの専有ならじ五十《いそ》ぢの恋の深さを知らずや

結局は肉をさがすと言ふなかれ恋は心のとこしへなれば

などがある。

常に反権力の姿勢をくずすことなく、四児をかかえた貧しい寡婦の暮らしのなかで「人道の罪悪」と戦い続けながら、なお恋にこがれた心情はいじらしい。没したのは一九二七（昭和二）年、六十二歳だった。

管野スガ

英子に続いて革命への志を激しく生きたのは、管野スガである。英子の男性関係も平穏無事ではなかったが、スガの男性関係は悲惨でいたましい。

スガは、その少女時代、継母の奸策《かんさく》によって、鉱夫から凌辱されている。当時「男の貞操は軍旗の如《ごと》し、破るれば破るるほど、人これを尊敬す。しかれども、女の貞操は糠袋の如し、一度破るれば、人棄《す》てて顧みず」といわれた。

男が童貞でなくなると、おとなになったと祝福されるのに、女が処女を失えば、キズものと後ろ指さされ、まともな結婚は望めない。個性あざやかなスガが、事業に失敗した父の窮状を救うため、心も言葉も通い合わない愚鈍な男との金略結婚にうなずいたのは、すでに処女でない絶望が、スプリング・ボードになったためではないかと思われる。

とついだのは一八九九（明治三十二）年十八歳のとき。婚家は東京・深川の商家である。姑は夫にとって義母であり、二人はただならぬ関係にもあったらしい。婚家での生活二年あまり、中風で倒れた父の看病を理由に、スガが大阪へ戻り、そのままトラブルもなく離婚できたのは、夫と姑の関係が裏にあったことが考えられる。

この後のスガには、放縦きわまりないといわれる男性遍歴がある。生活の資を得るため、作家たらんとして師事した関西文壇の大御所・宇田川文海との関係をはじめ、立命館館長中川小十郎、牟《む》婁《ろ》新報社長毛利柴庵《さいあん》、六大新報主筆清滝知竜や異母兄などの名がおもなものとしてあげられている。

後にスガと結婚生活を持った荒畑寒村は「色こそ白かったが、いわゆる盤台面で鼻は低く、どうひいき目に見ても美人というには遠かったが、それにもかかわらず身辺つねに一種の艶冶《えんや》な色気を漂わせていた」とするし、久津見蕨村《けつそん》も、「ちっとも美人じゃないのだが、それでいて、どこか男をトロリとさせるような魅力を持っている」と言う。

当時、女に強制された最高道徳は「貞操堅固」。にもかかわらず、スガが、すすんで多くの男と浮き名を流したのは、男たちがその特権の場からする女性遍歴とは質が異なっている。なぜなら男は、金力、権力、暴力によって、それらを持たない無力な女を自由にする。ところが、結婚という合法的な場以外で、男と性関係を持った女は、それがどのような追いつめられた事情のものであっても「淪落《りんらく》」の烙印を押される。

矛盾に満ちた「女性道徳」の強制に対し、復讐にも似た憎悪とともに、スガは、自滅覚悟で、それを蹴とばしたのだろう。そして彼女は、男が女に、ただそれだけを要求するエロチシズムを、逆に武器として、内にきびしく冷笑を秘めながら、「身辺つねに一種の艶冶な色気を漂わせ」るに至ったのではなかろうか。

スガのこのような対男性態度は、死を覚悟した天皇暗殺計画と根源的に共通している。彼女の社会主義への接近は、イデオロギーの論理的な把握によるのではなく、人間としての絶望的な疎外感からなのだ。

スガと荒畑寒村が結ばれたのは一九〇六（明治三十九）年、スガ二十五歳、寒村十九歳。弾圧にめげず、社会主義運動に献身する無垢でひたすらな若い情熱を、そのまま反射させた寒村の恋の姿は、こぎたない策略を弄し、権力や金力をたのむ俗物男たちのいやらしい姿を知りつくしているスガの絶望をなごめ、彼女に新しい人生への希望をしばし夢見させている。

だが、尾行付きで運動に駆けずり回っている寒村は、無収入に等しかったし、婦人記者としてのスガの収入もわずかであるうえ、彼女は肺を病んで臥しがちでもある。経済の窮迫は、二人を結びつけるより、離れさせる要因として働き、さらに、スガの過去の男性関係を知った寒村は、同棲二年足らずで別居。やがて赤旗事件で入獄、その間にスガは幸徳秋水と結びついた。

「管野は陣笠を首領にのりかえた」と大杉栄は評したが、革命への志を、濃いニヒリズムで裏打ちしていたスガの場合、世俗的な打算とは異なった心情の屈折があったはず。彼女は寒村との生活を回想して、次のようにしるしている。

「寒村は私を死んだ妹と同じ様に姉ちゃんといひ、私は寒村をかつ坊と呼んで居た。同棲してゐても夫婦といふよりは姉弟と云った方が適当の様な間柄であった。故に夫婦として物足りないといふ感情が、そもそもの二人を隔てる原因であったが、其代りに又別れての後も姉弟同様な過去の親しい友情は残って居る」（原文のまま）。

秋水はスガより十歳年上。寒村からは満たされなかった心情のかわきを、スガは秋水から得たであろうし、秋水また、十年の結婚生活のなかで妻千代子にはない新しさをスガにみたのだろう。

秋水は、千代子を離婚してスガと同居した。スガにとっては、うれしいあしらいだったが、同志は、そのほしいままな態度を非難して離れ去った。スガに、なお未練と執着のあった獄中の寒村は、スガから絶縁状をもらい「出たら見やがれ！」と心に復讐を決めた。

一年半の刑を終えて出獄した寒村は、半年近く悶々の末、ピストルをふところに、秋水・スガが滞在している湯河原温泉天野屋旅館を訪れた。二人を殺し、自分もまた死ぬつもりだった。ところが二人は数日前、前後して帰京、天野屋旅館にいなかった。気抜けのした寒村は、一人ではおめおめ死ねなかった。生還を期さなかったので寒村は帰りの旅費を持たず、途方にくれた。

スガがこのとき殺されていたら、歴史的存在として、今日顧みられることはなかったであろう。一方、獄中でスガはしるした。

「世は塞翁の馬の何が幸ひになる事やら。寒村は私と別れて居たが為めに、今日、無事に学びも遊びも出来るのである。万一私と縁を絶って居なかったら、恐らくは、同じ絞首台に迎へられるの運命に陥って居た事で有らう」。

スガが天野屋旅館から上京したのは、秋水と協力して発行した『自由思想』が新聞紙法違反に問われ、罰金四百円が支払えないので、労役百日の換金刑にするためであった。秋水が主宰する『自由思想』の発行兼編集人にスガがなったのは、予想される弾圧のさい、秋水に難を及ぼさないためであり、愛する男の身代わりに服役することは、スガにとって喜びでこそあれ、苦痛ではなかった。

ところがである。服役のためスガが上京した翌日、秋水は大阪にいる離縁した妻千代子に、纏綿《てんめん》たる復縁の手紙を送り、その後も相ついで再三上京を促している。

スガは換金刑で上京するさい、秋水と絶縁を話し合った。心に期していた天皇暗殺に、秋水を巻き添えにすることを避けるためである。愛しているからこその別れ話であった。

表向きは別れても、心はみじんも別れてはいないのだ。だからスガは、服役までの数日をすごした寄寓先から、日に三度も秋水へ愛恋せつない手紙を送り、秋水もまたそれにこたえ、やさしく甘いたよりを寄せている。

大逆事件といわれる天皇暗殺計画が発覚したのは、スガが服役して間もなくである。スガ、新村忠雄、宮下太吉、古河力作によって、その実行が計画され、秋水は傍観者的立場にいたが、これをパン種にした権力側のでっち上げによって、社会主義関係者二十六人が起訴され、全員有罪、最後的には有期二人、無期十二人、死刑十二人となった。

もちろん、秋水もスガも死刑である。天皇暗殺計画に、秋水はまったく関係ないと言い張るスガに、取り調べの検事は秋水が千代子に送った復縁の手紙を見せた。スガに愛を誓い、やさしい慰めを言っていた同じ時期、千代子にはスガと絶縁後の生活設計などを甘ったるく書き送っているではないか。スガは思考の関節が、ことごとくはずれてゆく絶望にうちのめされた。

スガは理想の夫像を、容姿も財産も問題ではなく「熱烈なる愛情と、宇宙を吞むの気概」があり「今の世には容れられぬ男」であるとした。そして、理想の夫妻像は「熱烈なる相愛の夫妻が、私するものとしては、只相互の愛情のみにして、余力を挙げて社会の為めに捧げ、已が成すべき努めを終りたる後は、即ち、莞爾《かんじ》として相抱いて情死をなす」ことを望んだ。

互いに肺を病んで余命の知れていたスガと秋水。スガは秋水に理想の夫像を見、激しく愛し合いながら、革命に殉じてゆく二人の生活に、理想の夫妻像を夢見ていた。換金刑で入獄を前に「あなたが壮健でさへ居て下されば、私は何年囚《とら》へられても、又死んでも構ひません」と、別れの切なさをぬり込め、秋水に書き送ったのは、彼の愛情を、純粋無雑なものと信じていたからこそであった。

スガは、十一歳で生母と死別して以来、愛と家庭の温かさに恵まれていない。寒村との生活にはいるまでの男性遍歴は、便宜的、刹那《せつな》的なものである。当時の女性道徳の異端を生きていたスガは、体制の異端の徒である社会主義者のなかに、人間的な同質性を発見、そこでの人間関係はおろそかにしていない。

秋水との関係は、彼女にとって、たどり着いたふるさとにも等しいものではなかったろうか。まがいものでは満足できない、求めること激しいスガ。入獄前、秋水に絶縁を言い送ったのは、世を欺くためのものであった。だが、彼の裏切りを知り、獄中から同じ獄中の秋水へあてた絶縁状は、命がけの愛をおろそかにされた怒りを裏打ちし、名実相伴ったものだった。

以後、主義上の同志ではあっても、秋水とはまったくのアカの他人とスガは自分に言い聞かせるのだが、おもいは、なおも秋水のもとに寄ってゆく。取り調べに連れ出されるたび、スガの視線は、やっぱり秋水の独房へおのずと向かってしまうのだ。彼女はつぎのように詠んでいる。

往《い》き帰り三つ目の窓の蒼白《あおじろ》き顔を見しかな編笠ごしに

その蒼白き顔はおもいをあふれさせているが、スガは冷ややかな身構えで通り過ぎる。

目は言ひぬ許し給へとされどわが目は北海の氷にも似し

理性で恋の終わりを確認しても、おもいは鬼火のように燃えて、あてどのない悶《もだ》えをスガにもたらす。

燃えがらの灰の下より細々と煙のぼる浅ましき恋

獄中で秋水の裏切りを知ったスガは、やはり獄中でスガの裏切りを知った寒村の心情を思いやり、夜ごと、血のにじむ涙にくれた。

更《ふ》けぬれば手負いは泣きぬ古ききづ新しききづ痛みはじむと

そして、秋水とともに死刑を言い渡されたとき、つぎのようにしるした。

西東《にしひがし》海をへだてし心にて墳《おくつき》に行く君とわれかな

刑死したとき、スガは二十九歳七カ月。無実の人たちを巻き添えにしてしまったことを「挨拶《あいさつ》の言葉もない程気の毒である」と深く悔やむ一方、「斯《か》かる無法な裁判や暴戻《ぼうれい》な権威てふものがあればこそ、畢竟《ひつきょう》私達が今回の様な陰謀を企てる様になったのでは無いか」と、死に至るまで権力にみじんも屈せず、昂然《こうぜん》と処刑にのぞみ、立ち会いの看守を瞠目《どうもく》させている。

絞首台上の最期の言葉は「われ主義のため死す、万歳」であった。

伊藤野枝

「元始、女性は太陽であった」と、けなげなうぶ声で青鞜《せいとう》社が発足したのは、一九一一（明治四十四）年九月。管野スガの処刑された年である。

「青鞜」というのは、ブルー・ストッキングの日本語訳。ブルー・ストッキングとは、文芸趣味や学問をてらう女たちに対するあざ笑いの意を含めた代名詞である。いわれは、十八世紀の半ば、かるた遊びとゴシップに明け暮れていたロンドンの社交界に、文学論などを話題にし、知的な向上をはかろうとする動きがあり、その参加者たちは、質素な紺のクツ下をはいていた。ためにこのよび名が生まれたという。

封建的女性道徳に抗し、新しい身動きをすれば、必ずスキャンダル視されることを覚悟のうえで、主宰者・平塚らいてうは、進んでそれを名のったのだ。

当時、青鞜の新しい女といえば、今日のヒッピーさながら、反道徳の異俗を生きる女たちとして、話題と指弾にさらされた。

この青鞜社に拠《よ》りつどった女の一人に伊藤野枝がいる。管野スガが、大逆事件に連座しなかったら歴史的な存在とならなかったように、野枝もまた、官憲にくびり殺されなかったなら、新しい女の一人として話題になっても、史的に顧みられることは、少なかったであろう。

革命へ先駆的な身じろぎをした景山（福田）英子、管野スガが順境に恵まれなかったように、野枝もまた、小学校二年生のときから生家を離れている。

福岡県今宿の野枝の生家は、江戸末期までは海産物問屋として栄えたが、祖父の代に没落した。父は、瓦焼きの職人として腕はたしかであったが、家庭を顧みず、経済は苦しかった。

長女野枝は、口べらしのため、父の妹である長崎の叔母のところへ引き取られ、その後、叔母夫妻が東京へ越した後は、そこから上野高女へ通った。

野枝の最初の結婚は、この上野高女の学費と養育費とが取り引きされた金略結婚である。相手はアメリカで金をため、故郷の福岡県へ嫁捜しに戻ってきた移民青年。話は叔母夫妻と父母との間で進められ、野枝十六歳の夏、仮祝言が行なわれた。

野枝の高女進学は、暮らし向きが次第に不如意となってきている親類の援助によるものである。だから、在学中の経済生活を確保するために、野枝は周囲の取り決めに従うほかなかった。一方、この結婚を足場にアメリカに渡り、さらに勉学のチャンスをつかむ下心が、彼女になかったとはいえない。夏休みに故郷で仮祝言を終え、学校へ戻った野枝は、暗く沈みがちだった。彼女の文才を愛し、特別に目をかけていた英語教師の辻潤は、その理由を聞き、十歳あまり年の違う生徒としてより、女として野枝を愛するようになった。

急速に感情を近づかせた野枝と辻。貧しくて、ほしい原書も買いかねている辻を見て、野枝は、きらい抜いている婚家から学費を十分にみつがせ、それを辻に渡すという、したたかな生活力を身につけていた。

辻の父は江戸幕臣、母は富裕な札差しの娘。都会的洗練を身につけていても、生活能力に乏しい辻は「熊襲《くまそ》の血脈をひいている九州の野性的な女」野枝のとりことなり、持てる知識と教養をあげて野枝にそそいだ。それをむさぼるように吸収する、まだハイ・ティーンの野枝。

野枝は、卒業とともに婚家にはいらなければならなかった。帰郷の汽車を途中で下車、行方をくらまそうとする計画は、叔母夫妻の厳重な付き添いがあって果たせなかった。婚家へはいって九日目の朝、野枝は家出し、辻のもとへ走った。

婚家の怒りはきびしかった。訴訟をして野枝を取り返すと辻を強迫した。事件が学校へ知れ、教師としての去就を迫られた辻は「野枝さんというはなはだ土臭い襟アカ娘のために、いわゆる生活を棒にふってしまった」と後年、なつかしさと自嘲《じちよう》をこめて述懐している。

野枝が、らいてうのもとを訪れたのは、婚家との騒ぎの最中だった。辻との恋愛関係を、みじんも表情にも言葉にも漏らさない野枝を、無邪気そのものの勝ち気な少女とながめたらいてうは、野枝の訴えを暖かく包んでうなずき、婚家との関係をきっぱり整理し、自己の信念に生きることを勧めた。それに力を得、解決を目的に単身故郷へ帰った野枝だったが、学費と養育費の金しばりになっているわが身を、改めて認識させられ、加えて、婚家と生家の世間体にはばまれ、かえって身動きできない、とらわれの状況に閉じこめられた。

野枝は、辻との愛情関係は伏せたまま、らいてうに救出依頼の手紙を出した。それに対し、らいてうから雑誌『青鞜』の編集を手伝えば、上京後の生活費のやりくりができるだろうと配慮した手紙と、旅費が送られてきた。野枝は、すべてのしがらみを再び蹴とばして上京した。

早くから辻との愛情関係があったことを、後に知ったらいてうは、その後も似たような野枝のやり口を見聞したのだろう。「抜け目のない野枝さん」と、一度ならず記している。

野枝が長男一《まこと》を産んだのは一九一四（大正三）年十八歳のとき。二男流二は年子で、翌年産んでいる。そして流二出産半年後、辻と別れ、大杉栄のもとに走り、最近、プライバシーと表現の自由で問題となっている映画『エロス＋《プラス》虐殺』（一九七〇年）のモデル事件「日蔭《ひかげ》茶屋事件」に当面する。

映画『エロス＋《プラス》虐殺』は、監督吉田喜重の観念を、登場者に極端なかたちで体現させているため、岡田茉莉子扮するところの野枝は、情感も知性も洗練されている。また、神近市子がモデルとなっている女は、モノマニア的な面が強調され、実際の野枝や市子とはへだたるところすこぶる大きく、事実がまったく変形されている。

事実をたどると、そのころすでに青鞜社は消滅、らいてうは、夫奥村博史の療養生活をみとって、茅ヶ崎に住んでいた。ある日、葉山へ行く途中だと、連れ立って訪れた大杉と野枝。らいてうがまず驚いたのは、野枝の変化だった。青鞜社へ加わった当時は、赤いメリンスの半幅帯をきりっとしめた、田舎娘丸出しの野枝が、つぶし銀杏返しの島田に、縞《しま》お召しをぬき衣紋《えもん》に着て、お茶屋のとしま女中そっくりになっていた。どこかの遊び人のだんなと、なじみの女中としか見えないくずれた風情《ふぜい》の大杉・野枝。二人を見送りながら、らいてうは、野枝に去られた辻と長男一、野枝が連れて出たが、まもなく千葉の漁師の家に里子にやられた二男流二のうえに、思いをあわれ深く漂わせた。

日蔭茶屋事件は、その翌日の夜の出来事である。

大杉が、十歳年下の野枝と愛情関係にはいったとき、彼には三つ年上の妻堀保子と、三つ年下の愛人神近市子がいた。大杉は、かねて友人観兼恋愛観として、多様な友情が同時に成立するように、恋愛もまた多様な形で存在することを主張していた。しかし、すでに婚約者があったにもかかわらず、大杉がその「着衣の裾《すそ》に火をつけて口説く熱情（？）」によって妻とした保子は、結婚生活八年の後に起こったこの多角恋愛を認めず、大杉と野枝が暮らしている菊富士ホテルへ八百屋の青年を訪れさせ、野枝をなぐり飛ばさせた。ところが、気性も腕力も強い野枝は、この青年と取っ組み合い、彼を泣かせて追い帰している。

一方、偽善にみちたブルジョア社会の一夫一婦制を批判していた市子は、新しい男女の歴史創造者としての自負のもとに、大杉の自由恋愛論を肯定し、野枝の出現に対しても、理性的に肯定しようと、苦しい自己格闘を行なっている。

友情と恋愛は、意識の構造においては似ているが、その存在形態は大きく違う。友情は、人間的な共感のなかで多様な形で存在するが、恋愛の場合は、それがまことのものであるなら、一対一の男と女の精神と肉体の極限的な形で成立、多角的な肉体関係などあり得ない。もし、多角的なものがありうるとするならば、それは人間関係に対する人格的な誠実さを持たない人たちにおいてのみ成り立つ。

だから、自由恋愛——今日言うところのフリー・セックスを唱え、その多角的な女性関係を理論づけていた大杉でさえ、野枝と激しい恋愛関係にはいると、保子と市子の存在がすこぶるわずらわしいものになっている。わずらわしく思いながらも、大杉が保子、市子関係を清算できなかったのは、生活能力のない保子をそのまま路頭にほうり出すわけにもいかず、また、市子からは経済的な援助を受けているので、無収入に等しい生活のなかでは、彼女との関係も断つことができなかったからだ。そのほしいままな女性関係を、フリー・ラブ論で言いくるめていても、大杉自身、行き詰まっていたのである。

それを一挙に解決したのが、日蔭茶屋事件である。

日蔭茶屋で一人静かに執筆生活をするといって出かけた大杉のもとを、市子が訪ねてみると、そこに野枝がいた。

新聞記者や通訳をしながら、収入の大半を大杉にみつぎ、なお足りない部分は、自分の着物すべてを質入れして、自らの生活は質素に切り詰め、晩秋だというのに古びたメリンスの単衣に木綿の羽織で我慢していた市子。ところが大杉は、野枝をお召しで装わせ、蜜月さながらのむつみで、ぜいたくな茶屋料理を楽しんでいるではないか。その費用は、時の内務大臣後藤新平からたかりとってきたものであるが、大杉は、市子にそのことを知らせていない。

野枝は無一文で辻のもとを飛び出し、以後、収入がない。ために、野枝の生活費まで、市子が算段している。市子が、いやみのひとつも言いたくなるのは当然である。

これに答えた大杉の言葉は、市子のいままでの献身を踏みにじる残酷なものであった。

「金のことなら、あした清算をつけてやる！」

市子は、金で買えない人間的真実を大杉との関係に求め、そのための経済的負担など、やりくりがいかにつらくとも、ものの数ではなかった。それを、男をつなぎとめておくための世俗的な行為としか大杉に理解されていないことを知ると、屈辱と絶望にまみれた。

彼女は公判のさい、大杉を刺した大きな理由の一つは「嫉妬《しっと》」であると述べたが、さらにこういっている。

「私は大杉と恋愛する前、長いこと大杉を尊敬信頼しており、恋愛関係にはいってからも、通例の恋する人々とは、よほど性質の違った愛を分かち合ってきたと信じている。だからあの晩、私が大杉の全人格から流れ出るはずの愛の基調の不純だったことを知り、しかと味わった失望憤怒《ふんぬ》の内容には、世間にいう嫉妬以上の種々な気持ちが加わっている」。

この事件によって、市子は獄に下り、保子は義兄堺利彦らの勧めで大杉と別れ、孤独な一人暮らしを数年送ったのち、わびしく没した。

自ら手を下さずして保子、市子から別れることのできた大杉は、野枝とさらに堅く結び付き、ほとんど年子に四女一男をもうけ、にぎやかな家庭生活のかたわら、アナーキストの指導者として活躍した。

大杉は、革命運動へ近づいてくる女たちを、口をきわめて悪く言ったという。「女が運動しにくるのは、男を張りにくるんだ。亭主がうまくつかまれば、家庭にはいってしまうし、失敗すればほかへ行ってしまう。男は、うまくゆかなくとも運動にとどまるが、女はそれっきりだ」と。

当時の女たちの傾向をみると、一面の真理はある。だが、口に革命を唱えながら、男たちのほとんどが婦人問題への理解度ゼロに等しく、日常生活において男性中心の特権的習俗を疑いもせずに生きている実態のなかでは、この大杉の言葉は、いささか酷すぎよう。

当時、社会主義者を夫にした場合、女たちは不安定な生活のなかで、家事・育児・

内職などのやりくりに追われ、夫の運動をささえるため、おのずと実践面からは脱落したであろう。このことは、大杉と結婚後の野枝にもいえる。

また、同志間の恋愛がうまくゆかなかったとき、痛みは、より、まじりけなく燃えたほうに大きい。弾圧・迫害きびしい状況下では、体温を寄せ合わせた形で進まなければならないし、まだ組織化されない運動のもとでは、失恋の傷口を逆なでされるみたいな場からは、女たちの足はおのずと遠のく。男より行動不自由な女の状況や、愛情に敏感な女心へのきめ細かい理解がなかったからこそ、大杉は、日蔭茶屋事件を起こしたのだ。

大杉とともに野枝が殺されたのは、関東大震災の折りの、朝鮮人・社会主義者大虐殺のとき。大杉三十八歳、野枝二十八歳だった。

深いニヒリズムを息づき、生活への積極性を持たなかったがゆえに野枝に去られた辻は、その後、放浪の生涯を送ったが、流浪の道すがら、野枝の死を知って、しるした。

「強情で、ナキ虫で、クヤシガリで、ヤキモチ屋で、ダラシなく、経済観念が欠乏して、野性的であった。──野枝さん。しかし、僕は野枝さんが好きだった」。

革命への志向を裏打ちしたものが、景山（福田）英子の場合は慷慨の情であり、管野スガの場合はニヒリズムであるとすれば、伊藤野枝の場合は、自己発現のためであるといえる。そして、彼女たちの革命への志は、愛情関係を持った男たちによる影響が大きく、指導的な理論を彼女たち自らは持っていない。また、男性に対する志向も、英雄崇拝的傾向が強い。

彼女らとほぼ同じ時期、近代主義的な思想の場に立ち、婦人解放へ身じろいだ岸田(中島)俊子、与謝野晶子、平塚らいてうが順境に育ち、その行動も思想も自立的であり、英雄崇拝的傾向少なく、夫に対して指導力を発揮しているのは、対照的で興味深い。

だが、前者たちも後者たちも、その活動は先駆的なものであり、大衆的な場に根づいたものではない。

大衆的な場で生きている女たちが、革命への志向と身じろぎをはじめたのは、第一次世界大戦後、独占資本段階が揺るぎなく社会に現われてからである。昭和にはいってから、治安維持法による検挙者のうち、約一割は女であり、知的にすぐれた若い女たちが多かった。そして今日、街頭行動などで検挙される女たちも、また同じ傾向を持つ。

たとえば、昨年(編注　一九六九年)の佐藤首相訪米阻止闘争の逮捕者数は二千三十九人、うち、女は二百五十四人と発表されている。幕末や明治・大正に変革を志して働いた女たちの数と質とは大きく違う女たちの状況がここにはあり、女たちの行動の自由の時代差が明らかにみられるが、その意識内容に、先駆者たちの試行錯誤が発展的に生かされているとは言いがたい現象が目立つのは残念である。

（『週刊読売』一九七〇年四月十七日号）

女いまむかし

女神たち

日本の神話をみると、ありとあらゆるものから、神々は生まれている。天と地、山野河海はもちろん、風、雲はじめ霧やかすみなど、すべての自然現象のほか、糞や尿、吐瀉物などから生まれた神々もいる。

原始農耕社会の信仰のかたちはアニミズムである。自然界のあらゆるものに精霊が宿っているとするその信仰の中から生まれでた日本の八百万《やおよろず》の神々。

神々についてのエピソードは『古事記』『日本書紀』『風土記』などに多くある。これらの書は、古代天皇制の基礎固めのためにつくられたものである。そのための工作がさまざまにほどこされ、史的なよりどころは、まことに薄い。しかしそれでもなお、古代社会の人たちが、どんな風俗を息づいていたか、その片鱗をうかがうことのできる貴重な資料である。

女性史の上からみると、これらの書に、すくなからぬ女神たちがいることが、まず注目される。

人間は、おのれの姿に似せて神々をつくりだしたらしい。神々が性を持っているのも、その例の一つ。そのため、神々にも恋があり、嫉妬もあり、結婚や離婚もある。さらにまことに人間くさい利害打算をはたらかせた契約や、戦争までもある。

その中で、女神たちがすくなからぬ権威に満ち、指導力をそなえているのは、自然界にみちみちている精霊のことばを聞き、それを人々につたえて生活を指導していた巫女たちの存在が、女神像にひきうつされているからだろう。女神の名は、九世紀なかばから十世紀へかけての行政儀式全般をしるした『延喜格式』の『神名帳』にもすくなからずしるされている。

日本の古代社会についてのもっとも古い記録は、三世紀末、中国において書かれた『魏志倭人伝』である。なかに邪馬台国の女王のことがある。男王では国がおさまらず、女王ヒミコの即位によって平和となったが、ヒミコの没後、男が王位につくとふたたび国が乱れたので、ヒミコの娘であるトヨを王としたところ、平和がもどった、と。

女ならではおさまらなかった古代日本の邪馬台国。古代は天皇にも女帝が何人か在位している。『風土記』や『神名帳』に土着性のつよい女神の名が多いのも、各地に女性指導者が存在したなごりであろう。

しかし、官撰《せん》の史書である古事記・日本書紀に由緒を持たない女神のおおかたは、いまは消息不明となっている。

かつて軍国主義はなやかな時代、いくさ神だったはずの神がこんにち交通安全の神や仲人神に変身している。神さまも、時代にあわせなければ、生きのびることができないのだとすれば、男尊女卑があたりまえとなった社会の中で、あまり有名でない地方的な女神たちは、次第に消されてしまったのだろう。

結婚のかたち

結婚の歴史をかえりみると、目立つ特色が二つある。一つは、社会のあり方が変わるとともに、結婚のかたちもまた変わっていること。ほかの一つは、身分差別のある社会では、身分の違いによって結婚のかたちもまた違うこと。

日本の結婚の歴史をかえりみると、おおらかな自由婚があったことが、『古事記』や『日本書紀』の神代説話からうかがえる。

「すてきなわかものよ」「すてきなおとめよ」と、たがいに意思表示して結婚したイザナミ・イザナギ夫妻。風来坊さながら、いきなりおとずれてきたオオクニヌシにひと目ぼれして、父のスサノオにとりつぐ前に、さっさと結婚してしまったスセリ姫。未開とよばれた時代の結婚は、当事者が意気投合すれば、それでよしとされたらしい。このころの女は男に対してすこぶる積極的でもあったようだ。おどりは「男捕《おと》り」に語源を持つという。つまり、おどりは女が男に対しておこなう愛の挑発行為であったのだ。

男捕りに対することばに女捕《めと》りがある。鎌倉幕府の法典、貞永式目に、女捕りの罰則があるが、暴力によって女を連れ去ることが中世にはひろくみられたのだろう。『お伽草子』の「物ぐさ太郎」の説話にも、妻がほしいという太郎に対し、女捕りをしたらよかろうと、京の宿のあるじがすすめている。

男捕りの俗は、平和的、牧歌的であり、そこには男女の合意があるが、女捕りの俗は、男本位な暴力的なもの。

「妻をめとらば才たけて」と明治の男はたからかにうたいあげたが、「めとる」は、「女捕る」に語源があるはず。

結婚のかたちは、階層や地域によっての相違もみられるが、大別すると、古代社会では、女のもとへ男が通うつまどいの通い婚からムコ入り婚へと変わり、そして封建社会の展開した中世から、女が男の家に同居するヨメ入り婚があらわれ、男女同権の今日では、よりあい婚へとうつり変わっている。

結婚のかたちがこのように変わったのは、その時代の経済構造や社会体制とふかくかかわっている。文献にあらわれた日本の社会はすでに階級社会にはいっているが、それ以前に原始共同体があったことは、考古学の業績などによって証明されている。

つまどい婚は、原始共同体時代の結婚のかたちである。ムコ入りして妻方に夫が同居する習俗は、その後の古代奴隷制社会にあらわれ、夫方に妻が同居するヨメ入り婚は封建社会の結婚のかたち。資本主義社会となってからよりあい婚があらわれている。

今日、法的には、よりあい婚となっているが、生活の実態においては、なお、ヨメ入り婚的風俗が大きくある。このことは、法的には男女の平等が申しぶんなくあっても、食わなければ生きられないという、生活の切実な場において、女たちが、経済的に大きく無力であることと、無縁ではない。

多妻考

三世紀ごろの日本の結婚風俗を『魏志倭人伝』は「大人は皆四・五婦　下戸も或は二・三婦。婦人淫せず、妒忌《とき》せず」とつたえている。つまり、えらい人はみな四、五人の妻をもち、えらくない人も二、三人の妻を持っており、女たちはみだらでなく、やきもちをやかないというのだ。

『魏志倭人伝』は、中国人が書いた日本の見聞記。生活習俗のちがう外国人の観察なので、どこまで真実をつたえているか疑問だが「大人は皆四・五婦」という支配層の男たちが、多妻であることの指摘はあたっている。

男女の愛情関係の歴史をかえりみると、好きあったもの同士が、互いに好きあった間だけ夫と妻の関係をもつ対偶婚とよばれる時代がまずあったらしい。

これは原始共同体の妻問婚時代で、夫妻は同居せず、妻と夫はそれぞれ経済を別にしており、愛情だけが互いをつなぐきずなとなっている。

ために、好きな男を何人か通わせ、また何人かの好きな女のところへ通う、多夫多妻関係もあったのではないかとの説もある。だがどんな集団にも、その集団の秩序を維持するためのタブーはあるはず。男女の愛情が流動的なものである限り多夫多妻現象もなくはなかったであろうが、おおかたは、対偶的な一夫一婦婚であったらしい。

それが支配層の男たちに、一夫多妻があたりまえとなってゆくのは、みんなが平等であった原始共同体がこわれ、支配するものと、支配されるものに人々がわかれ、財産のあるものと、ないものにわかれた結果であると、指摘されている。

原始共同体がこわれたのは採集・狩猟を主とした自然だけにたよっていた生産方法が次第に改善され、牧畜や農業などを営むようになり、生産力が発展してゆくなかで、剰余生産物を私物化する人たちがあらわれたからだといわれている。

生産性の向上によって、一人の労働が一人以上の生活を保障する収穫をもたらすようになると、労働する者と、その労働を組織し、生産物を管理する者との職能の分離があらわれる。たくわえられた生産物は、はじめは集団の共有財産であったが、やがて、管理の立場にある人たちによって私物化されていったらしい。その富をバックに武力をふるい、権力者となる男たちがあらわれ、武力による支配があたりまえとなってゆく社会の中で、女は男に従属してゆき、支配層の男たちに、一夫多妻が特徴としてあらわれたと考察されている。

日本における一夫多妻は、近代社会にはいってもなおつづき、こんにちにおいても、そのなごりなしとはいえない。

このことは、法的には男女同権のよりあい婚であっても、妻がその経済を夫にたよらざるをえない生活の実情があるかぎり、たやすくなくならない現象であろう。

嫉妬考

古代初期の日本の女について、『魏志倭人伝』は、嫉妬ぶかくないとつたえている。

だが、『古事記』や『日本書紀』は、神代にもすさまじい〝うわなりねたみ（嫉妬の古語)〃があったとつたえている。

たとえば、オオクニヌシの多妻の一人である因幡のヤガミ姫は、オオクニヌシの本拠である出雲へ迎えられるが、正妻の地位にいるスセリ姫の嫉妬におそれをなし、生んだ子を、木の俣《また》にはさんで、因幡へ逃げかえったとかたられている。

また、仁徳の皇后は、天皇が浮気をしたことを知ると、足をバタバタふみならし、はでにやきもちをやいたらしい。そのため、天皇に仕える女たちは、たやすく天皇に近づくことができず、天皇もまた、好きな女がいても、皇后のやきもちが恐ろしくて思うように愛することができないと嘆いている。

吉備《きび》のクロ姫説話もその例の一つ。美女クロ姫は天皇に愛されたが、皇后の嫉妬のすさまじさにいたたまれず、ふるさと吉備へ帰ってゆく。陸路がととのっていない当時、吉備へは海路がたやすかった。だが、皇后の使者によって、船からクロ姫はおろされ、難儀な陸路を歩いて帰るように追いたてられている。クロ姫の船出をいとおしむ歌を天皇がよんだことが皇后の逆鱗《げきりん》にふれたためである。

野性たけだけしい嫉妬は、時代がくだった中世にもある。北条政子は、夫源頼朝が、ひそかに愛人をあずけていた御家人の家へ郎党をさしむけ、その家をこわしてしまっている。

教養をほこった平安後宮や江戸の大奥には、こんなはなばなしい嫉妬はなかったが、最高の支配者である天皇や将軍の寵をめぐって陰にこもった嫉妬があり、ときには下手人不明の毒殺すらあった。

女たちのさまざまな嫉妬ものがたりは、古代以来ことかかない。そのため、嫉妬ぶかいことが女の本性のようにいわれているが、はたしてそうだろうか。

嫉妬の情動は、女ばかりではなく男にもまたあるが、女により多くみられるのは、女の置かれている状況と無縁ではない。つたえられている女たちの嫉妬のおおかたは男の多妻関係の中であらわれていることに注目したい。

性的自由は男だけのもので女にはきびしく禁じられ、結婚は、男にとっては人生の一過程にすぎないのに、女には人生そのものの意味となっている社会があるかぎり、多妻関係の中で、女同士の間に嫉妬が大きく発生するのは、当然である。

『魏志倭人伝』で、一夫多妻習俗にいる日本の女たちが嫉妬しないとつたえられているのは、当時の女たちには、自我の形成がまだ確かでなかったか、あるいは男たちの専制にあきらめきっていたかであろう。

スセリ姫や仁徳の皇后、北条政子などが、嫉妬のチャンピオン的エピソードをのこしているのは、彼女たちに強烈な自我があり、夫に伍して劣らない行動力と、生家の勢力をバックにした正妻の地位があったからでもあろう。

母権考

『古事記』垂仁天皇の部に「サホ彦（沙本毘古）の叛乱」物語がある。

垂仁天皇の皇后サホ姫（沙本毘売）は、サホ彦の妹。サホ彦・サホ姫は垂仁天皇とはいとこの間柄。

あるときサホ彦が、妹に短刀を与えて言った。「天皇がねむったすきに、この刀で刺し殺せ」と。そして、兄妹で天下を治めようというのだ。

だが、サホ姫は、自分のひざをまくらに無心にねむる天皇を刺すことができなかった。兄への誓いと天皇への愛にひきさかれ、おもわずこぼしたなみだの意味を、天皇に問いただされ、ついに、兄にむほんのくわだてがあることを告白する。

怒った天皇は、軍をおこしてサホ彦を討つ。しかし、妊娠しているサホ姫が、兄のもとへのがれ、兄の城にこもってしまったので、激しい攻撃はみあわせた。

日がたち、サホ姫が王子を産んだ。天皇は王子とともにその母をもうばいかえすことをくわだてるが、サホ姫は、王子だけを天皇のもとにおくり、みずからは兄の討ち死にに殉じた。

王子を手もとにひきとったとき、天皇は使いをたててサホ姫に聞いている。「子の名はかならず母がつけるもの。王子の名をなんとよんだらいいのか?」

サホ姫が答えた。

「城の焼けおちる火中で産まれたのですから、ホムチワケ(本牟智和気)とつけてください」。

このエピソードは、古代社会においては、母権が父権よりも尊重されていたことを示す。

『万葉集』には「母父《あもしし》」と、母が父より先によばれている歌がいくつかある。また、若い恋人たちの相聞《そうもん》の歌に、母のおもわくを気づかう歌がすくなからずある。まれには母と父に気づかう歌もあるが、父だけに気づかう歌はみあたらない。この期もまだ、母権は父権よりも強かったのだろう。

古代天皇制国家の機構的な確立をみた大化の改新(六四五年)の際、わが国最初の家族法ともいうべき「男女の法」がきめられた。

このことは、血すじによる天皇制支配をまったからしめるため、一般庶民においても、血すじによる身分差別を明らかにし、体制安泰をもくろんだのであると、指摘されている。

さらにまた、当時、なお広く庶民間にみられた母系家族をこわし、新しい社会秩序にふさわしい父系家族に編成替えするための法的措置でもあったらしい。

日本における母権は、古代からくだるにつれて没落し、女の社会的地位とその運命をともにしている。

封建期から戦前までは「腹は借りもの」といわれ、母権はつねに父権の下にあり、離婚の際は消失した。母権が父権とまったく同じ法的権利を得るのは、戦後の新民法からである。

防人とその妻

防人《さきもり》とは、唐・新羅などとの緊張関係があった古代、それに備えて九州北辺の警備にあたった兵士のこと。この防人には東国地方の人たちが、勇敢であったために、主としてえらばれている。

『万葉集』にはこれら防人たちの歌が、百首前後ある。おおかたは、家族との哀別離苦をうたったもの。その中で、妻へのおもいがもっとも多いのは、結婚していた男たちが多かったからなのだろう。

平和憲法がとりでになっているため、いまはしあわせなことに徴兵の制度はない。だが戦前は「一旦緩急アレハ」男たちにいきなりあわただしく召集令状がきた。指定の日時にゆかなければ罰は重い。古代天皇制のもとでも、事情は同じだったらしい。

防人に発たむさわきに家の妹がなるべきことを言はず来ぬかも

出発のあわただしさに、妻にくらしのやりくりについて言わずに来てしまい、あるじのいなくなったわが家のその後の生活を、つらく心配している歌である。

わが妻も画にかきとらむいづまもが旅行く吾は見つつしぬばむ

妻を絵にかきとる時間があったらどんなにいいだろう、それをみながら、いとしい妻のことをしのぶのだがと、その時間のないのを、かなしむ夫は、新婚早々なのだろう。

吾が妻はいたく恋ひらし飲む水に影さへみえて世に忘られず

水を飲もうとして泉に顔を近づけると、そこにもまた妻の面影がうつって、恋しくてたまらないと、せつなくうたう夫。

道もひらけず、宿駅もととのっていない当時、東国から九州までの旅路はたやすくない。文字どおり、草まくらの旅寝をかさねる日々である。

風雨につらくなやまされることもときにはあったはず。だが、それらは覚悟の上である。それより、自分がいきなりいなくなったあと、おさない子どもをかかえ、くらしをたててゆかなければならぬ妻は、いっそう苦労が多く、いたいたしくやせこけることだろうと、妻の日常をおもいやって、夫はかなしくうたった。

吾等《わろ》旅は旅と思《おめ》ほど家《いひ》にして子《こめ》持ち痩《や》すらむわが妻《み》かなしも

夫が妻の上におもいをはせるとき、妻もまた夫の上におもいをはせてうたった。

草枕旅行く夫《せ》ながまる寝せば家なる我は紐解かず寝む

旅を行く夫が旅装のままごろ寝をするのであれば、家に居る私も心をひきしめて紐を解かないで寝ます、とけなげに決意を示す妻。

防人に行くはたが夫と問ふ人をみるがともしさものもいもせず

防人にゆくのは、だれのだんなさんと、気楽にきいている人をみると、そのしあわせがうらやましい。なぜ、自分の夫だけがと、不運をなげく妻もいる。

古代以来、戦争のたびごと、家庭生活を破壊される夫と妻のかなしみは、一般庶民の間に、長くつづいた。

太平洋戦争の戦死者の妻にはつぎの歌がある。

還りこし人を迎ふるどよめきを垣ごし見をり夫《つま》なき我は

帰りたる父を誇れる向ひ家の子をともしみてかつは憎む子

（『この果てに君ある如く』）

防人とその母

ふるさと東国からはるか離れた九州の地で、辺境警備のほか自給のための食糧田の耕営もおこない、三年の任期をつとめなければならなかった防人たち。こんにちのように、交通・通信の便が整っていない古代である。ふるさとをたつとき、防人たちのこころにかかるのは老い先みじかい親のこと。自分が帰ってくるまで変わらず元気でいてくださいと、こころせつなく願ってゆく歌が『万葉集』にはいくつかある。

父母が殿のしりへの百代草《ももよぐさ》百代いませわが来たるまで

父母え斎《いわ》ひて待たぬ筑紫なる水漬く白玉取り来までに

真木柱ほめて造れる殿のごといませ母とじ面変りせず

防人の歌には、父母へのおもいをよんだものと、母だけへのおもいをよんだものとの数が、ほぼ同じくらいあるが、父だけへのおもいをよんだものはただ一首あるだけ。これらの歌から当時の家族構成を考えると、母子家庭がかなりあったことがおもわれるし、それは、当時なおみられた別居婚ともかかわりがあるのではなかろうか。

親へのおもいをうたっているのは、結婚前の若者である。

父母が頭かきなで幸《さ》くあれといひし言葉ぜ忘れかねつる

まだ、少年の気配うせないわが子を、防人にたたせることになった父母は、あるかぎりの愛情こめて、元気で行ってこいよと、幸せを念ずるまじないで子の頭をかきなでたのだ。

防人にゆくむすこを、いとおしくなでさすりながら、泣いてしまった母もいた。

わが母の袖持ちなでてわがからに泣きし心を忘れかねつる

とうたう若者のこころもまたせつない。

父母も花にもがもや草枕旅は行くともささごて行かむ

おとうさんおかあさんが花であったなら、旅を行くのにささげ持ってゆくのになあ、と古代の若者の発想は素朴でいじらしい。

母《あも》とじも玉にもがや頂きてみずらの中にあへまかまくも

おかあさんが玉だったなら、みずらに結った髪の中へまきこんで持ってゆくのにな
あ、と嘆息する若者もいる。

月日やは過ぐはゆけども母父が玉の姿は忘れせなふも

防人たちのほとんどは、妻子恋し、父母恋し、ふるさと恋しのおもいひたすらである。

海行かば水漬く屍、山行かば草生《む》す屍、大君の辺にこそ死なめ顧みはせじ

と戦争をうたいあげたのは防人を管掌している大伴家持である。天皇の宣命にこたえたて詠んだこの歌は、太平洋戦争中国民こぞってうたわされた。

しかし、生きてふるさとに帰ることを、戦線の兵士たちも、その家族たちもこころの底から願っていたはず。太平洋戦争に狩りだされた男たちはふるさとの母へそのお

もいをつぎのようによせている。
はたとせ三つのいのちはうつしよにかうるものなし母のふみみる（『きけ　わだつみのこえ』）
オカサンカラダニ、ジュウブンキヲツケテネ、オクラシクダサイ、ソレカラカミマイリヲ、イタシテクダサイ（『戦没農民兵士の手紙』）

機と女

（一）

日本で機織《はた》りがはじまったのは、紀元前三百年のころ。弥生文化の発生とその起源をほぼ同じくしている。

機織りは、女仕事のもっとも重要なもの。洋の東西を問わず、女たちの機織りのことは、神話のエピソードの中にも、いくつかある。

日本神話では、アマテラスの「天の岩戸」説話にまずあらわれる。

アマテラスが使っていた衣織女《みそおりめ》が、機を織っていると、乱暴者のスサノオが、機屋の屋根をはがし、そこから皮をさかはぎにした馬を投げいれたので、びっくりした衣織女は、梭《ひ》で、「陰上《ほと》をつきて死にき」と『古事記』にはあり、『日本書紀』には、アマテラス自身が機を織っていたことになっている。

人間のくらしは、今も昔も衣食住が、その基礎的なもの。機械による衣料の大量生産がなかった近代以前の社会では、衣料はすべて女たちの手織り機《はた》によって生産されている。

衣食住という、くらしの三本の柱のうち、衣という柱を古代以来にないとおしてきた女たちの働きはみごとなもの。

日本で機織りの技術がすすむのは五世紀にはいってから。このころ、大陸との交通がさかんになり、呉織《くれはとり》、漢織《あやはとり》などとよばれる織り物の新しい技術を持った女たちが、朝鮮から渡来している。

「服部」と書いて「はっとり」と読む姓があるが、古代社会の部民制のおり、衣服の生産にあたっていた人たちのよび名と、無関係ではあるまい。「はとり」とか、「はっとり」は、「はたおり」のなまったものではなかろうか。

古代社会では、奈良朝期までは、皇女や貴族女性たちもまた機織りをおこない、夫や子どもの衣服を、手づから織ったことが、文献などからうかがえる。

また、機が神聖視されていたためでもあろう。栲幡千々姫《たくはたちぢひめ》、天万《あめよろず》栲幡姫などの女神名や、幡《はたび》梭皇女、栲幡皇女など、機にちなんだ皇女名もある。

機織りの新しい技術開発が全国的な規模ですすむのは、八世紀になってから。奈良が都となったその翌年の、紀元七一〇年、諸国に織り物の技術者が派遣された記録がある。

「あをによし奈良の都は咲く花のにほふがごとくいまさかりなり」という、天平文化とともに、衣料の生産もさかんになっていったのであろう。

全国的に衣料の生産がさかんになるとともに、支配層に属する宮廷女性たちから、機織りのことがなくなってゆく。

『枕草子』や『源氏物語』には、当時の宮廷女性たちが身につけた、精巧をきわめた衣装の美しさが、各所にえがかれているが、それを織りだした女たちのことは、みじんもかえりみられていない。

みずから文章をつづることもなく、名のある男の妻にもならず、囲われもせず、それらの人たちが着てすごした美しい着物を織ることにひたすら励んで、歴史の底に沈んでいった女たち。彼女たちの姿は、民話や伝説の中にその面影が伝えられている。

(二)

機と女にまつわる伝説や民話は全国各地に数多い。

伝説では、各地にいささかことなったかたちである「機織り淵」伝説などがその代表的なもの。

むかし、機織りが上手だった美しい娘が、水の神に恋されて淵の底へ誘われて沈み、いまもその淵からは機織りの音がきこえてくるというものや、山刀を淵へ落としたきこりが、それを拾いに淵の底へもぐると、美しいお姫様が機を織っており、そのことを口どめされたにもかかわらず村びとに話したため、洪水がでて、きこりだけが淵の底へひきずりこまれてしまったなどというはなしが、いくつかに変形されて伝えられている。

民話では「鶴女房」「雉《きじ》女房」「山鳥女房」などが、同じすじがきで機とかかわっている。助けられた鳥が、その男の妻となり美しい布を織って、男を富ませるが、機を織るところをみてはいけないというタブーを男が破ったので、かなしみにみちてわかれてゆくというもの。また「瓜子姫」物語なども、機屋の戸をあけてはいけないというましめを破ったため、悲劇に終わる物語。

機とかかわる伝説や民話のおおかたは、その結末がアンハッピーとなっている。支配層の女たちはすでに機を織ることなく、機を織るのは、被支配層の女たちだけであるようになったとき、女の運命は、男へきびしく隷属してゆく。機織りにまつわる伝説や民話が、ものがなしい結末であるのは、抑圧きびしい女たちの状況がそこに反映しているからではなかろうか。

「鶴女房」を下敷きにした、木下順二の戯曲『夕鶴』には、そんな女たちのすがたが象徴的に語られている。

『夕鶴』のヒロインつうは、鶴の化身。自分のからだの羽をぬいて鶴の千羽織りという高級な織物を織るので、その苦しみを知らない夫の与ひょうは「つうが布を織るたびにぐんとやせる」と、ふしぎがる。

機を織るということは、根気のいる下ごしらえにはじまり、ほそいたて糸が一本きれても、よこ糸がまがっても、まともな布にはならない。まして、高級の織物だったら、その下ごしらえもたいへん。織り方もすこぶる緊張と根気がいる。世に珍重される高級な織物を織った女たちは、みずからのからだの羽をぬいて機を織ったつうさながらに、布を織りあげるたびに、ぐんとやせたのではなかったろうか。

つうは、与ひょうに対する愛情のために、生命をほそらせて機を織るが、与ひょうはその布を売って金をもうけ、享楽を夢見る。

つうの愛情に甘えて俗物化してゆく与ひょうには、女の愛情の献身をあたりまえとして、その上に特権的に生きてきた男たちのすがたがあざやかにある。

機を織るという具体的な経済活動をおこなっても、その成果は、夫や父にとりあげられてしまった家父長制度下の女たち。愛を自己犠牲において生きぬくことが美徳とされ「自虐の価値体系」を息づいた封建制度下の女たち。そんな女たちのすがたが、つうの上にはあざやかにある。

（三）

江戸幕府、三代将軍家光のとき、「慶安のおふれがき」とよばれる勧農条例がださ
れている。
「男は作をかせぎ、女はおはたをかせぎ、夕なべをし、夫婦ともにかせぎ申すべし」。
かせげと奨励するのは、農民たちの生活向上より、生かさぬように殺さぬように収
奪するためであったのだろう。
近世社会にはいってから、全国各地で、その生産地の地名をつけた織物が、名産品
として数多く産出されるようになっている。それらはいずれも「おはたをかせいだ」
農民女性たちの働きによるもの。
名産の織物は、藩の財政をうるおすことすこぶる大きかったはずでもある。ところ
が、その生産品は珍重されても、それを織りだした女たちについては、かえりみられ
ることすこぶるすくない。
しかし、近世も末になり、商品流通がさかんになったころ、新しい織り方を創案し
て商品価値を高めた女たちの名はいささか伝えられている。
たとえば、久留米がすりを創案した井上でん、伊予がすりを工夫した鍵谷カナなど

が知られるようになる。

封建社会というのは、自給自足をたてまえとする。ところが商品流通がさかんになるということは、社会がすでに変質していることを示す。

久留米がすりや伊予がすりが世に喧伝されはじめた近世末期には、機場といわれる織物の中心地には、マニュファクチュア（工場制手工業）とよばれる資本主義的生産の初期のかたちが広くみられる。

貧しい農民層の娘や妻が、そこで織子として働いた。

機を織る農民層の女たちに、階層分化があざやかにあるようになると、機織り歌にも、そのことがはっきりと反映する。

わが家でのどかに手機を織る娘は、「機を織りおり道の人をみれば、お手はおるすで縞織りちがえ、隣のおばさんそこに立って見より、わしの顔みてへらへら笑う、笑うおばさんあなうとましや、道のあの人ははや影みえん」とかれんにほほえましい。

ところが、機場で働く女たちの歌は「いつがいつまでくだ巻き子守り、早く機織りさんといわれたい」といじらしく願う幼い年季子の歌もある一方、「いやだいやだよ機織りやめて甲斐絹織屋のお神さん」と、つらい職場からの脱出をねがう歌もある。

そして「お鉢引きよせ割飯ながめ、米はないかと眼になみだ」と待遇の悪さもうたう。

「犬よ吠えるな泥棒じゃないよ、機屋まわりの色男」と男に対して抑圧感を持たない機場女たちは、「ばかな野郎めだおだてりゃ通う、ぞうりきらしによせばよい」「あんな野郎めに声かけべなら、裏の畑に肥《こえ》かけべ」とうたい、「旦那づらして帳場にすわり、聞けば糸屋に借りだらけ」と抑圧する者への反発もきびしい。「旦那おさらばけつでもなめろ、長いみじめにあいました」と年季あけの歌もある。

こんにちでは、手織り機《ばた》は滅びの寸前にある。そして、その手織り機で手のこんだ布を織っている女たちが、それを自分のものとして着られないのは、今も昔も変わっていない。

藤衣・麻衣

むかし、イズシおとめとよぶ、美しい娘がいた。多くの若者がプロポーズするのだが、彼女はだれにもこたえなかった。

秋山シタビ（下氷）おとこもふられたうちの一人だった。イズシおとめが、どんな男にもたやすくこたえないのを知っているシタビおとこは、弟の春山のカスミおとこに言った。「お前がイズシおとめを得ることができたら、上下《かみしも》の着物をゆずり、身のたけほどのかめに酒をいっぱいつくり、山河の産物をことごとく備えて、ごちそうしよう」。

たぶん、弟もまた、イズシおとめからふられるだろうと思って、カケをしたのである。

カスミおとこは、このことを母に相談した。うなずいた母は、藤のつるをとり、その皮の繊維で、一晩のうちに、きものから靴下、はきものまでそれで織りあげ、さらに弓矢も同じフジのつるでつくった。

母が用意してくれた弓矢を持ち、藤衣で身をよそおったカスミおとこが、イズシおとめのもとをおとずれたとき、弓矢はもちろん、彼の着ているきものをはじめくつ下、くつまでことごとくフジの花が美しく咲き満ち、カスミおとこは、みごとプロポーズに成功した。『古事記』に伝えられている説話である。

古代もはじめは山野に自生するフジやつる草の繊維で布を織ったらしい。藤衣、葛衣《カズラごろも》などとよばれているそれらは、まことに粗末なものであるが、古代人はそこへ美しい幻想をかさねあわせ、春山のカスミおとこ説話をつくりだしている。

麻衣については、平安末期に成立した『今昔物語』に次のような説話がある。

「形なよよかなることねり糸をいとよるがごとき」美しい郡司の妻がいた。彼女は「ほそてずくり」とよばれる上等な麻衣を織って夫に着せた。

すこぶる上等なその麻衣を、夫の上役である国司がほしくてたまらず、「お前にはもったいなさすぎる」と、それをとりあげてしまった。しおれて家に帰ってきた夫は、ことの次第を妻に告げた。「あなた、あのきものを惜しいとおもわないの」と妻に問いかえされ「もちろん、惜しくてならない」と夫は言う。「なら、私にまかしといて」妻はさらりと言って、家を出た。

国司のもとをおとずれた郡司の妻は、衣を返してくれと頼むが、国司は聞きいれず彼女を追い返すように下人に命じた。

ところが、郡司の妻は、大の男たちが数人かかってもみじんも動かないばかりか、国司をヒョイト指先でつまみあげてしまう。彼女の大力に恐れをなした国司は、さっそく麻衣を返した、と。しかし、郡司の家では、国司の仕返しを恐れ、その妻を離縁してしまう。無理がとおれば道理をひっこませ、長いものにはまかれて保身をはかったのは、どうやら昔から、女より男の方であったらしい。

麻を栽培して、その繊維で布をつくることは、先史時代からあったとも、大陸文化の影響によるともいわれ、二説がある。ともあれ、日本人の衣生活は、古代から中世まで、麻衣が一般的なものである。

もめん

関ヶ原の戦いを体験した一女性の聞きがきが『おあむ物語』としてのこされている。

なかで、彼女は、近世初頭の衣生活をつぎのようにふりかえっている。

「さて、衣類もなく、おれが十三のとき、手作りのはなぞめのかたびら一つあるよりほかには、なかりし。そのひとつのかたびらを、十七の年まで着たるによりて、すねがでて難儀であった。せめて、すねのかくれるほどのかたびらひとつ、ほしやとおもふた。此様にむかしは物事ふ自由でおじゃった」。

おあむは三百石取りの武士の娘。娘ざかりのとき、手織りの麻のきもの一枚しか持たず、すねがでてつらかったと言う。

江戸初期には麻がなお一般的な衣料である。もめんが明や朝鮮から輸入されたのは室町時代後半で、桃山時代にはまだ高級衣料だった。もめんの普及によって、もめんが一般に普及するのは、江戸期もなかばかららしい。

日本人の衣生活は大きくかわったと、柳田國男は指摘する。

「麻糸に関係ある二千年来の色色な家具が不用になって、後には其名前まで忘れられた。さうして村里には染屋が増加し、家々には縞帳と名づけて、競うて珍らしい縞柄の見本を集め、機に携はる人たちの趣味と技芸とが、僅かな間に著しく進んで来た」(『木綿以前の事』)。

もめんが麻にとってかわったのは、ワタから糸をよりだすのが、麻糸をつくりだすことよりはるかに作業がたやすい上、着ごこちもよく、保温効果も大きく、また染色も多様にたのしめたからである。

もめんの普及とともに、綿田もまたひろくみられるようになり、「伊勢でも大和河内でも、瀬戸内海の沿岸でも、広々とした平地が綿田になり、綿の実の桃が吹くころには、急に月夜が美しくなったやうな気がした」（前出）と、農村風景もまた変化した。

イロリの火あかりをたよりに、よりこ綿から、もめん糸をつむぐのは、江戸期、農村の女たちのかかせない夜なべ仕事となっている。

しかし、綿は暖地の植物。東北などの寒冷地では栽培できないので、東北地方では、もめんは晴れ着として尊重されている。

女たちの手づくりによって、衣料が生産されているときは、その布の寿命がつきるまで衣料は大切にされ、寿命をのばすために、さまざまな工夫がされた。すりきれやすいところを、まだ新しいうちに、幾何模様に糸でさした刺子《さしこ》は、仕事着としても、防寒着としても、農民たちの間にひろく普及した。生活に根ざした女たちの知恵と配慮が、この刺子に、民芸の美をつくりだしている。

綿田は、明治にはいって、綿が大量に輸入されるようになるとともに農村から消えた。そしてこんにち、もめんにかわって、化学繊維が進出、日常着は着捨ての時代。衣料の変化は、社会の構造変化ともまたみあっている。

税と女

手末調《たなすえのみつき》は、古代天皇制時代のはじめ女たちに課せられた税。手末とは、手でつくりあげたものの意で、織物・糸・綿などの類。これに対して男たちには弓筈調《ゆはずのみつき》が課せられ、狩猟による獲物を税としておさめた。

古代天皇制時代は、ギリシャやローマの奴隷制とはかたちはちがうが、働く人に対する収奪が、再生産を許さぬほどのきびしいものであったため、史家は、総体的奴隷制社会とよぶ。

七世紀なかばの大化の改新のおり、従来の税制があらためられたが、税の収奪は、きびしくこそなれ、ゆるめられてはいない。

『万葉集』に、農民たちが僧をからかった歌に対し、僧がこたえて「だんおちや然もな言ひそ里長《さとおさ》がねつきはたらばなれも泣かまし」とある。檀家の衆よ、あなたたちだって、税をとられたときは泣くではないかというのが、歌のこころ。古代社会の素朴な農民たちが、声をあげて泣くほどきびしかった徴税。

山上憶良の「貧窮問答歌」には、「かまどには煙吹きたたず、こしきにはクモの巣かきて、飯かしぐことも忘れ」る、飢えに苦しむ農民たちのところへ、里長がムチをならしながら、無慈悲に徴税にやってくる様子が描写されている。

当時の税はすべて現物。強制労働もまた税のうちだったが、女たちの場合は、その生産するところの衣料が税のおもなものであった。

延喜式に、十世紀はじめの徴税の実態がしるされているが、東北・北海道をのぞく全国各地から、織物や糸などが、数多く貢納されている。これらは、いずれも女たちのはたらきによって生産されたものである。

保元・平治の乱にはじまり、源平争乱から南北朝争乱へと、中世のたえまのない戦乱は、奴隷制社会から封建制社会への、社会の構造変化のうつりゆきがその原因である。この戦乱の間に、古代天皇制は没落、かわって、武家が台頭、大名領国制となり、税は、年貢といって、米が主になる。そして「今年の年貢をば妻子を売っても」と、支配者の容赦のないとりたての中で、貧農の娘は、売春地帯へ売られてゆく。

遊女・飯盛り女などの身売り証文のおおかたは、「御上様御上納等に差しつまり」とある。

家父長家族制度下では、女たちの経済権は大きく制約される。ために近代にはいってからも、直接に税負担をする女たちは、財産を持っているか、独立営業をしているか、限られた女たちである。

ところが現代は、「寡婦控除」が、めぐまれない女たちの状況に対する配慮としてあり、相続税などで妻への配慮はいささかみられるが、性別上その他の配慮はない。職場の待遇における男女差別はいまなお一般的にみられても、徴税上はいささかの男女差別もしていない。

美女

美女を描いたもので、日本に残されているもっとも古い絵は、鳥毛立女屏風《とりげりつじょのびょうぶ》。樹下美人図ともいわれているこの屏風は、聖武天皇（七五六年没）の冥福を祈って、光明皇后が東大寺に献納したものの一つである。描かれている美女は、いまならグラマーといわれる豊麗な肉体の持ち主。盛り上がった胸、くくれた首、しもぶくれのほお、太いまゆ、理知的な切れながの目、深紅のくちびるもまた厚い。

同じ八世紀にやはり日本で制作されている薬師寺の吉祥天画像も樹下美人と大差ない顔立ちのふくよかな美女である。

奈良時代は、女はまだ蔑視されていない。何人もの女帝はじめ、指導的地位にある女の存在は珍しくなく、当時の理想的美女が、理知的・母性的な上にエロスにみちているのは、女が男に従属していなかった時代状況と無縁ではないはず。

ところがつぎの平安朝期になると、王朝物語絵巻に登場する美女美男は、ことごとくひき目、かぎ鼻の没個性的な表情となる。この時代の貴族女性たちは、十二単衣《ひとえ》できらびやかに飾りたてられはするが、おおやけの指導的地位から追放され、几帳《きちよう》のかげで男のおとずれを待っているだけの受け身一方の生活となっている。

『源氏物語』の「雨夜の品定め」の中で、男たちが理想の妻像を語り、なまじな理知や個性は邪魔なものとして、「ただひたぶるに児めきて柔かならむ人（無邪気一方で柔順な女）」をよいとする。そんな女性像が下じきになって、ひき目、かぎ鼻的無個性の美女像が造形されもしたのだろう。

平安貴族が没落、武家の勃興をみるようになると、美女は、武家のロマンスの相手である新興芸能人白拍子《しらびようし》からあらわれる。

平清盛が愛人にした祇王も仏もともに白拍子。そして源義経の愛人静もまた白拍子。当時の上層白拍子は宮中へも出入りし、平安宮廷女房にかわって、スポットのあたる存在になっている。彼女たちの身分は低いのに、時の女性となり得たのは、時の権力者の娯楽の対象となったことが大きく作用している。

中世は戦乱の季節。武がうたいあげられ、美はあまりかえりみられないため、具体的な美女像はのこされていないが、戦国期にはいると、武将の妻たちの絵姿が何枚かある。なかで美女として知られているのは、織田信長の妹お市。

絵でみる彼女は、おもながで繊細な顔立ち。りりしい気品もあるが、あわれにはかない気配もある。

家父長の政略の具として、人質さながらに婚家へおくられた戦国御料人たちである。お市をはじめ戦国大名の妻たちのおおかたは政略結婚。結婚が自分の意思できめられなくなってから、美しく生まれついても、女たちの運命はますます悲劇的となる。

近世へはいると美女の主役は遊女たち。浮世絵にあでやかに描かれている彼女たちは、「年貢上納にさしつまり」として、売られた貧農の娘たちがほとんどである。

近代へはいると、顕官や富豪とのかかわりの中で芸者がもてはやされるが、遊女も芸者も、男たちだけが対象の職業である。

そして現代の美女の主役は映画スター。彼女たちは、マス・メディアを通じて、男女・階層をとわない一般大衆の偶像となっている。美女を時代順にたどると、そこに女の地位のうつりゆきとともに、社会の変化もまた浮かぶ。

才女

清少納言が御匣殿《みくしげどの》の局で、ほかの女房たちと、むだばなしに興じていたときである。身分の低い男が板敷きのそばまでやって来て、泣きだしそうな様子で言った。「ひどい目に会いました。どなたにお訴え申したらよろしいのでしょうか」。わけをたずねると「ちょっと留守をしている間に、家が焼けてしまったのです。馬寮の御秣《みまくさ》がつんであるところから火がでたため、私の家はかき根をへだてているだけなので、寝ていた子どもがあわや焼け死ぬところでした。家財はなにもとりだすことができませんでした」となげく。

清少納言はすかさず「みまくさをもやすばかりの春のひによどのさへなどのこらざるらん」と短ざくに書き、男のもとへ投げてやった。歌のこころは「馬の飼料を燃（萌）やすくらいの春の火（日）にどうして夜殿（淀野）まで燃えてしまったのかしら」と、春の日を火にかけ、淀野を夜殿（寝るところ）にかけたからかいの歌なのである。

男は文字が読めないので、何が書いてあるのかわからない。これで何かもらえるのかときまじめに聞く。そこにいた女房たちは、不幸な男をなぶりものにして笑い興じた。「よそへその短ざくを持っていってみせてまわりなさい。そんなありがたいものをもらって、しおれることないじゃありませんか」。

清少納言はじめ女房たちは、中宮定子にもこのことをきかせ、また大笑いしている。当時の宮廷は才女のたまり場。なかでも清少納言のさえた才気は他にぬきんでている。彼女の随筆集『枕草子』には、彼女の才が、いかにめでたく、人々の称賛のまとであったか、数々の例があげられて語られている。

清少納言のするどくみがかれた感性と、洗練された社交技術は、いまもなお新鮮なかがやきにみちていて、人々をうなずかせる。

しかし、身分の低い人たちの不幸をなぶりものにする特権者意識は、どうにもいただけない。『枕草子』には、身分の低い人たちに対するあからさまな蔑視と憎悪が随所にある。

「にげなきもの、下衆の家に雪の降りたる。また月のさし入りたるも口をし」。

「をかしと思ふ歌を草子などに書きて置きたるに、いふかひなき下衆の、うちうたひたるこそ、いと心憂けれ」。

「下衆にほめらるるは、女だにいとわるし」。

このほかにも、下衆とよばれる働く人たちとの人間的連帯をきっぱり拒否、特権者のおごりをむきだしにしている個所はすくなからずある。

現代は平安期におとらぬ才女の花盛り時代。職業婦人としての才女のほか、父や夫の社会的地位によって、ハイ・ソサイエティーといわれる場で、才女ともてはやされる女もすくなくない。彼女たちが清少納言ばりに自分の才気のはなやかさに自足しきっているのであるならば、才女かならずしも人間的にめでたい人とは言いがたい。

女武者

「この頃京に流行るもの、わうたいかみかみゑせかつら、しほゆき近江女、女冠者《かじや》、長刀持たぬ尼ぞなき」。これは、源平争乱期、京都にはやった雑歌の一つ。女冠者とは女武者のこと。長刀をふりまわす尼などとともに、女もまた武装して、内乱に参加している古代社会崩壊期の風俗がしのばれる歌である。

当時の女武者で有名なのは、木曾義仲の愛人として『平家物語』や『源平盛衰記』に登場する巴。彼女は「色白く髪長く、容顔まことに美麗なり。究竟《くつきよう》の荒馬乗りの悪所落し、矢弓打物取っては、如何なる鬼にも神にも逢ふといふ一人当千のつわものなり」と描写されている。

おおかたの女性史で、巴は、実在の人物であるかのように取り扱われているが、実は文学上の架空の女。しかし、当時、彼女のような女荒武者はすくなからずいたことが、史実の上に散見する。

たとえば、越後の豪族、城九郎資国の娘板額《はんがく》などはその代表的人物。鎌倉幕府の記録である『吾妻鏡』には、建仁元（一二〇一）年越後の城小太郎資盛むほんのことがあり、資盛のオバ板額の射る矢が、よせ手の鎌倉勢をなやましたと、つぎのようにしるされている。「女の身たりといえども、百発百中の芸ほとんど父兄に越ゆるなり。人こぞって奇特という。この合戦の日、殊に兵略を施し、竜形の如く髪を上げしめ、腹巻きをつけ、矢倉の上に居て、おそい到るのやからを射るに、これにあたる者、死せざるはなし」。

板額になやまされ鎌倉勢は進むことができなかったが、ある者が、うしろから板額目がけて射た矢が彼女の両股をつらぬき、倒れたところを生けどりにされた。資盛方は、板額が捕われてから、あっけなく敗北している。

古代末の説話をあつめた『今昔物語』には、地方土豪の女の中に、男たちがおそれをなす、大力な女がいたことの説話がいくつかある。

甲斐の豪族大井光遠の妹などもその例の一つ。あるとき盗賊が、彼女を人質にしたところ、彼女の前においてあった矢につくる篠竹《しのだけ》を、まるでやわらかい草でももみつぶすように、指先でビシビシくだくので、盗賊が恐れをなし、逃げだしてしまったとある。

このような土豪層の女たちが、中世の戦乱の中で、女武者として活躍したのであろう。

戦国末、信濃の高遠城は織田氏に攻められて落城するが、その際、奮戦して織田方をなやました女武者に諏訪花がいる。また、関ヶ原の戦いのおり、伊勢の津の城主富田信高の妻は、男装して武具をつけ、奮戦している。

現代の学園闘争や反戦デモなどにも多くの女たちの参加がある。さる四・二八の沖縄デー（一九六九年）に東京で逮捕された学生や労働者など九百六十七人のうち女は百十三人にのぼる。

女武者の伝統は、こんにち、これらの彼女たちの上にみられるのではなかろうか。

後家

承久の乱（一二二一年）は、後鳥羽上皇の鎌倉幕府打倒のもくろみからおこされている。しかし結果は、鎌倉方の大勝におわり、武家政権の優位が決定的となり、古代天皇制政権は没落の過程へはいってゆく。

武家政権の確立に決定的意義をもたらした承久の乱に、鎌倉方の勝因をつくったのは、北条政子のはたらきに負うところすこぶる大きい。

源頼朝は幕府創設後七年目に没し、その後の集団指導体制の中で北条氏が次第に勢力を得ており、これに反発する人たちが、幕府内部にもすくなからずいた。このような状況のとき、朝廷側が幕府討伐の兵をあげたのである。

しらせをうけて幕府はさっそく軍議をひらいた。軍議の席に政子ものぞんでいた。

頼朝没後、若年の子らを後見し、政子は「簾中《れんちゅう》に理非を聴断」して、幕府政治の実際にたずさわり、「尼将軍」とよばれてもいる。だから、彼女が軍議の席にあることも、しごくあたりまえのことだった。

軍議にあつまった者の中には、去就をきめかねている者がすくなからずいた。「鎌倉勝たば鎌倉につきなんず。京方勝たば京方につきなんず。弓矢取る身の習いぞかし」と、自分の利害を中心にことにあたるドライな中世武士である。彼らにとっては鎌倉幕府の安泰よりも、わが所領の安泰が最大の関心事なのである。

このことをみてとり、政子がおこなった訓示はみごとなものであった。頼朝が幕府をひらいたからこそ、御家人たちの所領が安堵されたのであり、その恩顧を忘れ、京側につこうとする者があるならば、まずこの尼を殺してからにせよと、烈々たる気はくのこもったことばに、御家人一同つよく感謝して結束、承久の乱は鎌倉側の圧倒的勝利となった。

政子が、東国あらくれ武士たちをよく統率したことは、彼女の指導力がすぐれていたからでもあるが、当時の後家の地位の高さとも無縁ではない。

鎌倉前期においては財産はまだ分割相続制。女にも相続権があり、ことに後家の財産処分権が大きかった。「ゆずり状」といわれる当時の遺言状には、「かようにめんめんに譲るといえども、もし不調の事もあり、母の心をたがえば、いずれの子孫にも母のはからいとして、「わかち与えるべし」とあり、一応のゆずり状は書くが、没後の財産処分のいっさいを妻にまかせたものが多い。このように一般的に後家の地位が高かったからこそ、政子が尼将軍として君臨できたのである。しかし、鎌倉期も末になると、後家の地位の没落がゆずり状の中にもみられる。「子々孫々のすえまでも後家ならびに女子に永代これをゆずるべからず、一期に至る分はいましめに及ばず」と。

室町期にはいると、ゆずり状に女たちの名があらわれなくなり、後家の地位がまったく没落しきったことを示し、この期に確立したよめいり婚と共に、女性蔑視の風俗が完成されてゆく。

悪女

悪女を「性的アピールによって男をさいなむ女」とするならば、近世社会における悪女の代表格は『好色一代女』。

元禄期の作家、井原西鶴えがくところの『好色一代女』は、官製道徳である貞節や義理人情はみじんもかえりみず、肉体の欲望のまま、積極的に男を誘惑して生きるたくましい女。

彼女は、相手に妻があっても、自分がほしいとおもえば、策を弄してかならずおもいをとげ、他人の迷惑や悲嘆などみじんもかえりみない。

　つぎのエピソードもその一つ。

　店でかけ売りをしないことにしている老舗の呉服屋をおとずれた女は、巧みな媚態《びたい》で、若い手代をたぶらかし、かけ売りをさせてしまう。

　その代金をとりに行くことを若い手代たちがあらそった。女がひとり住んでいるとほのめかしたからである。これをみて、まじめこの上なしといわれている年配の手代が、若い者をやってはあぶないとおもい、自分が行って、女の首をひっこぬいてでも、代金をとってきてみせると、胸をはって出かけた。

　彼は、情容赦のない態度で、女に代金の催促をした。女はこのとき「わざわざ遠いところをおいでくださって申しわけない」と、しとやかにわびるとともに、着ていた紅梅いろの着物をいきなり脱ぎ捨て、深紅の腰まきだけの姿になった。

「とりあえず支払うお金がないので、昨日と今日、着ただけのこの着物をどうぞ持ち帰ってください」。脱いだ着物を、なみだぐんでさしだす姿は、まことにしおらしい。

　その上「しろじろと肥えもせず、やせもせず、灸のあとさえなくて脂ぎったる」女の裸体を目の前にしては、さすがのものがたい男も、じたじたふるえだし、「風邪をひくから、どうか着てください」と、女に着物をきせかける。「ご親切な方」とおもいいれたっぷりに女にしなだれかかられると、男はまったくだらしなくなり、女の誘うままになってしまう。

以後、女にいれあげた男は、店をしくじり、あわれな末路となるが、女はつぎつぎほかの男へわたりをつけ、結構気楽に世渡りをしてゆく。

しかし、悪女にも凋落《ちょうらく》の季節がやってくる。化粧でかくしきれない老いが目立つようになると、男から、「あんな女は、あちらから金をもらってもいやだ」と、相手にされなくなるのだ。

悪女は、男女の性的頽廃を発生の基盤とする。美貌と若さがあるうちは、女は性的アピールによって男をとりこにし、男をさいなんで勝ちほこる。しかし、性を手がかりに、男に寄生するくらしの中に、女の人間的解放はあり得ない。自立して生きられる状況がない限り、性の自由は、新しい性モラルの創造とはならず、動物的放縦と人間的頽廃におちこむばかりではなかろうか。

売春考

旅の途中で山伏と鋳物師が道づれになった。日が暮れたので、宿に泊まった。宿のあるじは遊女。

夜半、山伏が一人起きだし切り下げている髪をもとどりにゆい、鋳物師の烏帽子《えぼし》をつけて、遊女の寝ている部屋の戸をたたいた。

「私は今夜泊まった鋳物師だが、お宅のかまどには、釜が一つしかなく不便をしているようだ。新しい釜をあげようと思うが、どうだろうか」ともちかけると、遊女はうなずき、共に寝た。

翌朝、夜の明けぬうち、山伏は遊女に気づかれぬように宿を出た。あとに残った鋳物師は、約束の釜をよこせと、遊女に責めたてられ、当惑するが、山伏が鋳物師になりすましたことがやがてわかり、疑いが晴れる。

これは、鎌倉期の説話集『古今著聞集』にあるエピソード。

鎌倉期には、おおかたの宿駅に遊女がいる。しかし、この期の遊女は、さきの説話にみられるような自前営業的なもの。遊女と客との自由な取り引きがあった。

売春をなりわいとする女たちが、日本の文献にあらわれるのは『万葉集』にみえる遊行女婦がそのさきがけ。

平安期には、遊女とよばれる女たちが、平安京から瀬戸内海のおもな港に舟を浮かべ、旅人を遊芸で楽しませ、うらで売春を行なっていた。

鎌倉期にはいると、遊女の数はさらに増加、こんにち基地の町に売春がはびこるように、軍陣をかせぎ場の一つとしている。

源平合戦の際、富士川の陣で、平氏の軍勢が、夜半、水鳥の羽音に驚いて逃げるとき、近辺の宿駅から、平氏の軍陣へ出向いていた遊女たちが「或はかしら蹴割られ、或は腰踏み折られて、をめき叫ぶことおびただし」と『平家物語』にある。

また、鎌倉幕府の行なった富士の大巻き狩り、現代的にいえば特別大演習ともいうべき陣へ、遊女が大挙押しよせて来たと『吾妻鏡』にある。

女たちが、業者にきびしく管理され、その監視のもとに性奴隷そのものとして働かされるようになるのは、封建社会の確立期から。

売春が封建社会において制度化されたのは、男女の自由な交際が禁じられ、恋愛が不義となり、結婚が当事者の意思で行なわれなくなったことと無縁ではない。

また、身分制がきびしいため、抑圧過重な男たちのコンプレックスの発散場所としても、さらに若者たちの権力への抵抗のキバをぬく去勢機関としても、売春は封建社会に欠くことの出来ない制度であり、愚民政策の一環として存在させられている。

明治の近代社会にはいっても、売春制度がなお温存されたのは、女たちの上に封建的家族制度がいぜんとして続いたことと深くかかわる。

戦後、女たちが家族制度から解放されてゆく道すじで制度的な売春もまたなくなっていく。しかし、いまなお売春が存在するのは、女が性を手だてにして、男に依存する生活が、なくなっていないことと無縁ではない。

嫁・姑

「ありがたきもの、舅にほめらるる婿。また、姑に思はるる嫁の君」と、平安期の才女清少納言は言う。

ありがたきものとは、めったにないもののこと。古代社会においても、嫁・姑の間柄はむずかしいものだったらしい。

しかし、この時代の結婚のかたちは、妻問いの通いから、婿住みとなる婿入り婚である。ために嫁・姑の同居はなく、嫁・姑の対立も日常的なものではない。

嫁・姑問題が日常的となるのは、嫁入り婚が完成され、狭い家うちに、嫁・姑同居が一般的な家族生活となった封建社会から。その中で、姑はもっぱらかたき役的存在である。

「煮ても焼いても食われぬものは、姑ばばさと栗のいが」と俗謡はうたい、さらに「嫁のふるてが姑となって、だれも一度は栗のいが」ともいわれる。

「姑は嫁の時分の意趣返し」と江戸期の川柳はよみ、「姑ばば客が帰ると元の面」「たのしみは嫁をいびると寺参り」ともよまれている。

にくまれ役の姑もそのはじめは嫁の立場にあった。被害者がのちに加害者となる悪循環は、人間関係すべてが上下にわけられ、上の者に対して下の者が服従と献身を強制された封建社会の矛盾が、嫁・姑関係の中に、抑圧移譲のかたちで発現するからである。

嫁・姑同居の家族制度家庭は、明治にはいってからもなお一般的。江戸期と大差ない嫁・姑問題がある。

しかし、自我に目ざめはじめた明治の都市家庭の女たちには、それなりの自己主張もみられ、嫁・姑の対立は、江戸期より緊張がきびしい。

「解けがたき不和の間に身を処してひとり悲しく今日も怒れり」と、石川啄木は母と妻の不和にやりきれなくなり、「俺ひとり下宿にやりてくれぬかと今日もあやふくい出でしかな」と悲鳴をあげている。

そして、明治の新しい嫁は、「この家に来たのは、あなたの妻になりに来たので、あの人の子になりに来たのではない」と宣言、姑を母とよばず「あの人」と言っている文豪の妻もいる。

嫁・姑問題は、嫁にとっては夫、姑にとってはむすこにあたる一人の男をめぐるいわば三角関係。人間的な交流がなりたたない女二人が「家族」といううきずなによって、いやおうなしに共同生活をしいられる習俗の中に発生する。

戦後、法律の上では、封建的な家族制度はなくなり、都市家庭の多くは核家族。ために嫁・姑問題は戦前よりすくなくなったが、問題はなおあり、最近では、姑をいびる嫁もすくなくない。

さきごろ東京都下では、嫁に殺された姑がいる。姑には十人の子があったが、彼女の気の強さのため、どの子からも敬遠され、おとなしい末むすこのもとに住み、そこは六畳二間のせまい家だった。

嫁・姑問題の解決には、当事者の心がけもさることながら、老人の生活保障の確立と住宅問題の解決が、まずさしせまって必要であり、さらにとりあえずの対策としては、母は娘と同居し、息子と同居しないかたちをとれば、嫁・姑問題はいささか緩和されるのではなかろうか。

（『中国新聞』一九六九年四月〜八月連載）

伝記と女

平塚らいてう著『元始、女性は太陽であった』（上下）

女に要請される客体的な生き方をきっぱりと拒否、主体的に自己を生き、既存の価値体系に挑戦した自由な女平塚らいてう。

本書は、彼女の生いたちからその青春時代の終わりまで、三十年間の自己形成の過程が記録されている。彼女の自伝は、『わたくしの歩いた道』と『私の履歴書』が生前すでに発表されており、本書の記述もそれらと重なるところがすくなからずある。しかし、前著をこえて本書がより充実しているのは、彼女をめぐる異性関係があきらかにされており、彼女の新しさが、その異性関係においても、あらためて確認できることである。

多くの女は、その人生がそうであるように、異性体験もまた受け身ななりゆきのなかで経験する。ところが、結婚を求めず、生きる意味を求めて青春の遍歴を重ねるらいてうは異性に対する態度もすこぶる主体的である。

はじめての接吻は、坐禅に通っていた禅寺の、「まだ雲水のような純真な感じの青年僧に、不意に、なんのためらいもなく接吻をしてしまったのです」と告白しているが、このときらいてうは二十一歳。彼女はその場限りの衝動的なものであったと淡々としていても、女に免疫性のなかった青年僧は、恋一途になって、らいてうを当惑させる。

男に対する主体性すぐれた態度は、その後の森田草平との「塩原事件」においてもあざやかにみられる。どんな場合でも、醒めたままの視線をたもち、その主体性をくずさないらいてうにふりまわされ、数歳年上の男はいらだちどおしている。また、妻子のある男との情死未遂者としての俗世間的な非難にも、彼女は、「自分が世間から糾弾され、葬られることへの怖れは全くなく、世間がなんと見ようと向こうは向こうの次元で動いているので、こちらとは次元が違うと割り切っていました」と、既存の価値体系を歯牙にもかけていない。

彼女が、はじめて異性を識ったのは、「塩原事件」から二年後、「青鞜社」創立の前年である。相手は、かつて彼女が接吻したことによって、放蕩三昧の生活を送るようになった青年僧。「黒無地の被布を着た僧形の和尚と、袴姿のわたくしが、まっ昼間、待合の門を連れだってくぐる姿は、およそ妙な組合せだったことでしょう」と、新しい女の面目躍如とした記述がある。そのとき一緒に寝たことによって、かえってらいてうへの敬愛を深めた僧は、その後、淡泊な交際へと二人の間柄を転化している。奥村博史との法律婚を拒否した共同生活も、らいてうのリーダーシップによって営まれており、まさに彼女は、「自分自身のための世界を創造」している。

生前の平塚らいてうは、端整な精神のたたずまいが、その身ごなし、ことばに匂いたつ人だった。死後刊行された本書にもまたその気品はみごとに宿っている。

（『東京新聞』一九七一年九月二十七日号）

平塚らいてう逝く

（一）

平塚らいてうは、日本における近代的な女性解放運動のかがやける先駆者である。女性解放をいった女たちは、らいてう以前にも、すでに何人かいる。たとえば、自由民権や社会主義の運動に働いた女たち、中島俊子、福田英子、管野スガなどに、そのことがみられる。しかし、彼女たちのそれは参加している運動の場からの発言であり、女の立場からの、独自な要求や行動をおこなってはいない。

これらの人々をこえて、日本の女性解放史上、らいてうがぬきんでて高く評価されているのは、男に従属して生きなければならぬ女の運命をきっぱりと拒否、女の人間的自己解放を正面にすえた社会的な訴えが彼女によって、はじめておこなわれたからである。

女ばかりで作った女のための雑誌『青鞜《せいとう》』が創刊されたのは、明治四十四年九月、主宰者らいてうは、このとき二十五歳である。「元始、女性は太陽であった。真正の人であった」にはじまる『青鞜』創刊のらいてうのことばは、日本における最初の女権宣言の史的地位を占め、女たちの自我の確立と個性の発現を目的とした青鞜社運動は、日本の女の歴史に一つのエポックを画している。

青鞜社によって近代的女性解放の問題提起をおこなったらいてうは、婦人問題の具体的な解決を政治の場でおこなうべく、デモクラシー興隆の時代の潮流に力を得、大正八年、市川房枝らと新婦人協会を創立、「治安警察法第五条」改正運動に取り組み、女たちに政談集会参加の道をひらいている。

だが、この運動のなかば、過労による病を得たらいてうは、以後、実際活動にはたずさわっていない。昭和にはいってからは、高群逸枝の主宰する『婦人戦線』の同人となり、従来の女権主義的立場を超えて無産運動の賛同者になり、地域の消費組合運動の責任者になっている。そして戦後は、革新的な婦人運動や平和運動に名を連ね、ことあるごとにオピニオン・リーダーとしてのすぐれた発言をおこない、後進に大きなはげましを与えていた。

女性史上におけるらいてうの業績は、近代的な女性解放を先駆的に生き、すぐれた指導性を発揮したことであるが、彼女の行動の中で見おとしてならないことは、その日常がみごとな思想的態度でつらぬかれていることである。

大正のはじめ、五つ年下の奥村博史と共同生活にはいったとき、らいてうは「私たちは愛する者同士なので、日本婚姻法に定められているような夫と妻の関係ではない」と宣言して、法律婚を拒否。子どもは、彼女の戸籍に入れ、日常性においても、家族制度への抵抗をつらぬきとおしている。そして、五十年にわたる奥村との生活を、「互いに深く信じて、侵し合うことのない、なごやかな家庭生活であった」と悔いなく回想するらいてうは、みのり豊かな恋愛生活の実践者でもある。

明治・大正期、時代にさきがけて個性の発現をおこない、恋愛の自由を生きた女たちは、少なからぬ迫害をうけており、らいてうもまた例外ではない。「煤煙事件」とよばれる森田草平との恋愛において、らいてうは「自我」によって肯定される「愛」を、死すら辞せずに求めていったのだが、結果的には妻子のある男との情死未遂者としてさらし者にされている。

青鞜社運動においては、放蕩無頼な非行女性というイメージで「新しい女」とよばれ、揶揄《やゆ》と嘲笑の対象にされ、『青鞜』やらいてうの著書は、「家族制度破壊」や「風俗壊乱」の理由で発禁処分になってもいる。

しかし、らいてうは、それらのことにつまずくことなく、問題意識と行動を足どりたしかに発展させている。そして、つねに指導的なエリート女性としての地位を失うことがなかったのは、会計検査院高級官僚の娘として育ち、恵まれた環境の中で、当時の女としてはぬきんでた知性と教養を獲得していたからであり、彼女の生きた思想が、体制変革的なものではなく、その時代における進歩的なものであったからだろう。

青鞜社以来六十年にわたり、日本における女性解放の象徴的存在であった平塚らいてう、いまここに八十五歳の生涯を終えて逝く。「他によって生きる」女の悲劇はいまもなくならず、「隠されたる我が太陽を今取戻さねばならぬ」とよびかける、らいてうのことばは、なお生きて、私たちのゆくてを照らしている。

(『朝日新聞』一九七一年五月二十六日号)

(二)

らいてう先生にはじめてお目にかかったのは、一九五五年の秋である。

その年の十月、新婦人協会の「治警五条改正運動を聞く会」が、婦選会館でひらかれ、運動をおこなった人たち数人が出席した。らいてう先生も出席の予定であったが、お体のかげんが悪く、欠席の挨拶が、電報と電話で寄せられた。婦人問題研究所の機関誌に、その会の記事を書くことになった私は、らいてう先生に、紙上参加して頂くため、話をうかがいにお宅に上がったのである。

その頃、先生のお宅は、成城駅の北口近くにあった。近代的婦人解放を、生《な》ま身に刻《きざ》んで生きて来られた方に、一対一でお目にかかれることの喜びと緊張で、まだ若かった私は、からだ中がぎこちなくこわばり、いじらしくも胸をつまらせながら、玄関の前に立ったことをおもいだす。

まことの「﨟《ろう》たけた人」とは、このような人のことを言うのであろうと、感銘をうけたのも、この初対面のときである。このとき、らいてう先生はすでに七十歳に近かったが、身ごなし、言葉つきに匂いたつ洗練された気品は、能で言う「真の花」をおもわせた。先生が、明治以来いまに至るまで、日本における婦人解放の象徴的存在として、多くの女たちの憧憬《しょうけい》をその身にあつめているのは、近代的婦人解放を先駆的に生き、すぐれた指導性を発揮したことによるが、その身に「真の花」を咲かせている方だからこそと、あらためてうなずいたのもこのときである。

その後、先生に何度かお目にかかっているが、『青鞜』創刊五十周年を記念して、富本一枝先生と対談して頂いた日のことは、とりわけて印象深い。その対談は、成城郊外のいまのらいてう先生のお宅でおこなわれ、市川房枝先生もそこへ来あわせていた。話題は若くはずんでみずみずしく、青鞜社や新婦人協会のある日のひとときが、そこに現れでたかのようでもあった。

このときも話題になり、らいてう先生の自伝にもしるされているが、『青鞜』の創刊は、らいてう先生の発意であるより、文学者生田長江氏の強いすすめによって実現している。『青鞜』創刊の前年に、「高等遊民」と当時いわれ、「家」の経済力によって、働かずに生活できるエリート知識青年により、雑誌『白樺』が創刊されている。生田氏は、『白樺』の女性版として、文芸誌『青鞜』を意図したものらしく、そこに婦人解放の具体的な志は大きくはたらいていない。

また、「元始、女性は太陽であった」にはじまる、『青鞜』創刊にあたってのらいてう先生のことばも婦人問題や婦人解放を直接的に意識したものではなく、全身全霊にみちあふれていた「自己解放のねがい」を、天《あま》かけるおもいで吐露《とろ》したにすぎないと、先生自身が言われている。それが、日本における最初の女権宣言の史的地位を占め、青鞜社運動が、日本の女の歴史の一つのエポックを画すことになったなりゆきは、歴史の弁証法的展開と無縁ではない。

明治にはじまった日本の資本制社会は、約半世紀をへて大きく成熟、明治末には、資本制社会の階層的産物である知識人層の形成が大きくみられる。らいてう先生は、この資本制社会が生みだした近代的知識人女性のはしりの一人であり、いわゆる「高等遊民」的生活者として、当時の女としては、まことに恵まれた状況を生きている。

青鞜社運動以前において、らいてう先生はすでに、「新しい女」であったのだ。そのため、婦人解放をあえて意識しなかった『青鞜』創刊のことばが、そのまま、女たちの封建的束縛に対する挑戦となり得たのである。そして、このことに対する世のかまびすしい反響にさらされ、らいてう先生自身が、あらためて「新しい女」としての自覚をきたえられ、近代的婦人解放の意識的実践者に成長、日本の女たちの解放に大きな役割を果たしてゆくのである。

その若い日、哲学少女であり、生きる意味を求めて思想遍歴を重ね、禅によってようやく悟入（編注　悟りの境地に入ること）の境地を得たらいてう先生は、理知の人ではあるが理論家ではない。ために、論争などにおいては、その理論展開が不十分で、説得力に欠けるうらみがあるが、ことの本質に対する把握力は、するどく的確である。

「妊娠の自由の確保と母の生活の保障、これを欠いては、女性の全的解放はむずかしく、児童の真の幸福も望めない」とする早くからの先生の持論は、こんにちのウーマン・リブの志向にそのままつながり、青鞜社運動において提起された女たちの意識変革の問題も、かたちをかえていままた問いかえされている。半世紀以前に、先生が指し示された婦人解放の方向は、現代においてもなお古くはない。さらに、その愛情生活を主体的に生きて法律婚を拒否、家族制度への抵抗をおこなった、思想と日常性を乖離させない生き方にも、教えられるところすくなくない。

敗戦後、婦人解放の法改正がおこなわれたとき、「いまこそ解放された日本の女性の心の底から、大きな大きな太陽があがるのだ」と、先生はよろこびに満ちてしるしている。

ところがそのときのぼりかけた太陽は、ふたたび暗雲に覆われて低迷し、光はいまもさえぎられ、女たちの状況は明るくはない。封建のくびきからは放たれたが、資本の利潤追求のあみの目に、くまなくくりいれられてしまっている近代的婦人解放の袋小路で、いま女たちは身悶えており、「隠されたるわが太陽」をどのようにして取り戻すべきか、苦しい模索の身じろぎが、全国各地にみられるこのごろである。

このとき逝ったらいてう先生。日本における近代的婦人解放の象徴的存在であった先生の死は、リーダーのすぐれた指導力に頼ること大きかった近代的婦人解放運動が、いま凋落の季節をむかえていることをまた象徴している。

（『婦人公論』一九七一年八月号）

ボーヴォワール著『第二の性』

（一）

独学の私にとって、直接の師はもろもろの古典。

自己との対決をきびしくせまって教えてくれたのは、『聖書』をはじめキルケゴールやドストエフスキーの諸作品であり、社会に対する科学的な見方を教えてくれたのは、マルクスやエンゲルスの諸作品である。

くりかえしこれらの古典を学んだのちにふれたサルトルの諸作品は、当時、私が苦しんでいた個的な実存と、社会的な実践との矛盾葛藤を、弁証法的にとらえて解決することを教えてくれ、はげまされることすこぶる大きかった。

私は、新しい仕事にとりかかる前とか、問題に当面して道がひらけないときには、これらの諸作品を、もう一度ひらいて参考にする。すると彼らは汲めどもつきない泉のように、そのたびごとに新鮮な思索の種を提供してくれ、私にとっては、いまもって離れがたいよき師たちである。

また、友人づきあいのような古典もある。たとえば、ボーヴォワールの『第二の性』などはそれ。婦人論の古典としては、『女性の解放』（ミル）、『婦人論』（ベーベル）、『恋愛と結婚』（ケイ）などが、戦前から世界的な評価をうけ、日本でも訳されていたが、戦後書かれた『第二の性』は、戦前の婦人論が欠落させていた、女たちの状況と意識のかかわりがみごとに分析されている。女は、男性中心社会の被害者であるが、そうした社会を存在させている共犯者でもあるのではないかと、数々の具体例の中で、きびしく女の責任が問いかけられてもいる。

原書は、第一部「事実と神話」、第二部「体験編」の二冊にわかれているが、日本語訳は、「体験編」が三巻にわかれてまず出版され、「事実と神話」が二巻にわかれ、全五巻として出版されている。

私がはじめてこの書を手にしたのは、五巻全部が訳され、ある雑誌の書評でこれを受け持つことになったときである。読みはじめた最初から、するどく精神的な緊張を強いられる上、女たちの甘えや偽善を、手きびしくえぐって女自身へつきつける一方、男たちの特権意識や俗物的思考を容赦なくあばいてみせる、ボーヴォワールの知性と問題意識のみごとさに、ときに声をたててうなずき、ときに巻をふせて考え込んでしまうこと、しばしばであった。長い間、たずね求めていた同志にめぐりあった感動に満たされ、孤独から解放されたおもいで、私は読みおわった。

以後、『第二の性』は、婦人問題や女性史を考察するとき、私の思索の「たたき台」的な役割を果たしてくれている。ために私は、はじめての著書『おんなの歴史』を出版する際、その上巻のとびらを、『第二の性』の中のつぎのことばで飾った。「人類の半数の奴隷状態とその奴隷状態がふくんでいるあらゆる偽善の機構が廃止されるときにこそ、人類を二つに分けた〈分割〉が、その真の意味を明かにし、一対の男女がそのほんとうのすがたを発見するであろう」。

(『信濃毎日新聞』一九七〇年一月十四日号)

(二)

「青鞜社」へつどった明治の新しい女たちが参考にした、婦人問題の基本的文献に、エレン・ケイ、エンマ・ゴールドマン、オリイヴ・シュライナーなどの著作がある。平塚らいてうはエレン・ケイに、伊藤野枝はエンマ・ゴールドマンに傾倒、「青鞜社」のシンパ的存在であった与謝野晶子は、オリイヴ・シュライナーに共感している。このことを友人たちと雑談的にはなしあったとき、彼女たちの婦人解放理論は、ロマンチックで幼稚であったということになった。このとき、おもわず私は言った。「いまにね、婦人問題などなくなったとき、第二次大戦後の女たちは、『第二の性』だなんて、女であることのうらみつらみをいきまき、幼稚なものだったと、こんどは私たちがあわれがられる番よ」。みんな大笑いしながら共鳴した。早くそうなってほしいものだ、と。

ボーヴォワールの『第二の性』は、戦前の婦人論が欠落させていた、女たちの状況と意識のかかわりが、みごとに分析されている。女たちの甘えや偽善を手きびしくえぐって、女自身へつきつける一方、男たちの特権的意識や俗物的思考を、容赦なくあばいてみせる、知性と問題意識のみごとさ。ミルやベーベルのものに、あきたらないおもいでいた私は、この書に出会ったとき、長い間、たずね求めていた同志にめぐりあった感動に満たされた。

五巻に分冊されて日本語訳されたこの書は、一九五三（昭和二十八）年から五五（昭和三十）年にかけて出版されている。

以来十数年、私の座右にあって友人づきあいがつづいているが、このごろ私はしきりに思っている。『第二の性』の指摘している問題点は、なくなるどころか、さらに複雑にからまりあって深まっている。これからの婦人問題は、この書をふまえて超えた、さらに新しい理論形成がなければ、大きくきりひらかれないのではなかろうか、と。

(『未来』一九七〇年七月号)

女性史の側面——長野県の場合

女性史は、日本の史学界においては、まだ大きく未開発な分野であるといっていい。女性史をライフ・ワークとしてとり組み、「招婿婚」の存在をたしかなかたちで発掘し、女性史に大きく貢献した高群逸枝。民俗学をひらいて生活の場における庶民のはたらきを高く評価し、とくに『妹の力』『家閑談』『女性と民間伝承』などにおいて女たちのはたらきを考察した柳田國男の業績。それをうけついで、「女ばたらき」といわれるものの発掘に、地味に努力している民俗学系の人々の業績をのぞくと、「女性史」といわれるもののおおかたは、学者や評論家のサイド・ワークとして、啓発的な立場であらわされており、問題を新しく展望する独自な業績とはなっていない。人間の生活は、今も昔も、衣・食・住が欠くことのできない基礎的なものであり、その生産をおこなったのは、一般庶民といわれる働く人たちである。なかでも衣の生産に具体的に働いたのは、古代以来、女たちであり、近代にはいってからも、このことは無視できない。また、食の生産にも、住の管理にも、女たちの働きは大きく、さらに子を産み育てることもまた女の働きである。自給自足的な面が大きく、家事の多くが生産労働でもあった戦前までの一般庶民家庭では、女たちの働きは、生活の具体的な場で、男たちの働きに伍《ご》して劣らない。

かつて、男女の身分差別がなかった時代は、女たちのこのようなはたらきは、それなりに尊重されていたが、男女の身分差別がきびしくなるに従い、女たちの働きは評価が低くなり、かえりみられることすくなく、こんにちの史学や経済学においても考察されることきわめてまれであるといっていい。

日本女性史の問題点は、長野県女性史の問題点ともまた重なりあう。ことに近代長野県の場合、県下の経済を大きくささえたのは、養蚕と製糸である。これらの生産を具体的にになったのは女たちであるのだが、その重要な生産者としての役割にくらべ、彼女たちの生活は残酷なまでにみじめである。

「経済史の課題」の中で、石井寛治氏は、日本資本主義全体のたしかな展望のために、製糸女工の存在形態とプロレタリアートとしての成熟の過程の究明が、さらに必要なことを指摘しているが、私は、これとかかわらせて、養蚕農家における主婦労働とその生活の実態をあきらかにしなければならないと考える。

戦前、衣・食の生産労働である家事と、平均出産率五人以上である育児に加え、養蚕と過酷なまでの野良の重労働を、粗衣・粗食でになってとおしたのは女たちである。しかし、その経済活動の成果は、夫やしゅうと・しゅうとめがにぎって放さず、経済的にはまったく無力状態におかれたのが、家族制度下、養蚕農家の女たち一般の状況でもあった。

製糸家と養蚕農家の対立と、その収奪の掘りおこしが、なお不十分なことも、石井氏はふれているが、養蚕農家の女たちの生活実態があきらかになるとき、家族制度をその発展の支柱の一つとした、日本資本主義の側面がさらに深められてあきらかになり、「女工哀史」のバック・グラウンドの展望も、よりひらけるはずである。

また、家族の衣・食やその他の日用品を、手づくりで生産した女たちの生活技術と、そこからうみだされた長野県独自の生活文化も、いまは滅びの寸前にあり、これらへの考察もなおざりにできない。たとえば島崎藤村は『ふるさと』の中で、彼の母の日常をつぎのように回想している。

「お祖母さん（注＝藤村の母）は、父さん（注＝藤村）が子供の時分の着物や帯まで自分で織ったばかりでなく、食べるもの――お味噌からお醬油の類までお家で造り、お母さんが自分の髪につける油まで庭の椿の実からしぼりまして、物を手造りすることの楽しみを父さんに教えてくれました」。

このような主婦の日常は戦前まで、県下にあたりまえにみられ、彼女たちの自給自足の働きが、農村の低収入を大きくささえる一方、ボロ織りの帯やこたつの上がけ、刺し子の労働着などに、女たちは生活の知恵に根ざした美をつくりだしている。そしてこの「女ばたらき」が、家庭経済に占める位置をあきらかにするとき、日本資本主義の二重構造の底辺をささえた女たちの働きの一つも、さらにあきらかになるであろう。

『信濃のおんな』執筆のおり、これらのことは、おもいながらも果たせなかった。執筆を終えたあとにも、新しい事実とめぐりあい、さらに考えさせられることがいまも多い。

このごろ県下各地へ講演におとずれるおりふし、近代を問題意識するどく生き、婦選運動や社会運動をした女たちに会うことも珍しくない。戦後第一回の地方選挙（編註一九四七年）のおり、町村議会婦人議員数全国第一位となった県下婦人議員の進出や、その後の挫折を考察する際にも、また、県下の婦人運動の流れを考察する上にも、彼女たちの存在は無視できない。

女たちの生活実態の場から、長野県の近代史を展望するとき、いままでの通念とはことなった評価がでてくる場合もあるのではなかろうか。たとえば、長野県の近代について言われている進歩性も、たぶんに封建的なものをふまえての進歩であり、骨がらみのものとはいいがたい。

例の一つをあげれば、一九〇八(明治四十一)年に、女教員の産休規定が、全国にさきがけておこなわれているが、女教員の母性に対する配慮より先に、児童に対する教育効果や、家父長的温情主義の中でことがおこなわれたのではなかったか。その他の進歩的な現象も、そのかげに、人間疎外や、権威主義・事大主義が大きくあったのではなかったか。女たちの場からこのことに照明をあてるとき、長野県近代の見おとされていた側面が、あざやかに浮かびあがってくる可能性が大きい。

これらのことを解明するため、長野県にも、専門研究者のほか、一般主婦などが多く参加した女性史研究会がほしい。長野県では、地方史研究グループは多彩にあるが、問題意識たしかな女性史研究は、いままでなおざりにされすぎた感がある。

(『信濃毎日新聞』一九六八年十一月二十一日)

単行本あとがき

　書名となった「おんなの戦後史」は、一九七一年八月から九月にかけ、朝日新聞に連載されたものです。いままで執筆したもののなかで、この「おんなの戦後史」ほど、書くにつらいものはありませんでした。戦争の犠牲者が加害者ともなっていること、戦後の婦人運動が、体制補完の働きにおわっていることなど、戦後史を、それなりに生きて来た私にとって、これらのことへの告発は、自分自身への告発となって、価値観の転換をせまられるものでもありました。そのつらさに耐えかね、途中で執筆をおろしてほしいとぶざまなことを言いだしたりもしました。それでもともかく十八回書きつづけることができたのは、担当の学芸部記者佐藤洋子さんのはげましと協力があったからでした。

　一回四枚という新聞連載の枠組みにしばられ、目をとおした資料のうちごくわずかしか用いられなかったこと、問題をにつめないままに締め切りに追われたこと、体がすこぶる不調であったことも加わって、筆がのびなかったうらみもあり、いずれ、資料をあたりなおし、さらに問題をほり下げて、くわしい「おんなの戦後史」を書くつもりでおりました。

ところが、連載が終わってから、さまざまな学習グループから、テキストにしたいからと、本にすることをせかされました。そのためとりあえず、いままで雑誌や新聞に発表した女性史にかかわるものを加えて、本書にしました。また、講演をしたおり、それをパンフレットにして学習のテキストにしているところがすくなからずありますので、中から代表的なものを二つえらび本書に加えました。講演のなかみはほぼ同じですが、一つは高校の女の教師を対象にしており、一つは農村の女たちを対象にした差別をなくすためのものです（編注　文庫版では後者は割愛した）。

なお、本書の出版にあたっては、前著『信濃のおんな』『おんなの歴史』と同じく、未来社編集部の皆さんにお手数をわずらわしましたし、ここにあつめられたものを書くにあたっては、多くの方のお世話にもなっています。

昨日の状況と今日の状況はあざやかにちがう、動きの烈しい時代です。そうしたなかで、本書がどのように役立つか心もとない思いもいたしますが、私なりにとり組んできて本書に提出した問題をさらに見すえて歩みをすすめて行きたいと思っています。

もろさわようこ

一九七一年十二月

文庫版増補

私にとって国家とは

私の国家観は、敗戦体験を契機に大きく異なっている。

かえりみると、私のうけた教育は、絶対主義な天皇制国家の国民であることが、いかに誇り高いことであるか、骨のズイまでしみいるように仕組まれていた。古代天皇制の基礎がためのためにつくり上げられた神話を、あたかも歴史の事実であるかのように、小学校から教えられ、天皇制の国家機構に対する絶対的な服従と献身を当然とする道徳教育が修身・国語・歴史などの授業をはじめ、あらゆる学校行事をつらぬいてみられ、無垢なままの子どもたちの意識を天皇崇拝・国家主義へとたくみに呪縛している。当時の義務教育である小学校は、天皇制の宗教学校だったのである。

没理性的な国家主義教育は、さらに中等教育段階にもつづいた。検定試験でその資格をとった私は、修身と公民の受験には、文部省編纂の『国体の本義』と『臣民の道』を学ぶだけで合格できた。また、生きる意味を求めて書をあさったとき、思想統制きびしい太平洋戦争下の書店には、神がかった「皇国哲学」や「皇国史観」のたぐいばかりがあった。

佐久の山奥の農民の娘として、近代的な知的風土とは縁遠く育った私が、それら体制側から与えられた教育や思想によってつちかった国家観は、すこぶる詩的幻想にみちたものでもあった。すなわち、真善美の体現者である現人神《あらひとがみ》の天皇に収斂《しゅうれん》されている国家は、よこしまな搾取や専制的な権力支配などみじんもない、神聖な光かがやく共同体として、私の中に観念化されたのである。

そのため、同じ世代の男たちが天皇の名のもとに死ぬことの光栄をうたいあげ、特攻隊として「鬼畜」である敵に生命もろとも体当たりしてゆく壮絶な死にざまが、「悠久の大義」に生きこんでゆく崇高な姿にみえてすこぶるうらやましく、「銃後の守り」などという、冴えない日常性に閉じこめられる女であることがなんといらだたしかったことか。

ところが敗戦の現実は、これらの詩的な幻想を一つ一つうちくだいていった。

敗戦のとき、私は、北佐久郡望月町に疎開していた陸軍士官学校に筆生として勤務していた。生きて虜囚のはずかしめをうけず、「一億玉砕」以外に敗戦はあり得ないと、あらゆる言論・報道が言い、私もそのことを信じていたので、「無条件降伏」をいきなり知らされた戦争の終結は、いままでの価値観がことごとく崩壊してゆく衝撃だった。そして、つづく日々のなかであきらかにされていった「聖戦」の実態は、あらゆる犠牲に耐えて勝つことを信じていた人々を嘲笑《あざわら》う、裏切りにみちたものでしかなかったのである。

私がそのために殉じても悔いはないと思いこみ、生きる拠りどころともしていた国家は、実のところ、支配層がその支配を安泰ならしめるためにつくりだしている権力機構でしかなかったのである。人民収奪の支配構造である国家のはだかの姿が、あまりにもみにくいがゆえに、神話で飾りたて、象徴的権威を存在させ、教育や制度的儀式によって、そのまことの姿をカムフラージュしていたのだ。このことを知ったとき、私は欺かれた怒りと悲しみでからだのバランスがくずれ、しばらく病床に臥した。

私にとって国家とは何か。このことは、戦後を歩みだすためにあたって、戦前のあやまちをふたたびくりかえさないために、私がまず対決しなければならぬ基本的な課題であった。

国家が聖化されるとき、国民の生活は抑圧にみちたものとなって犠牲を強いられ、そこでは基本的な人権もまたないがしろにされるのだ。

「人的資源確保のため」に結婚と出産が奨励された戦争中、持ちこまれた縁談を、勉強をつづけたいからと断わると、「女が嫁にも行かずに勉強するなんて、非国民で国賊だ」とののしられたことがある。当時私は、人後におちない愛国者をもって任じていただけに、非国民・国賊といわれたショックは大きく、この言葉はいまも忘れがたい。そして私自身がその当時、貧しい人々の解放を志して天皇制や戦争に反対して弾圧された人々を、非国民・国賊視しており、さらに侵略先の国々の人たちに対し、差別観を持っていたことをかえりみると、人が国家を規範としてものをみ、行動する限り、主観的にはいかに善意であっても、他者に対して抑圧者・加害者になってしまうことが、ホゾを噛むおもいで反省させられた。

国家の立場でなく、人間の自由の立場でことに対処することを基本的な態度として、私は戦後を歩みだした。そのため、国家の名によってことがおこなわれるとき、そこにいかなる立派な理由がうたいあげられていようとも、支配者層のもくろみと、それがどのようにかかわっているのか、私はそのことをまず視《み》すえてかかる。無知のあやまちをふたたびくりかえさないためである。

こんにち教育の場をはじめあらゆるところに、よそおいを新たにした国家主義の復活が目立つ。「政府の行為によって再び戦争の惨禍が起ることのないようにすることを決意し」（憲法前文）戦後を歩みだした私にとって、このことは許しがたい。

国家とは、私にとっていま、「諸悪の根源」となって存在している。

（『信濃毎日新聞』一九七二年一月四日）

沖縄おんな紀行

市場の活力

沖縄の市場で商いをしているのは女たちばかりで、男はまれにしか見あたらない。那覇の公設市場はその代表的な例である。迷路さながらのたてよこの小路をはさみ、食料・衣料・小間物・雑貨などの零細な小売り店が数百軒もあるのだが、売り手も買い手もほとんどが女。那覇の女の活力がそこに凝縮され、わきたっているおもいがする。

市場はいま那覇の名所の一つ。観光案内にも紹介されているが、その繁栄のかげに、那覇の女のたくましい戦後史がある。

女たちがわずかな物資を持って、ガーブ川沿いの湿原にあつまるようになったのは、生き残った家族と一つの屋根の下にともかく暮せるようになった戦後まもなくである。市場は、家族を養うための女たちの物々交換から自然発生的にはじまり、地べたにざるを並べた露店から、やがてバラック建てに発展していった。十年あまりの女たちの苦闘がむくわれ、商いの先ゆきがようやく明るくなっていたとき、大雨ごとに浸水する市場は衛生上好ましくないというアメリカ側の指令によって、突然、立ち退きが命ぜられた。市場から離れたら一家の生存権はおぼつかない。市場で商う四百人の女がわきたって結束した。水害対策は市場をとりのぞくことではなく、川を改修することだと、女たちは政府へデモをくりかえし、立ち退きを議決した那覇の市議会へなだれこんで、その撤回をせまった。アメリカ側の指令を至上とする権力側の男たちに対し、女たちはみじんもゆずらなかった。打ち殺されてもとりこわしはさせないと捨て身になった女たちの気迫に、男たちがたじろいだ。その結果、川が改修され、市場は残された。一九五八年十二月から翌年にかけての出来ごとである。

いま市場で商っている女たちのおおかたは、中年をすぎている。彼女たちはなまやさしくない戦争体験の持ち主であり、市場立ち退き反対闘争では男をあとずさりさせる激しい行動をおこなってもいる。そして、政治に痛めつけられても救われたことのない庶民の歴史をその最底辺でになって生きているのに、彼女たちにはうっとうしい湿気や肩ひじ張った気負いが見られない。人のこころをやわらげる素朴なのどかさが彼女たちからただよい立つのは、彼女たちの商法が他者とせりあう競争的なものではなくて、他者と支えあう共同的なものであるためらしい。

市場には一坪前後の小屋割りの出し店がひしめきあって、軒なみ同じような商品をならべている。その商品は、彼女たちが共同で仕入れて分けるのだそうである。けたたましく声をあげ客を強引によびこむことのないのも、那覇の市場の特色である。雑踏があっても、おもいをせきたてる喧噪がないのは、店番をしている女たちが、となり近所や顔見知りとおしゃべりを楽しみ、「こーらんだー、こーいなけー」（買いたくなければ買うな）と商いはなりゆきまかせにしているからだろう。

女たち同士が市場商いの中であたたかく連帯を成りたたせているのは、那覇の女の市場商いの長い伝統とも無縁ではないようだ。

かつて沖縄では、「夫を養うことのできない女は一人前ではない」と言われていた。士階級の男が出世するためには試験があった。その試験に合格させるため妻が経済活動をおこなって夫を勉学させることがあたりまえとされ、市場商いは、貢租に苦しむ農民層ばかりでなく、薄禄の士階級の女たちもまた王国時代からおこなっていたのである。このような風俗から「男逸女労」の言葉が生まれている。この伝統はかたちをかえて現代にもつづき、子どもを大学に進学させている市場商いの女がすくなくないという。

女たちが密度濃くあつまっている市場は、選挙の立候補者にとっては見のがせない票田である。さまざまな働きかけがあるが、選挙になると市場は女たちの政治討論の場ともなり、その投票は、軍備にきびしく反対する革新派に大きく流れてゆくそうである。

頭上運搬

沖縄の夜あけは東京よりおそい。八月の朝五時といえば、東京ではあたりが明るくなっているが、那覇ではまだ暁闇。それでも女たちの活動は大きくはじまっている。農連市場で朝市がたっているのだ。

昨夜荷ごしらえしておいた自家生産の野菜を、ざるやブリキのたらいに入れ、頭にのせて運んでくる農婦の群れは、那覇の夜明け前の風物詩。いまは息子や夫の運転する軽トラックで市場へ来るものが多くなったが、頭上運搬の風景もまだなくなっていない。

女たちが荷物を頭にのせて運ぶ風俗は全国各地にあったが、いまはあまり見られなくなっている。ところが沖縄では、農漁村の働く女のあたりまえな風俗である。

頭上運搬は顔をまっすぐにあげ、背骨をのばして胸を張った姿勢をおのずととらせる。亜熱帯の太陽にこがされ、皮膚の裏がわまで褐色にこげていそうな沖縄の老女たちに、腰の曲がった人がみあたらないのは、頭上運搬の風俗と無縁ではないのだろう。つま先立ってのぼらなければならぬ坂道の多い山岳地帯では、かかとに重心のかかる頭上運搬はむりである。沖縄でも山岳地帯の山原《やんばる》地方では、頭上運搬の変型である背負った荷物のひもを前額にかける、頭部支持背負い運搬といわれる方法がとられていた。

全国的にも、頭上運搬は平地に、背負い運搬は山国にみられる。風土性もさることながら、胸を張って荷物を運ぶ姿勢と、背をこごめて荷を運ぶ姿勢とでは、その性格形成において前者が開放的、後者が内向的となる一般的な傾向があるのではなかろうか。このことは糸満の魚市場へ行ったときもまた考えさせられた。

糸満の女たちは、男まさりとして昔から名高い。だが、糸満の男もまたやさ男ではない。糸満漁夫といえば冒険精神に富んだ勇敢な海の男として知られている。男たちの冒険精神は、家族に対する後顧のうれいがすくなかったことによって大きく発揮されてもいるようだ。

糸満では昔から夫妻別産制。夫がとってきた魚を妻が買いとって売り歩く。売上げの利潤は妻の「わたくさ」（私財）。そのため経済力は夫より妻の方が持っている。

魚は鮮度が勝負である。男たちのとってきた魚を、浜に出迎えた女たちがすばやく受け取り、十二、三キロある那覇まで小走って売りに行く。大漁のときは五、六十キロの魚の重さで、頭が胴にめりこみそうにつらいのだが、それでも胸を張って大地を蹴立て、目的地へいそぐほか荷は軽くならない。母と連れだって売り歩く小娘のころから、このことを体験している糸満の女たちである。困難にめげない積極的な性格は、その頭上運搬の姿勢からもまた、つちかわれているのではなかろうか。

戦後は魚が漁業組合の市場にあつめられて、せりにかけられ、運搬にも軽トラックが利用されている。そのため那覇へいそぐ女たちの頭上運搬の風俗はもう見あたらない。だが「ついうとやとらってん、あちねーえかとらさん」（たった一人の夫はとられても、商売の得意先はとらせないぞ）という経済的自立を手放さない糸満女の伝統は、せり市にあつまる女たちに濃くのこっていた。

那覇の公設市場や農連市場と同じく、糸満の魚市場もまた中年すぎの女たちがほとんどである。魚の荷揚げは朝の六時から、せりは八時からだが、女たちの出足は早い。水に洗われたコンクリートの床にならべられてゆく魚を、まなざしするどく吟味しながら、女たちはそのせり値をすばやく胸算用するらしい。

せりは漁協の青年が吹く笛の音を合図にはじまる。魚を足もとにして、語尾を高くした独特の口調で値を言う青年をとりまき、女たちがせり値を言う。女たちの声はつぶやくみたいに低いが、きれ味さわやかな決断には、ひとり立ちしている女のいきのよさが光っていた。

いま糸満漁協へ登録されている仲買人は百五十人。漁夫の妻より、夫を亡くしている女たちが多いとか。せりに集まった女の一人は、昔のようにはもうからないと言ったが、漁協の組合長は、漁民より仲買人の方が経済の安定があると言っていた。

ノロ

沖縄では共同体の祭祀は女が主宰する。

伊勢の斎宮や賀茂の斎院の存在からもうかがえるように、女の神職は古代日本にあたりまえにみられたが、封建社会の発展とともに自然消滅している。

ところが沖縄では一八七九（明治十二）年の廃藩置県まで、王族の女が聞得大君《きこえおおきみ》といわれる最高の司祭職につき、その下に大あむしられ（あむは母、しられは治めるの意）、大あむ、ノロなどの神職の女がおり、その地位は官職として保障されていた。聞得大君と大あむしられは、琉球王国の消滅とともになくなったが、部落の祭祀を主宰していたノロやツカサや根神《ニーガン》は民俗としていまもなくなっていない。

久高島にそのノロをたずねた。

久高島は、沖縄をひらいたアマミキヨがそこへ渡来、沖縄の五穀もまたその島に流れつき、沖縄全土にひろまったと伝えられている神話の島。古代のままの宗教儀礼がいまもつづいているほか、土地もまた古代のままの共有制となっている。

この土地制度については、近代に入ってから男たちが私有化を決議したことがあった。ところが女たちが、土地の共有は神のきめたことであり、私有化にすることは神のこころにそむくとして、男たちの決議をくつがえしている。

久高島には、久高と外間の二部落があり、久高ノロと外間ノロがいる。土地共有制の中にあって、両ノロ家は、王国時代にノロ地として与えられた土地と原野を私有地として世襲しているほか、同じくノロの権利であったエラブうなぎの漁獲権も持っている。島の中では特権的な存在である。とりつきにくい家風を想像してたずねたところ、両家ともありふれた気さくな庶民家庭。久高ノロの夫は元小学校長、外間ノロの夫は漁夫である。

久高ノロは沖縄本島へ渡っていて会えなかったが、外間ノロは会ってみるとすでに知っている人だった。ノロ家をたずねる前に、聖地クバ御嶽《うたき》と、五穀が流れついたといわれるカベールの浜へ行ってみた。そのとき畑で鍬をふるっていた老いた農婦に道を聞くと、畑から出て来てやさしく教えてくれた。その老女が外間ノロだったのである。

野良着のままひる寝をしていた外間ノロの老女は、いきなりたずねたのに、こころよく問いにこたえてくれた。彼女はいま六十二歳。小学校六年卒、ノロになったのはノロであった姑が亡くなった十四年前、お祈りの言葉の口伝や文書はなく、そのときどき神様がさずけてくれると言った。こころを清めておもいをこらすとき、共同体の人たちの繁栄をねがう言葉が、彼女の中に霊感のごとく祝福に満ちて湧き上がってくるという。

外間ノロも久高ノロも、嫁ノロになってから二人目である。母系相続だったノロが、嫁相続になったのは、明治民法によって家の相続権から女が排除されたからなのだ。原始社会に母系制社会があったことは肯定されているが、母権制社会の存在については学説が争われている。ところが沖縄の女の歴史をたどると、母権制社会の存在が大きく浮び上がってくる。たとえば久高島では、かつて男の決議は決議ではないと言われていた。部落を十組に分けて共有の土地を分配しているのだが、組頭には女がつき、土地の一切は根神の地位にいる女がつかさどっていた。このような風習にも女治の伝統がうかがえるし、姉妹が兄弟のおなり神として、彼らを守護する霊力を持つとされていた風俗にも、母権制社会の遺俗がみられる。

専制的な中央集権体制が確立するにつれ、女たちの持っていた指導性は政治権力に従属させられ、体制維持のため巧みに利用されている。だが、権力支配のなかった原始共同体時代には、女たちの指導のもとに共同体が運営されていたのではなかろうか。そんな痕跡が沖縄の民俗には少なくない。

労働にふしくれ立った手をひざにつつましく置いて端坐し、問いに的確に答えてくれる外間ノロ。彼女と話しあっていると、共同体の人々と労働と苦楽を共有していた、原始共同体のやさしさに満ちた指導者の姿が、彼女に重なってほうふつとおもい浮かびなどした。

怨霊

怨霊の存在を信じている女たちが沖縄にはすくなくない。

ユタはその怨霊の媒介者として、人の運命を占い、呪術や加持祈禱《きとう》をするほか、生霊、死霊の口寄せもする巫女である。ノロとユタは沖縄における霊力信仰から生み出されたいわば双生の姉妹。ノロが自然界の精霊をしずめる役をになっているのに対し、ユタは人間界の怨霊をしずめる役をになっている。

そのユタの術を見たかったので、宮古島へ行ったとき、平良市の裏小路に住むユタをたずねた。私の運命を見てほしいとたのむと裏のみすぼらしい三畳の部屋へ案内された。ユタは六十すぎの長身の老女。くぼんだ眼窩が印象的だった。沖縄特有の黒くて四角い板状の線香の山と、ありふれた陶器の香炉がのっている粗末な小机が祭壇なのだ。ユタはその前にすわって線香をともし、「かんさうず、たとうがなす……（神様よ、道を明るくしてよく見きわめさせて下さい）」と、くりかえし言いながら、私の人間関係の状況を誘導尋問でたくみに聞きだしていった。

そのようにして依頼者の悩みをさぐりだし、怨霊の供養をすることによって悩みが解消することを結論づけるのが、ユタの常用手段であるらしかった。

怨霊の供養は、ユタの指示した場所へ行かなければならない。町や村の道を行くと、四つじの片すみや道路のわきで線香をたき、供物をそなえて、怨霊供養をしている中年すぎの女を見かけることが珍しくなかった。

かつて沖縄では、「男の道楽はズリ（遊女）買い、女の道楽はユタ買い」と言われていた。男たちが遊女によって気晴らしをおこなうように、女たちはユタによって家族関係の葛藤や悩みなどを慰めていたのだ。前近代的精神風土にいる女たちにとって胸にうっせきしているおもいをいたわり深く聞きとってくれ、その悩みのさわりとなっている怨霊を神から聞きだしてくれるユタは、女たちのカウンセラー的存在でもあったのだろう。女たちはことあるごとにその悩みをユタのもとに持ち寄っていたのだ。王国時代以来、迷信で人をまどわすとしてしばしば弾圧されたにもかかわらずユタが存在しつづけたのは、幸いうすい女たちの存在と無縁ではなかったはずである。

線香をたき、供物をそなえることによってなだめることのできる怨霊は単純で気易い。だが、自決の弾痕の残る地下壕や、岩肌に火炎放射器による焼けあとを残す洞窟、底の知れない古井戸さながらの洞窟などに戦跡をたずね、さらに沖縄全体を武器庫化している基地の実態を見るとき、そして日本軍の残虐行為を聞くとき、ユタとは無縁な場に存在している怨霊を思わずにはいられなかった。

娘時代、女子青年団員の中からえらばれ、宮中への献上米の早乙女となって奉仕したことを誇りとしていたその人に会ったときもまた、新しい怨霊の存在をかいまみるおもいがあって、私は「肝苦《ちむぐ》り」の痛みにさいなまれた。

彼女の生家は本部半島の北端にある今帰仁《なきじん》村《そん》。父が殺されて道路わきのみぞに捨てられていると知らされたのは、本部半島がアメリカ軍に制圧され、すでに一カ月近くもたった五月十七日である。山中に逃げこんでいた村民は、アメリカ軍の宣撫工作によって大半が帰村していたが、若年の女たちは暴行されることをおそれて帰村せず、当時二十七歳だった彼女もやはり山中にいた。

彼女が恐怖にかられながら山を下り、わが家へ戻ってみると、母の姿も身体障害者の叔父の姿も見あたらない。さがしまわると母は墓場で、叔父は家から二キロほど離れた地点で殺されていた。衝撃が大きくて涙もこぼれなかった彼女は、まず死体の始末を考えた。重い死体は一人で持ち運びができなかったので、いたしかたなく死体の上に土をかけはじめると、見かねて部落の女たちが手伝ってくれた。男たちがだれも手伝わなかったのは、後難をおそれたからである。

すでにそれ以前、スパイと名ざされ、逆賊に対する天誅《てんちゅう》として惨殺されている人々がいた。敗残の海軍特殊潜航隊員が、夜に入ってから村にあらわれ、食糧をせびった上、アメリカ軍と折衝する人たちをスパイとして殺しまわっていたのである。身の危険をかえりみず、村の再建を考えていた父の行為はまちがっていなかったと彼女は信じていたが、逆賊と名ざされたことはつらかった。陽気で、かくしごとのきらいな彼女だったが、家族の非業の死については、わが子にも言わずに二十七年間すごしている。世間体をはばかることだと思っていたからだ。ところが久米島にも同じような事件があったことをこのごろ知り、殺人者に対する糾弾を新聞などで読むたびに、彼女は考えを新しくしていった。一家が惨殺されたことは恥ではなくて不当な受難だったのだと。

怨霊の存在は信じないが、みずからもふれたくない怨念を胸うち深く秘めている女たちもまた、沖縄にはすくなからずいる。

戦後の歩み

沖縄の女たちの敗戦体験は八・一五には象徴されない。

戦火に追われて山にさすらい、洞窟にこもる避難行をつづけてやっと生き残り、殺されるものとばかり思いこんでアメリカ軍の収容所に連行された日が敗戦の日であり、各地の戦況のちがいによって、各自それぞれ敗戦の日がことなっている。

同じことは戦後の歩みにおいても言える。沖縄の女たちがはじめて選挙権を行使したのは一九四五年九月二十日、十六地区市議会議員選挙においてである。

選挙権とともに被選挙権の行使が見られるのは、一九四八年におこなわれた第一回市町村会議員選挙であり、このとき十一人の女の議員が出現している。

そしてこのころまでは、女が表立つ方がアメリカ軍との折衝がたやすく、女たちは解放のあげ潮にのっていた。しかし、中華人民共和国の成立をみた一九四九年、沖縄にアメリカ軍の基地建設が大きくはじまるとともに、女たちの政治的進出は次第に後退してゆく。そのため第二回市町村会議員選挙においては首里市に一人の女議員がみられるだけとなり、現在、女の議員は那覇市と浦添市に各一人いるだけである。

教育委員も、布令によって五人のうち一人は必ず女とすることがきめられていた一九五七年までは各地区にいたが、いまは二人しかみられず、ここでも衰勢はあきらかである。男中心の金本位と組織中心の選挙が横行、女たちが排除されている実情は本土同様である。

この男中心の選挙に女たちが風穴をあけたのが、一九六九年の那覇市における教育委員選挙のときである。革新派の会議において、女たちの推薦する女の候補者を、男たちは立候補させまいとした。男の候補者を無投票で当選させることを考えていたのだ。しかし女たちがうなずかず、おいつめられた議長は「婦人の地位向上のために教育委員に出ることを積極的に理解する」と言い、推薦するという言葉はさけ、たくみに逃げた。そこで女たち中心に選挙がたたかわれ、革新派の女の教育委員を那覇市に確保している。

職場における男女差別が、あたりまえにまかり通っているのも本土とかわらない。

いまクローズアップされている沖縄の売春問題も、基地売春の問題をとりのぞくと、「男逸女労」の遺風とまったく無縁とは言いがたい。

沖縄の歓楽街を利用するのは、アメリカ兵や観光客のほか、沖縄の中年以上の男たちである。結婚しても経済的な自立を当然とする沖縄の女の伝統の上に男が特権的に居すわり、共働きであっても家事や育児を分担する男たちはすくなく、過労な妻を顧みず、歓楽街の女たちと愛情関係をもつれさせている男がまれではないのである。

沖縄で地道に婦人問題に取り組んでいる人たちは、売春問題は売春防止法だけでは解決されず、男女の経済権のアンバランスを当然とする男女差別や、女の性的生活がそこだけで公認されている結婚制度の問題ともからみあうとして、女の解放の全体像とかかわらせ売春問題にせまっていた。

権力のない共存的な社会で、情愛豊かな女たちが指導性を発揮していた遺俗を残し、結婚しても社会的な労働から離れず、軍備にきびしく反対している沖縄の女たちである。彼女たちがその受難をひらくことの中で、沖縄の女の伝統を発展的に生かし、近代的女の解放をのりこえた新しい女性像を確立してゆくとき、日本の女の解放を沖縄の女たちがさきがけ的にひらいてゆく可能性が大きい。

すでに本土で失われてしまったかずかずの女性風俗をいまなお保存している沖縄は、

女性史の宝庫であるとともに、本土にある限りの婦人問題もまた凝縮したかたちでみられる先端的なところである。

（『朝日新聞』一九七二年十月二〜七日）

歴史からみた部落差別

「天は人の上に人を造らず人の下に人を造らずと云へり。されば天より人を生ずるには、万人は万人皆同じ位にして、生れながら貴賤上下の差別なく、万物の霊たる身と心との働を以て天地の間にあるよろづの物を資《と》り、以て衣食住の用を達し、自由自在、互に人の妨をなさずして各《おのおの》安楽にこの世を渡らしめ給ふの趣意なり」

これは、明治のはじめ、文明開化の啓蒙的指導書として福沢諭吉があらわした『学問のすすめ』の冒頭にあることば。士農工商の封建的身分制度が廃止され、さらに被差別部落の解放令も発せられた当時である。人々は新しい時代に生きる思想を求めてこの書に飛びつき、『学問のすすめ』は、当時のベスト・セラーとなって、たちまち二十万部を売り上げている。

しかし、本は売れても、そこで指摘している「万人同位」は実現しなかった。なぜなら明治政府は、封建体制はたしかに否定したが、封建遺制はたくみに利用して、その体制がためをおこなっている。

たとえば、封建的な身分制度は廃止したが、新しい身分制度として、天皇を最高位に置き、ついで皇族・華族の特権的身分を置き、その下に四民平等をうたいあげて士族と平民が置かれている。この身分の編成替えは明治二（一八六九）年にまずおこなわれたが、このとき、女と被差別部落の人たちとは四民の外に置かれている。

被差別部落の人たちに対し、「自今身分職業共、平民同様タルヘキ事」と、解放令が出たのは明治四（一八七一）年である。被差別部落の制度は、封建体制安泰のためにつくり出された制度であり、ために封建体制が否定されてゆく過程で、解放令が出てくるのは、当然ななりゆきなのだ。

近世封建制社会の中で、三百年にわたる非人間的な差別を、いたみに満ちて耐えにたえて来た被差別部落の人たちは、待ちあぐんでいた夜明けの鶏鳴さながらにこの解放令を聞き、解放へ向かってみずから積極的な身じろぎをはじめた。ところが、このゆくてをまずはばんだのが近隣近在の農民層の人たちである。天に向かってつばをするにも似た無知の悲劇をこのとき農民層の人たちは演じたのである。

封建領主の年貢収奪は、収奪の対象である農民層を「生かさぬように殺さぬように」ということを目やすにしている。ために一般農民層の暮しはすこぶる苦しいものだった。その暮らしの苦しさを慰める抑圧移譲の場として、被差別部落を支配者側がつくりだしたのであり、被差別部落の人たちは、そのためのいけにえの羊にもひとしい。すなわち農民たちは、自分たちの生活のつらさを、彼らよりさらに苛酷に差別された被差別部落の人たちを見て、あの人たちよりはましなのだからと、そのつらさをなだめていたのである。農民層の人たちが、彼らの生活のつらさをひらいてゆくには、もっともひどく差別されている被差別部落の人たちの解放もともにおこなってゆくかたちで、農民たちに犠牲をもたらす支配体制と対決することが必要なのだが明治のはじめには、まだこのことを農民層の人たちは気づいていない。被差別部落がなくなることは、自分たちの身分が最下層になることなのだと、後ろむきに考え、解放令の出た年から、三、四年の間の農民一揆には、部落解放反対のスローガンをかかげているものがすくなくない。

たとえば、明治六年（一八七三）の美作《みまさか》北条県（現岡山県）の一揆では、被差別部落の人たち二十九名が殺傷され三百余戸が破壊されている。同じ年、「筑前竹槍一揆」と言われる北九州における農民一揆においても、一揆の通った沿道の被差別部落ことごとくが焼き払われている。

被差別部落の人たちは解放令によって、たてまえの上では解放されたが、日常の生活においては、かえって受難を深めたのである。部落解放令が出ても、実質的には部落解放がなく、その差別が温存されたのは、戦前の日本の社会に、制度的に封建的なものが残されていたことと深くかかわる。さきにふれた新しい身分制度とともに、生産の原点には封建的な地主制度があり、家族関係もまた封建的家族制度で律せられ、さらに男女差別が制度化されているのだ。これら封建遺制は資本主義発展のためにたくみに利用されたことが指摘されているが、部落差別もまた例外ではない。

封建的な地主制度のもとにおける大量の貧農層は、低賃金労働者のプールとなっており、封建的家族制度は景気調整の際の労働者の首きりを社会問題化させないためのクッションとして利用されている。さらに男女差別は抑圧きびしい男たちの状況をなだめる役割を果たしているが、被差別部落の人たちは農村ではたやすく土地にありつけず、都市でもたやすく職にありつけないために、高率小作料・低賃金を支える「てこ」として利用されたのである。

体制維持のために構造化されているこのような差別に気づき、差別の抑圧をもっとも大きくうけている被差別部落の人たちと連帯して、人間の自由と平等を確立してゆこうとするうごきは日本最初の民主主義運動である自由民権運動の後期にみられ、つづく社会主義運動においても見られるが、これらの運動はいずれも受難にさらされている。そして大正十一（一九二二）年、被差別部落の人たちがみずから立ち上り、「犠牲者がその烙印を投げかえす時が来たのだ。殉教者が、その荊冠を祝福される時が来たのだ」と宣言して創立した水平社の運動は、差別の構造を根底からゆるがすものであっただけに、弾圧もきびしかった。しかし、非人間的な差別を耐えて来た負のエネルギーを、解放のための正のエネルギーに転化した被差別部落の人たちの闘いは、人間的尊厳に満ちていて、官憲側をしばしばたじろがせている。そして、太平洋戦争下、あらゆる民主主義運動がそうであったように、部落解放運動もまた窒息させられて敗戦をむかえている。

敗戦後の変革によって、日本の社会にあった封建的な遺制は、法的にはまことに申し分なく払拭され、憲法は、「すべて国民は、法の下に平等であって、人種、信条、性別、社会的身分又は門地により、政治的、経済的又は社会的関係において差別されない」（第十四条）とうたう。この憲法が施行されてすでに四分の一世紀がすぎているのに、いまなお、あらゆる差別が根強くあり、部落差別もまた戦前とはことなった隠微なかたちでつづいているのは、差別を存在させることによって、こんにちの体制安泰がもくろまれているからなのだ。

現在の部落差別は、戦前のような集団的なものはあまり見られなくなったが、偏見による中傷によって多感な高校生が自殺に追いやられることや、結婚をめぐる差別事件や就職差別など、いまもあとをたたず、見えないところで大きく傷口をあけている例は、かぞえあげたら、きりのないほどである。このことは、人間が人間として尊重されず、利潤追求の道具化され、選別されている現在の体制と深くかかわり、人々が人間としての痛覚を喪失していることとも無縁ではない。

　戦前、前近代的なあらゆる差別が部落差別の中に結晶していたが、現代のあらゆる人間差別もまた部落差別の中に結晶している。この差別をなくしてゆくために、水平社運動の伝統に立つ部落解放の運動があるが、私は、その差別糾弾闘争に、人間解放のすぐれた道すじを見る。なぜなら、差別をしている側に、人間差別が悪であることをはっきりと認識させて、その人のものの見方、考え方をあらためさせ、人間へのかかわり方をかえさせることは、相手を人間として解放することであり、このことを部落解放の運動はあざやかにおこなっている。

　人間解放とは、人間が人間であることを互いに喜びあえるかかわりをつくりだしてゆくことである。そのためにはあらゆる人間差別があってはならず人間差別をつくりだすものに対してはきっぱりと対決してゆきたい。

（「とうきょうこうほう」同和問題特集号　一九七二年十二月）

光を放つ人たち

職業柄、さまざまな女たちの集会に参加する機会が多い。その中で、いままでにもっとも深い感動を覚えたのは、部落解放をすすめている女たちの集会である。

女の解放の原点の一つに、「自分のパンは自分の労働において得る」経済権の確立がある。夫の働きによって経済生活を保障されている中間層の主婦たちは、夫に依存していれば、ともかく食べてゆけるという状況があるため、家庭に閉塞されているやりきれなさを愚痴りはするが、自立のための社会的な行動はおこさない。

ところが部落の女たちは、夫に依存して、その庇護のもとに楽な世渡りをしようなどという、さもしい考えはみじんも持っていない。部落の生活が、女を家事と子産み子育ての中に囲いこみ、あとは男に隷属させて遊ばせておくというゆとりがなかったことが、かえって女たちを人間的に堕落させていないのだ。労働によって生きることを当然とする部落の女たちは、いま仕事保障のたたかいをすすめているが、私はそこに、女が人間としての解放をかちとってゆくための正しい道すじを見る。

人間として疎外された受難を、人間解放のたたかいの中で克服している女たちは、あげたらきりのないほど、部落解放のたたかいの中に見られる。たとえば、昨年の部落解放同盟全国婦人集会のある分科会で、行商や日雇いの不安定な生活から、学校給食婦となって生活の安定を得たことを報告した中年のひとがいた。職業に対する差別観をみじんも持たないその発言には、働くことを当然とする女の誇りにみちていた。また保育所へ通っている幼い孫に、差別の痛みを他者に与えてはならないことを語りきかせ、差別が悪であることを幼児教育から実践していると報告した老女は、自分のうけた差別の痛みを、人間としての豊かさに転化していた。さらに全体会の話しあいのとき、涙をこぼしながら、差別の体験を語った若く美しいひとがいた。彼女は、被差別部落の出身であることを知らずに成長、結婚後、婚家の調査によってそのことを知らされた。そして悪どい差別をされつづけ、ついに離婚、死へ追いつめられたとき、部落解放のたたかいを知り、そこに生きる道を見いだしたのだ。彼女は言った。「いまこぼしている涙は悲しくてこぼれる涙とちがう」と。その涙は、いわれのない差別をうけたが故に、人間差別に対する問題意識をはっきりと持ち、全国の仲間に向って、ともにたたかうことを表明する自己確立をなし得た、感動の涙なのである。

部落解放を生きる女たちから、私は、女の解放をすすめてゆくための具体的な方法もまた教えられつづけている。たとえば、いま部落でおこなわれている識字運動には、学習の本来的な姿があざやかに示されている。差別によって教育の場からはじきだされていた女たちが、文字を識ることのなかで、自己解放をおこなってゆく姿はまことにたのもしい。

識字学級によってはじめて字をおぼえた六十すぎの母はつぎのような手記をしるしている。「こどもがつうしんぼをもらってきても　てんがいいやらわるいやら　みてもわからないからみたこともないです。こどもに『あんたはべんきょうしたか』とたずねたこともないです。べんきょうをしようがしまいが　なんともきにはかけませんでした。ときどき　子どもがべんきょうをしていれば　そんなにべんきょうをしなくてもよいのだ　ちうがっこうをおわったらはたらかなければならないので　つかいをしたり　しごとをしなさいとわたしはいいました」(『解放教育』十三号より)

子どもを三人持つこの母は、その子どもたちが中学校を卒業するまで一度もPTAに出席していない。「がっこうにいってせんせいにはなしをするのが　なんとはなしたらいいのか　わからないので　いちどだってゆきませんでした」と回想する母は、あの当時、字を知っていたなら、子どもを高校まではなんとしても進学させたものを、と、社会の見えなかった自分を反省、「わたしは　べんきょうするうちに　さべつとゆうことがすこしずつわかりました。もっとべんきょうして　こどもやまごたちにぶらくのこと　さべつのことをはなせるようになりたいとおもいます。これからもがんばります」と結んでいる。

部落解放運動における識字運動は、日本の教育のひずみを告発するとともに、ことばを支配者のものではなく人民のものとする、すぐれた文化革命的な意義をもつ。なぜなら、ことばには、必ず意味がともなう。体制側の教育は、記号としての文字が体制側のことばと組みあわされていて、体制的に意識を呪縛してゆく。こんにちの公教育というのは、体制維持のために構造化されているので、その教育をうけることによって、体制側に都合のよいような、もののみ方、考え方が教えこまれることになる。ところが差別と貧困によって教育の場からはじきだされていた部落の人たちが、識字運動の中で文字を学ぶとき、差別の痛みにみちた生活体験をもとにしてことばの意味を獲得してゆく。文字があっても読めず、おもいがあってもことば化できなかった不自由だった日常から、文字が読めて書け、そのことによってことばの意味もまた自分の体験をとおして理解するので、彼女たちは、人間の解放とはどういうことなのかを全身的にわかるのである。ために、学習がすすむにつれて、彼女たちはいきいきとかがやいてくる。

たたかいの中で人間解放をすすめた女たちとして、成田空港反対闘争における三里塚の女たちや、北富士演習場反対闘争の忍草の女たちがいるが、部落差別の受難を耐えて生き、それを人間解放の機縁とした部落の女たちもまた、光を放つばかりにすばらしい。

現在の部落差別は、戦前のような目に見える集団的なものはたしかにすくなくなっている。しかし偏見による中傷によって、多感な高校生が自殺に追いやられることや、就職差別、結婚差別など、いまもってあとをたたない。また、無実の石川一雄青年を殺人犯に仕立て上げている狭山差別裁判の例のように、部落の出身であるが故に、無実の罪に問われ、獄窓に泣く人たちが、いまもなおあることを見るとき差別の根の深さにりつ然とする。

「すべて国民は、法のもとに平等であって、人種、信条、性別、社会的身分又は門地により、政治的、経済的又は社会的関係において差別されない」（第十四条）と憲法はうたう。

部落差別を私たちが素知らぬふりをすることは、あらゆる人間差別を温存することにつながっており、部落差別の問題は部落の人たちの問題としてより、部落外の者の問題として大きく存在していることをおさえておきたい。

（『社会福祉』一九七三年三月号）

元始の女をたずねて

そこは沖縄県宮古島。北風がはげしく吹いて海が荒く波立ち、はだに寒さがこころぼそくしみいり、自然の生命力もまた萎えおとろえる冬の季節、断食とともに数日の山籠りをくりかえす神女たちに、祖霊が憑《よ》りつき、大地の豊饒や部落の人たちのわざわいをとりのぞく行事がある。

行事は男たちをきびしく排除、女たちだけでとりおこなわれ、家族や部落の人たちも知ることのできない秘儀である。けれど、旧暦十・十一・十二月の三カ月間にわたり、子孫繁栄の行事をすべてやり終えた祖霊が、神女たちの体から去ってゆくときには、部落の人たちが島建ての地にあつまり、祖霊を送るウフッ（送り）に参加する。その行事を待って沖縄に滞在すること三カ月、はじめてまのあたりにしたそれは聞きしにまさるラジカルな原始性にみちていた。

木の葉でふかぶかと作った大きなカフス（冠）をかぶり、質素な筒袖着の上に、白もめんのカジとよばれる神衣をつけてマーニの葉で結び、木の葉のついたジー（杖）

をつき、タフサ（手草）を持った大半が七十すぎている神女たち十一人が、最後の山籠りを終え、島建ての地に現れたのは、日暮れに近い時刻だった。神女たちの顔は、断食のためであろう、生気がうせ、死者さながらにそう白である。視線はうつろで焦点をむすばず、素足の歩みもまた蹌踉《そうろう》としていた。

そのまま立ち消えてしまっても不思議でない、まぼろしめいた雰囲気の神女たちが、周囲が断崖になって海に突きでている丘の上のささやかな広場で、休みなしに数時間、ときにおごそかに、ときに荒あらしく、また悲喜こもごもに、あるいは激しく狂うなどの動作をともなわせ、渾身の力をふりしぼってうたいあげる歌のなかみは、漂泊を重ねた末に、ようやくこの地に定住できた、先祖の受難と開拓の歴史であるらしかった。

日ごろはありふれた老農婦である神女たちが、そのからだをメディアとして、祖霊のおもいをせつせつと伝えているとき、行事の俗的雑事にたずさわる老人たちが、茅葺き小屋裏の枯れ草の上にたむろし、酒をくみかわしていた。そして酔った濁《だ》み声で争論などはじめたが、神女につきそうトモンマ（供の母）にうながされ、二、三度、神女の前に出て土下座し、三十拝《ミスパイ》と称する拝礼をおこなっていた。

沖縄ではいまもなお、女たちの霊的優位が各地の祭り行事に色濃く残り、島建ての始祖には女神が多く、女族長の存在もまた珍しくない。それらの女たちはウマテダ

（母太陽）とたたえられてもいる。進化論や唯物史観によって推論された母権的社会の存在は、構造論的な考察によって否定されているが、階級社会以前の女たちのありざまを、このウヤガム行事にみるとき、「元始、女性は太陽であった」とする言葉は、虚構ではない真実としてせまってくる。

その部落は現在百数十戸、住民は六百三十五人になっているが、太平洋戦争のとき、爆撃によって全戸焼き払われ、生活物資が皆無の上に、悪性マラリヤの猖獗《しょうけつ》があって、多くの住民がむざんに死んでいる。また、駐留していた日本軍による収奪やかずかずの暴力行為にもさらされている。いま、神女になっている女たちは、当時、食べざかりの子どもをかかえ、生死の間をさまよった人たちばかりである。

ベトナム戦争の難民のすがたに、太平洋戦争当時の自分たちのすがたがそっくり重なると回想する神女たちは、その受難の体験が、安住の地を求めて漂泊した祖先の受難ともまた重なりあうのだろう。部落の人たちが、私利私欲に走らず互いに協力しあい、こころ豊かなくらしをすることを念じている、祖霊のわかれの言葉をつげるときは、カジだけがほの白く闇に浮き立つ夜に入っていた。そのとき私からとめどもなく涙がこぼれてしまったのは、自分がいま生きて存在することの意味を、根源から問いかえさずにはいられない、鬼気をともなったものが闇をひき裂いて、私にもたらされたからだった。

神女たちは部落のウヤガムとしてそこに顕現しているのだが、私がたずね求めていた元始の女、私にとってのウヤガムがそこに重なって顕現してもいた。女の歴史伝承のまことのすがたは、文字によって記録することではなく、共同体の人たちの栄えを念じてこころくだいたウマテダの生きざまをうけついで実践することなのだ。俗世のあらゆる権威をきっぱり拒絶、古くからの祭りのかたちとタブーをきびしく守りつづけている神女たちは、それと意識せずに、私にそのことを示してくれた。

疲労によろめきながらも、母神の託宣をきぜんと伝える神女たちのすがたの上に、CTS（編注　石油備蓄基地）反対のたたかいをおこなっている沖縄・屋慶名《やけな》の女たちや、三里塚、北富士、被差別部落などのたたかいをやめない女たちのすがたがおのずと重なってゆく。ウマテダ＝母太陽とたたえられた元始の女たちの伝統は、女性史書など一度も読んだことはないが、生命力に富んだ自然をこともなげに破壊するものや、人間差別をおこなうものに対し、怒りをこめて抵抗している女たちの中に、脈々とうけつがれているからなのだろう。

栄えている子孫と会えたことを喜び、一年後にふたたびおとずれることを約し、祖霊たちが神女のからだから離れ去ると、神女たちは気絶する。神が失われるとき、人が意識不明になって倒れてしまうすさまじい現象が、「失神」の語源であったことも、このとき私はあらためて知った。
行事は神が去ったことを、男たちがたいまつを焚いて、向かいの島に知らせること
で終わりになる。だが、酒盛りと議論に興じ、たいまつの用意を忘れてしまった男た
ちは、ことしは懐中電灯を振ってことたらせていた。

（『朝日新聞』一九七六年三月十五日）

差別の歴史とおんな（講演、抄）

知ってはいても、わかってはいない

私は『おんなの歴史』と『信濃のおんな』を書いたことにより、女性史や婦人問題の研究家としていささか名が知られるようになりました。無名であったときと、いささか知名になったときでは、社会的待遇がことなり、その点では無名のときより抑圧がすくなくなったことはたしかです。

でも、私は、知名になるためにこれらの著書をあらわしたのではなく、男女差別をはじめ、あらゆる差別のない社会をつくるために役立ちたいおもいで書いたのであり、それらの著書を書いても、差別があたりまえにつづいている社会の中で、「せんせい」などとよばれ、特権的に待遇されることは、まことに居心地がわるく、自分の居場所に戸惑いをおぼえ、当惑していたとき、いわゆる〝大学闘争〟という、知識人のありざまが問われる闘争が高揚してきました。おこるべくしておこった闘争として、私は深い共感でこれに対しました。そして、自分はどのようにこれをうけとめてゆくべきか、みずからに問う作業として、どこに、だれにかかわって、女の差別の問題にせまってゆくか、自分のすえ場所をもとめて、遍歴めいた、旅がはじまりました。その旅の中で出会ったのが、部落であり、沖縄であり、さらに、アイヌ人、朝鮮人、「障害者」であり、そこには私のもののみ方、考え方にするどく刃をつきつけてくるきびしい状況がありました。

この出会いの中で、私は、知識で知ることと、体を通して理解することは次元がことなっていることをあらためて考えさせられました。女の差別についてはからだでわかっていますが、ほかの差別については、知識として知ってはいても、からだをとおしてわかっていなかったことを、その現場で生きている人たちとのかかわりのなかで考えさせられ、自分の痛みの持ち方がいかに底浅いものであったか、いまさらのようにかえりみています。

戦中、軍国乙女であった私は、敗戦体験の中で、いわゆるコペルニクス的転回がありました。それは、敗戦という歴史の激動の中で、人間たちは、いままで教えこまれていたことと、ちがった事態に当面して当惑しきっているのに、自然はそれらのこととは関係なく、そのいとなみをつづけていることと、知識人たちのカメレオン的ともいえる変節でした。軍国主義をうたいあげて国民を戦争へかりたてていた文化人といわれる人たちが、こんどは平和主義、民主主義をとなえて、はずかしげもなく指導者づらをしているのです。

それからマスコミのあざやかな変身も印象的でした。新聞は、「撃ちてしやまん」と煽動的なスローガンをかかげ「鬼畜米英」と書いていました。また、ラジオからは「出てこいニミッツ、マッカーサー／出てくりゃ地獄へさかさおとし」と歌が流れていました。ところが、マッカーサーが占領軍総司令官として厚木へ降りたったとき、マスコミは、「平和の使徒マッカーサー元帥来たる」とたたえ、鬼畜だった米英は、文化と民主主義の先進国米英となってたたえられるようになりました。正義の味方だと思っていたマスコミが、そのときどきの権力の同伴者であり、権力側の味方でしかないことをこのとき身に沁みてわかりました。

また、知識人や文化人とよばれる人たちの言論も、生活の方便でしかないことを知り、彼らに対する幻滅とともに、いままで軽蔑していたわが父母に対して認識をあらためました。というのは、幼いときから私は父母に対してこまった親たちというおもいを持っていました。けんかのたえまのない二人をみて、こんな男と女のあり方はまっぴらごめんと思っていましたが、農民として、汗水流して生産にはげんでいる彼らは、日常の生活態度は愚劣であっても、社会的には害毒を流していない。農業生産という具体性の中で、「ことば」で世渡りをしている文化人といわれる人たちより、はるかに世の為になっているのではないかと思うようになりました。

いままで権威とされていたもの、すべてを信じられない、深いニヒリズムを抱いての戦後の出発でした。そして婦人運動にかかわるようになったのですが、そのとき近代主義的解放を志す先輩たちをみて思いました。先輩たちは、その生きてきた時代において、それなりの取り組みの中で道をひらいてくれたのですが、先輩の道は、つぎの時代の者が生きるとき、土台にはなっても、あまり役にはたたない。自分たちの道は自分たちできりひらいてゆくほかないということでした。先輩たちのひらいた道をふまえて、次に何をひらくかということが課題になりました。

私たちの先輩は、制度的にあった男女差別をなくすことをまず目標としました。私たちの世代は、敗戦の混乱の中で法的に男女同権の実施を体験している。ところが戦後生まれの人たちは、生まれたときから法的に男女同権であり、封建的な習俗も、戦後の高度成長の中では、なだれ的に没落している。女の問題として根深いものであった嫁姑問題も、戦前とはことなり、老人問題としての比重が大きくなっている。日本の資本主義もまた戦前と戦後では変質している。戦前生まれの女たちは封建的なものの束縛を大きくうけ、その中でもののみ方、考え方、感性をつちかっているので、民主主義の理論を知っても、自己変革をとげた者でない限り、民主主義をからだでわかっている者はすくない。一方、戦後生まれの人たちは、民主主義的感性でことに対するため、その点では、歴史を新しくする人たちではあるが、問題点もまたあるのです。

このことについて最近、私の体験したことがらを例にして問題をみてみたい。実は、ある出版社から、記録でつづる近代女性史をつくることをたのまれました。私はこのとき、マスコミタレント的もの書きではなく、これから本格的に仕事をしたいと志す若い研究者たちと、生活者としての一般の女たちとの共同作業でこの仕事をしたいとのぞみました。このとき私は、歴史というものは、本の中にあるのではなく、実践の中でかたちづくられてゆくものであり、たんなる記録としての本つくりなどはどうでもいいことなのだ。そのどうでもいいことをするのだから、それに取り組む歴史創造者としての自分の生きざまの確立がまず前提となること、知識によってではなく、変革の志と実践にうら打ちされた本つくりでなければならぬことを強調しました。けれどこのことを知識でうなずいても、からだでわかっている人たちは数すくなかったようです。また、話しあいのとき、学生運動などにかかわってきた人たちは、意のあるところに論をたてることがまことに上手でした。一方、生活者たちは、生活体験からのおもいがあるのだが、それを上手に表現することが出来ない。論のたつ人があつまりをリードすることになり、一見、民主的でありながら、参加者たちがそれぞれに不燃焼なおもいを持つようになり、うちわもめによってこのあつまりは解散してしまいました。論理でことがらをきりとり、自己批判不在の若い人たちの姿に、私は若いときの自分の姿を重ねあわせ、年配者と若い人の交流というのは、たやすくないことをあらためて痛感しました。

若くても、老いということを知識や想像力で知ることが出来ます。だが、自分のからだでその老いを体験するようになったとき、私は知識や想像力のおよばない次元に実体があったことにがくぜんとしました。ものごとをからだをとおしてわかったとき、世界像がかわり、人間へのかかわり方もまた深められてゆくもののようです。私のものの見方、考え方が、どのようないきさつの中でかたちづくられてきたかわかって頂きたくて、私ごとばかりを申しましたが、差別の問題も、知識で知っていても、からだでわからなければ本ものにならないので、からだをとおしてわかることの大切さを強調しておきたい。けれども、体験主義におちいると、問題をきりひらく展望をみおとしがちになるので、この点の自戒も持っていたい。

（『部落解放』一九七六年臨時増刊号　部落解放夏期講座報告より）

わが女性史と沖縄

(一)

戦後、人民や労働者や女たちの解放をうたいあげる集会や講演会で、なんとかの「ため」という、かがやかしい大義名分をきかされるたび、私は鼻白んでしまい、暗い絶望感にくまどられた。

たぶんそれは、戦中、「天皇陛下のため」や「祖国のため」「東洋平和のため」その他もろもろの大義のために生命を捨てることを当然とされ、ことに女はそれらに加えて「貞操を守るため」に生命を断つことが、女の亀鑑《きかん》的(編注 模範的)行為とされるなど、小学校以来教えこまれた天皇制宗教の人民支配の教義を、愚かにもまっとうに信じこんで生きた恨みが、うずきつづけていたからであろう。

教えこまれた皇国女性の伝統を生ききる誇りに満ち、敗戦のとき自決を覚悟、その後のなりゆきの中で生き残った体験から、なんとかのためという大義名分を言われると、それがどのようにすばらしいものであろうとも、イソップ童話にある母羊に化けた狼の物語をおもいだし、その大同体の遺俗をその祭祀風俗に残す沖縄の女たちである。

だが、私は沖縄への関わりかたに当惑した。当時は、沖縄の「祖国」復帰運動が熱いたぎりたちで展開していたただなかである。敗戦体験の中で、「祖国」なるものへの疑問を大きく持ってしまった私は、国家と一体化している「祖国」なるものは、支配の側が、その権力構造をみえなくするためにつくりだした、たぶんに幻想的なものだと考えるようになっていた。無限抱擁的愛のありどころとしての「祖国幻想」を胸にきらめかせ、その「祖国防衛」のために、特攻隊となって死んでいった男たちは私と同じ世代である。女であるが故に戦争から生き残れたいたみが胸にうずきつづけている私には、男たちを死へ追いやった「天皇」や「祖国」のなかみに対して許しがたいうらみがあり、それらをことあるごとに飾りたてた「君が代」の歌や、「日の丸」の旗には、からだが暗い嫌悪感で拒否反応を示してしまうのだ。また、「民族」なる言葉も、人類学的分類ではなく、政治的次元で使われるとき、私はそこに近づきがたい「魔性」をみてしまう。植民地支配に対する抵抗手段としての「民族自決」はうなずけるが、「ヤマト民族」や「ドイツ民族」の優秀・独自性がうたいあげられておこなわれた戦中の悪魔的惨虐をかえりみると、「民族」もまた私にとっては、わが血のふるさととして拠るべきたしかな場ではなくなっていた。

想いながら忸怩《じくじ》たるものがあって近づけなかった沖縄に、復帰後三カ月たった八月末、私は、はじめておとずれた。当時、民俗調査や研究、あるいは取材などの理由で沖縄をおとずれたヤマトの側の人びとが、資料や文化財を持ち去り、さらに、島びとたちが宗教的禁忌をおそれつつしんで守ってきた聖所に入りこむなど、まれびと歓待の風俗を生きる島びとの善意を踏みにじる、心ない行為が数多くあって、沖縄の側から怒りをこめて告発されていた。旅の「もの書き」としてしか沖縄へかかわれない自分の限界を知る故に、私もまた同じあやまちを犯すのではないかと、おそれとおののきに満ちての旅だった。

だが、誰の紹介もなく、いきなりたずねたのに、沖縄の女たちは、なんとやさしくむかえ入れてくれたことか。加えて、宝石色にきらめく沖縄の海と空は、人のおもいを外にひらいて溶かしてしまう明るさに満ち、亜熱帯の原色豊かな植物もまたエピキュリズムの気配を濃く宿していた。寒気きびしい山国に生まれ育ち、聖書的ストイシズムの中に感性を閉じこめてきた私は、沖縄の風土に出会うことによってわが感性のルネッサンスを、異性との出会いさながらの衝撃で味わった感動は、七年経たいまなお忘れがたい。

さらに、女たちもまたすばらしかった。私は裾みじかい筒袖の着ものを、細い帯で前結びにゆわえ、ブリキのたらいに魚や野菜をいれ、頭に頂いて悠然と道を行く活力にみちた老女の姿にまず目を見張った。豊かに張った胸と腰、背すじ正しく外またに大地を踏みしめてゆくそのみごとなプロポーションは、縄文期の出土品とされている母神像そのものではないか！　性的嗜好品として男に従属、その好みにあわせてつくられてきた「女らしい」まがいものとはことなった、わが労働でくらしをにない、みずから発光体となって生ききってきた原始性豊かな女像を、私は、その老女たちの姿に重ねあわせて考えた。また、おおかたが女たちによって商われている市場《まちがー》では、日本中世の民衆勃興を底で支えた「わわしい女」たちのすこやかな伝統をみるおもいがした。

　女性史といえば、中国古代の「列女伝」をなぞった知名女性たち中心のものが、いまなお一般化しているが、彼女たちは女の歴史の大河に浮かぶいくひらかの花びらにすぎない。花びらを浮かべた河の流れをこそ女性史の本流としてあきらかにし、女たちの解放像をさぐりたかった私は、日本の歴史においては、出土品や説話・文献の中にしか残っていない原始・古代・中世の女たちの片鱗が、なお現存する沖縄は、思索の宝庫となり、以来、沖縄通いがはじまった。

（二）

宮古島でおこなわれる祖神祭をたずねたのは、一九七四年から五年にかけての真冬の季節だった。祭りは、祖神となった女たちによって、旧暦十月から十二月の間、三日〜五日の山籠りが、五回くりかえされ、その間に、シマ繁栄のさまざまな行事がとりおこなわれるのだ。祭りはまず大神島ではじまり、それが終わってから、海をへだてた対岸にある宮古島東北端の狩俣・島尻の両部落でほぼ同時期におこなわれるのだが、行事のなかみは、家族にも知らせてはならない秘儀とされている。

私がたずねたとき、狩俣では、その年、最高神女役にあった人が、二人、相ついで亡くなっていた。それは、ガンなどの宿痾《しゅくあ》によるものだったが、秘儀とされている行事のなかみを、調査者に洩らしたため、神罰をうけたのだとまことしやかに言われていて、外来者に対する警戒は、すこぶるきびしかった。一方、島尻の場合も、かたくなに秘儀を守って、外来者をきびしく拒否していた。私は当然のこととしてそれをうけとめた。情報産業の中で秘境が商品化され、島びとが代々聖化して大切に崇め、護り伝えてきたものが、盗み撮りされ、見せもの的に公開されているのだ。そのことを知って、はじめは素朴に旅びとを迎えいれていた島びとも、善意を裏切られた怒りで、侵略者にもひとしい取材者たちを警戒するようになったのである。

私は、それらのことをすべて承知して、現地をおとずれた。宮古島へもすでに三回目の旅である。島に住む女たちとの交流も年を重ねていた。祖神行事にふれることが出来なくても、行事の期間、現場近くにいて、原始の女たちへのおもいをこらすことが出来ればそれでよく、もし、偶然にでも、行事の一端にふれることができるならば、望外の幸せだと考えていた。

やがて、私は人の気配すくない島尻の舟着き場で、ひねもす海を眺めてくらすことにした。そこにいると、山に籠った神女たちが、おりおりうたう神歌が、かすかに流れ聞こえてくることを偶然知ったからである。そのため、神女たちが山籠りするときは、陽ざしや風雨をいささかさけることの出来る舟着き場の岩かげが、私の籠りの場となり、私もまた祖神行事に、ひとりひそかに同伴していた。

亜熱帯とはいえ、季節は冬。ミーニシとよばれる北風が冷たく吹きすさび、曇りがちな空の色を映して海もまた荒れる日が多かった。隆起さんご礁の岩肌荒く、原始の気配残す僻遠《へきえん》の島の果て、生産性低い風景の中を流れてくる御詠歌《ごえいか》に似た素朴単調なメロディーを聞いていると、自然の恵みによる以外、生きることの出来なかった太古の人びとのおもいのせつなさが、わがことめいてこころに沁みいってきた。

生まれて、生きて、やがて死ぬ人間の宿命は、原始も現代も変わっていない。その生命のときを、幸い豊かに生きたいとねがうこころもまた変わっていないはずである。

自然の生産力をそこねることは、わが生命の危機に連なることを、くらしの中の直接的な体験で知っていた原始の人びとは、自然を神々のすまいとしておそれつつしみ、ほめたたえて豊穣をねがっている。ところが現代の人びとは自然を人間のものとして私有化、収奪・支配をほしいままにした。その結果、私たちは原始の人びとが、思いも及ばなかった物質豊かで、便利なくらしにいるが、生産性豊かな自然が死滅してゆく、高度工業化社会の先きゆきは決して明るくない。わが身に照らして言うならば、自己中心・他者不信の人間関係暗い中で、こころを孤独にやせほそらせ、明日への展望がまったく持てなくなってしまったのだ。

そこからの脱出口を求めて、原始の遺俗をつたえる女たちをたずねてのさすらいが何年つづいたことか。やがて沖縄の先島、宮古島の果てで祖神行事に出会ったのであるが、その行事にひとりひそやかに同伴する中で、私は、「母権の施行は共産制と万人の平等を意味し、父権の出現は、私有財産制の支配をもたらすと同時に、婦人に対する圧制と隷属とを意味した」(ベーベル)と、古典的婦人論で指摘されていることばのなかみを、あらためて考えざるを得なかった。

母系制はあっても、母権社会はなかったとするのが、現在の学界のおおかたの傾向である。たしかに父権的内容の母権社会はなかったはずである。だが、母中心社会は存在したのではないかと、沖縄の祭祀行事の中で、私は考えこまざるを得ない。たとえば、祖神行事をおこなっている大神島・島尻・狩俣の伝承によると、大神島でウマテダ（母太陽）とたたえられている始祖神はメガアルズとよばれる女神である。そして島尻の始祖神はマヒトマツカサとよばれるやはり女神であり、メガアルズの娘とされている。また狩俣の歴史を語る神歌にあらわれる最初の始祖神は女でマツメガとよばれ、族長は按司時代までは女系相続であったことがしのばれる内容がうたわれている。さらに与那国島には、サンアイ・イソバとよぶ女族長が十六世紀初頭にいたことの口伝もある。これらのことは、母中心社会のあったことの痕跡なのではなかろうか。

日本神話において、天皇家の始祖神的存在とされているアマテラスは、沖縄先島の神歌にみられるウマテダの存在と文化的に重なっている。母権的社会の存在を否定する学者たちも母系制の存在は肯定せざるを得ないらしい。レヴィ・ストロウスなどの学説を参考に原始社会を考察したボーヴォワールは、母権社会は存在しなかったのだから、父権社会の出現による「女性の世界史的敗北」があったとするエンゲルスなどの指摘はあやまりだとしながらも、「原始時代には、母系相続制のかわりに男系親をもたらした革命にまさる重要な思想革命はない」と、考察してもいる。子どもが母方所属から父方所属となってゆく、男中心社会の歴史展開は、社会の構造変化をともなっていたはずだし、そのことによる人間関係の文化的変質もまた大きかったはずである。

東洋における儒教・仏教・回教、西洋におけるキリスト教はいずれも、男中心社会の精神文化として出現、自然神信仰を迷信としてきびしく否定する一方、女に対する極端な蔑視と敵視がある。このことは、自然神信仰時代には、男たちが及びがたい女たちの権威があったことをしのばせないだろうか。

（三）

「神はおのれの姿に似せて人をつくり給うた」と聖書は説くが、神話や伝説の神々をみる限り、「人はおのれの姿に似せて神をつくった」ことがおもわれる。ギリシャ神話における男女の神々の葛藤は、女中心社会が没落、男中心社会へ移りゆく歴史状況の反映が考えられるし、日本神話においてもこのことは指摘できる。そして沖縄におけるおなり神信仰は、女たちがなみなみならぬ指導力のあったことをしのばせるし、夫妻のきずなより、血族のきずなの方がはるかに強かった社会の存在をしのばせる。民俗次元では、自然信仰はなお長くのこるが、すでに男中心の社会制度とそれにともなう文化が支配的な歴史状況があり、神々もまた人間によってつくりだされたものである限り、人間が階層化されるとき、神々もまた階層化されている。

たとえば聞得大君《きこえおおきみ》を頂点とする沖縄の神女組織はその典型の一つであり、女が霊性高いとされ、神のよりましとなった原始社会の遺俗がそこにみられはするが、権力構造に組みこまれた宗教組織は、権力支配をみえなくするはたらきを果たしており、神となって共同体の人びとの栄えを念じた原始の女たちのけなげなはたらきは、王朝秩序に組みいれられてからは、支配者の栄えをことほぐ反動的なものに変質させられている。

女たちが主宰する沖縄の祭りをみると、王朝との関係深い島の場合は、王朝の神女組織をなぞった儀式性が濃く、関係遠い島の場合は、その島なりの個性が濃い。私がひとりひそかに同伴した島尻の祖神行事は、後者に属し、日ごろは農業や日雇いの労働にたずさわっている十人たらずの神女たちも、いまは六十代から七十代と高齢化、四人いたという神女たちの身のまわりの世話役供母《ともんま》たちもいまは二人。数においてはわびしいが、原始性においては質高かった。

神女の行動を補佐、神女たちと俗界との連絡にあたり、神女が籠り座に入ったときは、その山の入口にいて、人びとを寄せつけない監視役もおこなっている供母は、はじめは疑い気味に私を警戒したが、秘儀を大切にして近づくことをしない私に、「籠りは神ごとだから見せてあげられないけれど、おばあたちが直り座に入ったときは、遊びに来てもいいよ」と、好意にみちて先方から声をかけてくれるようになった。

神女たちは籠りの間は断食のまま体力の消耗はげしい神ごとを夜も昼もとりおこなうので、高齢も加わって、疲労はなはだしいはずである。そのため、直り座で神女たちがゆっくり休息、その疲労がゆるんだころをみはからって私はたずねることをした。しかし、そこでも互いの個人的なうちあけ話などに興じるだけで、神ごとについて聞くことはさけた。私は行事の調査・研究が目的ではない。祖霊や自然神信仰を生きる原始の女たちのエトスをこそ知りたいのだ。それはことばによって理解できるものではなく、彼女たちのこころのみじろぎをうけとめることのできる「よりまし」性が、わが身にあるかないかに関わっている。彼女たちがくつろいで語る性的なはなしなどに打ち興じながら、私はせつないまでに緊張していた。

祖神行事も三カ月目に入ると、互いに気ごころもわかってきて、私は「おばあ」たちとざっくばらんなもの言いができるようになった。四回目の籠りを終えた「おばあ」たちを直り座にたずねたとき、前日、はじめて目近くミナカ（庭中）行事を拝ませてもらった感激を言った。ウイキャムトと言われる家の庭で日中おこなわれるそれは、男はみてはならないが、女は見てもよいとされていたので、行事の邪魔にならないように、私は庭を囲んだ石垣塀の外にたたずんでいた。祖神たちは木の葉でつくったガウス（冠）を深々とかぶり、カジ（神羽）とよばれる袖なしの白衣をつけ、聖木のジー（杖）をつき、タフサ（手草）を持って、ときにおだやかに、ときに激しく動作をともなわせて神歌をうたいながら、ジーで大地を打つなどのことをするのだが、すでに三日の断食をつづけ、その間にジーフン（畑踏み）やその他の神ごともまた重ねている体には、なまやさしくはない行である。祖霊への深い信仰と部落の人びとの幸いをねがう強い責任感をともなった愛がなければ出来がたい荒行だった。そのことを私が言うと、大司役《うふつかさ》の老女が、お前みていたのか、とけげんな表情になった。さんご礁をつみ上げた石垣塀は低かったので、庭から私の姿はみえたはずだし、行を終えて帰るとき、彼女は私の姿をみとめているはずである。そのことを言うと、老女は言った。神さまになっているときは、なんにもわからないのだ、と。だから、ふだんは素足でなどとても歩けないところも、神さまになっているときは平気で歩けるし、祈りのことばも神さまが言わせてくれるので、人間になったときは、おぼえていない、と。

私は、彼女の言うことが、からだでわかる気がした。それは、私自身、講演のときや、ものを書くとき、しばしば味わう境地だったから……。私は、知識の解説というのが、まことに不得手である。講演のおりなど、それなりに起承転結のあるレジメをひととおりは用意するのだが、会場で聴衆と出会うと、用意してきたことば以外のおもいがつぎつぎ湧きたち、レジメの半分も話さないうちに時間がたってしまうことがしばしばである。ものを書くときも、問題への燃焼がないと、ことばが出てこないのだ。そんな自分の状況と照らしあわせて、まことに僭越かもしれないが、「神さま」の境地がわかる気がすると言うと、老女が、「お前は霊性高いから祖神になれる素質を持っているよ」と、なぐさめるようにほめてくれたりした。

（四）

ウフ（送り）とよぶいわばフィナーレ的行事によって祖神行事は閉じられるのだが、このときは、部落の人びとが、周囲が断崖になって海に突きでている丘の上のシマ建ての地にあつまり、祖神と対面する。

その日はおりよく晴れ、海もおだやかに凪いでいた。供母に導かれ、シマ建ての地に祖神が現れたのは、日暮れに近い時刻だった。例の重たげな木の葉の冠をかぶり、白もめんの神羽をつけ、聖木の杖、手草をたずさえた老女たちは、長い断食のためだろう、生気がうせ、視線はうつろで焦点を結ばず、素足の歩みも蹌踉《そうろう》として、まさに神々そのものだった。その生命絶えだえの極限状況のからだで、彼女たちは、それから三時間あまりも休みなしに、ときにおごそかに、ときに荒あらしく、また悲喜こもごもに、あるいは激しく狂うなどの動作をともなわせ、渾身《こんしん》の力をふりしぼって、歌い、踊り、かつ語った。言葉がわからないので、くわしく理解できなかったが、それは大神島を出てから漂泊をかさねて、ようやくこの地に住みつくことの出来た先祖の受難と開拓の歴史であるらしかった。

このとき、祖神の娘や嫁や姪たちは、祖神に寄りそって、その重い冠を支え、背中や手足をさすり、祖神のからだの負担をいささかなりとも軽くするために心をくばり、部落の役員層の男たちは、土下座をして祖神を拝していた。

祖神がわかれのことばを告げるころは、かすかに神羽だけが白く浮く闇深い夜になっていた。祖神はわかれにあたって、部落の人びとに、私利私慾に走らず、互いに協力しあい、みんなが心豊かにくらすようにと歌いきかせたが、疲労のきわみ、生命を賭けて吐くことばには、鬼気せまる凄絶さがあった。このとき、私と連れ立ってウフにのぞんだ平良市に住む友人は、嗚咽《おえつ》しながら首を横に振った。

「としよりにこんな難行をさせるなんて惨酷《ざんこく》よ、人権無視だわ……」

近代主義的な婦人活動のリーダーである彼女は、断食の中でとりおこなう祖神行事を、老女たちの受難とみて、いたたまれないおもいにかられたのだ。たしかに近代的な知性で祖神行事を照らすならば、それは不条理きわまりないものである。生産の豊穣と人びとの無事息災をねがうならば、老女たちが断食の行の中で、悪霊・悪虫を追いだすため畑から畑へ飛び移ったり、夜半、家々の壁を叩いて魔をたたきだす、気やすめ以外具体的効果のない呪術などよりも、海や大地を汚染や破壊から守り、その生命力を豊かにして人びとの健康守ることをこそ、目指さなければならないはずである。そして、生産が利潤追及のためにおこなわれるのではなく、人間のためにおこなわれ、あらゆる人間があくまでも大切にされる社会を創りだすことを、人びとがその労働と生活の現場において実践することである。

だが、さんご礁の石を積んで壁とし、屋根を萱《かや》で覆った原始のままの籠り座、直り座は、台風がくるたびに吹きとばされるので、男たちが今様のコンクリートの小屋に建てかえようとするのだが、神ごとは昔のままのしきたりを守った方がいいと、かたくなに反対していると言っていた神女たちが、幻めいた雰囲気で手草を振りながら、島びとへの祝福の歌をせつなくうたいあげるのを聞いていると、すでに既成の事実化されている階級社会の成立をうなずかず、階級社会を成りたたせるものに対し、神がかつて最後まではげしく抵抗した原始の女たちのやさしさ強いすがたが、そこに重なって私にみえてきたのだ。

科学的認識をまだ知らず、その想像力において神を発明、自然や生物はじめあらゆる森羅万象を神々のはたらきであると考え、死者もまた神となってよみがえることを信じた原始の人びととは、感性まことにやわらかい詩人たちだったのだ。その詩的想像力のきわみにおいて、食べるという生命維持の基本的行為を断って、全能とされる神に化し、生産の豊穣と人びとの無事息災を祈る祭りを、女たちがつくりだしたなりゆきには、共同体繁栄の責任を、女たちがになっていた事実を示していないだろうか。祖神行事にみる呪術行為は、具体的な生産においては、なんらの有効性も持ち得なくとも、当時の人びとの生活感情に大きな安心とはげましをもたらしたはずである。

原始・古代社会においては、祭りは政治《まつりごと》でもある。身を潔めて俗念・俗生活から隔絶、世に祝福をもたらす神と化して「まつり」を主宰、共同体の繁栄にこころくだいた原始の女たちの実践のきびしさとみごとさを祖神行事は示してもいた。自然の豊かな恵みに依存しなければ、からだもこころもすこやかに生きることの出来ない生物としての人間の宿命を知り、自然の中に神々の気配をみておそれつつしんだ原始の人びととの伝統を、今日的に生かしてうけつぐことこそが、女の歴史のまっとうな伝承であり、人間をそこねるものに対して、許すことをしないやさしさ強いことこそ、女の解放像であることを、祖神行事によって啓示的にさとらされ、私はひれ伏すおもいで感動した。

ウフに参加するため、帰京をのばしにのばして、三カ月まるごと沖縄に滞在した私は、ウフの翌日、一便で宮古島をたつことにした。だが、原始の女たちのすがたを手ざわりたしかに示してくれた神女たちに、お礼の挨拶をしなければ、帰れないおもいにかられ、平良市の友人の運転する車で、翌朝、ふたたび島尻をおとずれた。昨夜、鬼気せまる凄絶さで最後に失神して倒れ、荒行の祖神行事をすべてやり終えた神女たちは、日ごろは廃屋となっているシマ建ての地の根所《モトヤ》で、晴ればれとしたあたり前の人に戻っていた。

モトヤの入口からのぞきこんで朝の挨拶をしてから、私は、昨夜、祖神の姿をみて泣いた、と、まず言った。すると、部落から差し入れられた栄養剤ドリンクなどを前にして、うちさざめいていた神女たちが、一瞬、きっとひきしまった表情になり、入口近い場にいた一人が、お前は私たちを可哀相だと思ったのか、と詰問する口調で言った。いいえ、部落の人たちのために生命を賭ける祖神のみごとさに感動したのだと、私がありのままをこたえると、神女たちの表情が和んで、やわらかいうなずきが漂った。

そのやりとりを、私のかたわらで沈黙したまま、うずくまるようにして聞いていた友人が、帰途、車を運転しながら、独白めいた口調で言った。私は島びとなのに、「おばあ」たちへのおもいいれが、あなたほど深くはないことを考えさせられたと。

*

私が『ドキュメント女の百年』(平凡社)全六巻を、辺境性を生きる女たちの状況を主にして編集したのは、「母太陽《ウマテダ》」とよばれた原始の女と祖神行事において出会い、女の歴史の原点を祖神たちから示された影響すこぶる大きい。祖神行事から帰ってさっそく取り組んだ『ドキュメント女の百年』の最後の巻の校正を終えた翌日、私はまた沖縄をおとずれた。その叢書をたたき台に、「新しい女性史のために」をテーマにしたセミナーを、琉球新報事業部のSさんが企て、招かれたのだ。七十人近い人びとがあつまり、隔日、三週間にわたったそのセミナーから、自然発生的に、「沖縄の女性史をひらくつどい」が生まれ、いま、先はみえないが、その歩みかたの模索をはじめている。

女にとって女性史とは、わが身の生きざまにほかならない。自分の生き方・他者との関わり方をとおして新しい明日を求める女たちの足あとから、どんな女性史が創りだされてゆくか……。七年の歳月の重なりの中で、やっと沖縄との関わり方が、ほのかにみえてきた私は、これから彼女たちとどのような連帯を創りだすことができるか、困難さに途方にくれながらも胸ときめかせている。

（『新沖縄文学』四十二号　一九七九年八月）

沖縄、わが原点

二つの解放路線

「たえず想う」ということが、「恋う」ということと同義語であるならば、私の「沖縄恋い」も、すでに七年の歳月を重ねたことになる。私が沖縄への想いを、強く胸にゆらめかせはじめたのは、女たちの解放像が、戦後の高度成長社会の中で、かすんでしまったころからである。

日本における女たちの解放路線は大別すると二つにわかれる。一つは、「自由と平等」をうたいあげた西欧近代思想を源流とする女権主義的な流れであり、他の一つは、その「自由と平等」は、資本制社会においては確立することが出来ないとして、社会主義体制の中に解放像を求める流れである。戦前からあるこの流れは、戦後にもそのままうけつがれ、女たちに対し、指導的な役割をになっている。

戦前、社会主義思想は国禁とされていた。そのため、女たちの運動は、女権運動が主流となり、それを代表する参政権運動は、参政権要求の主な理由を次のようにかかげていた。
一、政治を政党の泥試合から救い、清浄公正なる国民の政治となさんがために。
二、政治と台所の関係を密接ならしめ、国民生活の安定を計り、その自由幸福を増進せんがために。
三、婦人及子供に不利なる法律制度を改廃し、之が福祉を増進せんがために。
そして戦後、女たちもまた参政権を得て、法的たてまえでは、運動が目的としたものは、いささか達成されたが、くらしのなかみにおいては、なお、ほど遠いのが実状である。

戦前、参政権を持たなかった女たちは、政治の腐敗に対しては、免責されている。だが、戦後の政治腐敗には、女たちもまた責任の半分は問われて当然である。このことに対し、政治腐敗が、資本制社会の構造的なものであり、体制が変革されない限りなくならないとする指摘はうなずける。ならば社会主義体制に、かがやかしい人間解放の未来があるかといえば、現存の社会主義国をみるかぎりでは、魅力ある未来像が残念ながら示されてはいない。

戦前の思想・運動遺産をうけつぐ女権主義路線・社会主義路線が、女たちの明るい解放像をあざやかに示し得なくなったとき、戦後育ちの都市中間層の若い女たちを中心に、ウーマン・リブ運動がおこり、女たちの解放路線に新しい衝撃をもたらしたが、それらのグループもまた試行錯誤の中で、明日はさだかに望めないのが現状である。明治の末、「元始、女性は実に実に太陽であった。真正の人であった。今、女性は月である。他に依って生き、他の光によって輝く病人のような蒼白い顔の月である。私どもは隠されてしまった我が太陽を今や取戻さねばならぬ」とうたいあげられた女権宣言は、それから六十年後におこったウーマン・リブ運動においても、同じ意味のことがくりかえされていわれ、女の歴史が発展的に大きくうけつがれていないことが、あらためてそこにみられた。

沖縄で出会った女たち

私がはじめて沖縄へ行ったのは「復帰」の年。原始共同体の遺俗を、その祭祀風俗に残す沖縄の女たちをたずねたら、元始の女たちの太陽性のなかみが、いささかたどることができ、「隠されてしまった我が太陽を」とりもどす道すじがみえてこないだろうかと考えたからである。

その沖縄で出会った女たちのうち、まずすばらしかったのは、働く層の老女たちだった。頭上運搬を習俗とした彼女たちは、老いても背すじがまっすぐにのび、胸と腰は豊かに張り、縄文期の母神像そっくりのプロポーションではないか。さらに市場で商業活動をするのは、ほとんど女たちであり、日本の古代・中世における販女《ひさぎめ》の活動をしのばせた。そして、原始性残る共同体の祭りは女たちが主宰、男たちは雑事にたずさわって、女たちをたすけていた。

日本の歴史において消されてしまった原始。古代・中世の女たちの生活習俗の名残を存在させている沖縄は、ヤマトの側との歴史のちがいをあざやかに示すとともに、現代日本の矛盾をもまた集約してあまねく存在させており、その代表的な例は、軍事基地にまずみられた。

戦場となって三か月、「鉄の暴風」さながらのはげしい砲爆撃にさらされ、一般住民の戦死者約二十万人と推定されている沖縄の終戦記念日は八月十五日ではなく、六月二十三日である。そしてアメリカ占領時代からの軍事基地はいまも大きく残り、日本における軍事基地の五三％が、約千二百キロ平方の小さな島にあつめられ、加えてアメリカ軍基地内には、核爆弾もあって、そこで日常的におこなわれている戦闘訓練は、人びとのくらしをいまも、戦争と核爆弾の恐怖から解き放ってはいない。

「政府の行為によって再び戦争の惨禍が起ることのないやうにすることを決意し」と前文でうたいあげ、「戦争の放棄」をしるした憲法が空文化され、日米安保条約のひずみを大きくになわされている沖縄は、その美しい海もまた本土企業の石油備蓄基地として、むざんに侵略されてもいた。

原始共同体のエトスを伝える沖縄の女たちに学ぶ一方、沖縄が体現している現代日本の矛盾に対し、女たちもまたきびしく対決してゆくとき、女たちの明日への展望もまたひらかれてゆきはしないか……。はじめておとずれた沖縄で、このことを深く考えさせられた私は、以来、沖縄通いが重なり、その中で深まった沖縄の女たちとの交流から、ことし、「沖縄の女性史をひらくつどい」が生まれた。女性史はエリート女性の足あとばかりでなく、女たち一人ひとりの生きざまによって創りだされるものであることを確認して出発した「つどい」である。参加者がわが生きざまを問う足あとから、何が生まれてくるか？　明日への歩みの困難さにたじろぎながらも、いま私は、新しい期待に胸ときめかせている。

（『総合教育技術』一九七九年九月号）

「歴史をひらくはじめの家」

「愛にみちて歴史を拓き、心はなやぐ自立を生きる」を基本スローガンに、「自然と出会い、歴史と出会い、自分と出会い、そして人びとと出会う場」として、「歴史をひらくはじめの家」が、全国の人びとの浄財をもとに出来上り、「家びらき」をしたのは一九八二年の夏。

「歴史をひらく」などという、だいそれたことが出来得るはずもないのに、臆面もなくそのことばを冠した「家」をつくることをしたのは、「家」をよりどころとした実践のなかで、「歴史をひらく」とは、どういうことなのか、問いつづけてゆきたかったからである。

「歴史をひらくはじめの家」は、はじめからたしかな構想があったわけではない。数年前、三十余年ぶりに、信濃の山奥のわが生地に、歴史ふるく伝わる火祭りを見に行ったことが、一つの大きな機縁となっている。

その火祭りは、山の頂きであげたのろしの火を、たいまつに移してふりかざし、男たちが山を馳けおり、里へ下って踊り狂う行事である。そのため、若い男のいなくなった戦中はおこなわれず、敗戦の翌年からまたはじまっている。その祭りの日のことである。のろしをあげる現場が見たくて、私は山へ登ろうとした。ところが山の入口でおしとどめられた。女は不浄だから神ごとの場へ入ってはならぬ、と。

当時は革命的ともいえる変革期。男女の平等が行政の側からも声高く言われ、民主主義もまた高らかにうたいあげられていた。にもかかわらず生活現場には、封建期以来の女蔑視・女不浄視がなお根強く残り、あたりまえにまかりとおっていたのである。

それからまもなく、ふるさとの地を離れた私は、前近代的な人間関係をきらって、以後、生家へもあまり帰ることもなく、ために火祭りをみることもなくすごしていた。ところが三十余年ぶりに火祭り見物をおもいたったのは、今は女人禁制も解かれ、女もまた山に登り、たいまつをふりかざし、祭りに参加していると聞いたからである。

祭祀の中心的な場所から女たちが閉めだされてゆくのは、女蔑視・女不浄視がゆきわたる封建制社会の展開と軌を一にしている。女蔑視・女不浄視のなくなってゆく歴史推移のなかで、祭りの場にふたたび女たちの参加がみられるようになったことは、女の解放度と比例するはずである。

そのことを喜びながら、火祭りのおこなわれる山へ、こんどは誰にもとどめられることなく登った私は、そこにうず高くつまれている古タイヤを見て、考えこんでしまった。

かつて、のろしは、薪を燃やしてあげたはずである。ところがいまは、古タイヤにガソリンをかけて燃やし、祭りは神ごとであるより観光行事と化していた。そして、たいまつをふりかざして山を下る女子中学生も、村に少なくなった若い男たちの数をおぎなうために、祭りに動員されているおもむきもあった。

夜は月あかり・星あかりが頼りにされていた私の子どものころの火祭りは、山の頂きであがるのろしが、紅蓮《ぐれん》あざやかに闇を切り裂き、天を焦がし、そこを起点に数百のたいまつが、山の木立の影をくっきりと浮かびたたせてうねり下る炎の宴となった。そのとき人びとは火の神秘に敬虔におもいをたかぶらせた原始の人のこころへいざなわれ、おとなも子どもも素朴に歓声をあげ、感性豊かに祭りと一体化した。

ところがいまは、歩く人より車でゆく人がほとんどになってしまったかつての中山道には、車のライトが相つらなってまぶしく光って流れ、ゴルフ場や別荘地としてきりひらかれた山々にもまた人工の灯が、空の星よりきらびやかにまたたいている。自然の闇が人工に大きく蝕まれ、夜に神秘なおそれがなくなったなかでおこなわれる見せもの化した火祭りには、自然のなかに神々を見ておそれつつしんだ人びとの、生命の栄えを念じた祈りの心はもはやみられなかった。

女たちが男たち同様に祭りに参加できるようになり、そこに女の解放度の反映があったとしても、精神性を欠いた場に、女たちの参加が男同様にあることが、そのまま女の未来をきりひらく道すじへ明るくつながりはしないだろう。男女差別をなくすことは、女たちの解放に欠くべからざる基礎条件だが、男女の対等性を確立しても、その人間像が、金力・権力体制にくすねられ、人間関係が利害得失に疎外されたものであるならば、そこからは明るい歴史展望は生まれない。現代社会の病いの相が、ふるさとの火祭りにも濃く刻印されていることを見て、「帰るところにあるまじや」としていた、私のふるさとへのおもいがゆらいで変わり、ふるさとの文化運動にも力をそえてほしいと要請されたことを跳躍台にして、自由・自発的なよりつどいのなかから、生活と人間関係の質を問う、「歴史をひらく家」づくりへと、私はおもいをはばたかせたのである。

「家」をつくるにあたり、権力・金力にいっさい頭を下げず、血縁・地縁にたよらず、志の縁だけにたよることにし、非妥協にことに処したのは、目的と手段を一致させなければ、歴史はさわやかなかたちでひらかれてゆかないと考えたからである。そのため、道はたやすくなく、妨害もさまざまにあったが、志の縁だけによる浄財で「家」が出来上り、強制的な規則まったくなしに、人びとの自由と自発性によって「家」が維持・運営されている事実が、たしかな説得力となり、「家」は、その足あとからすこしずつ答えが生まれでている。

「家」のかたわらにささやかな庵を建てて移り住んで一年有半、いま私は、志を同じくする人びとが互いに支えあい、その生き方を懸けた実践の持続によってのみ、歴史はささやかであってもうごき、ひらかれることを、胸熱くうなずきかえしている。

（『月刊　歴史報告』一九八四年一月）

いのち光りあう出会いをもとめて

「歴史をひらくはじめの家」を設けて十一年たった。

その家守りをかねた私の山姥めいたくらしも、同じ歳月が重なっている。

この地は私の生まれ育った土地でもある。

女性史関係の著書で賞などもらい、いささか知名になったとき、テレビのインタビューがあった。当時、私は東京にくらしていた。

ふるさとに戻ってくらす気はないかと質問されたとき、私は即座に首を横に振った。いいえと。ふるさとの自然の美しさはこの上なくなつかしいが、因習にみちたくらしを考えると、そこに戻ってくらす気はまったくないと、きっぱり言った。

浅間山の連峰や蓼科山の連峰をわが庭うちの眺めとし、四季おりおり微妙に気配を変えてゆく野山を遊びの場とし、野性豊かに私は育っている。

ふるさとと想うあつい心があっても、そこに戻りたくないのは、血縁・地縁の人間関係わずらわしく、女にとっては抑圧きびしい男中心の家父長制家族の生活習俗が、いまも変わらず続いていたからである。

「ふるさとは遠きにありて思ふもの　そして悲しくうたふもの　よしや　うらぶれて異土の乞食《かたゐ》となるとても　帰るところにあるまじや」とする室生犀星の詩が、少女のころからの私の愛誦詩の一つだった。ふるさとをこよなく愛していても、視野せまくるしく、因習古い生活はやりきれなかったからである。

そのもっとも戻りたくなかった地に戻ってきたのは、いまあるところのものではなく、まだないところの人間関係を求め、夢に翔んだ結果だった。

物が豊かになり、生活もまた便利になったが、それと比例して自然環境が悪化、地球の生命力もまた加速度を加えて萎えてゆくことが言われているこのごろである。

人権の確立も、この矛盾をなくすことと共にあらねばならぬと、便利な都市生活をつづけながら指摘している言行不一致な自分のありようが、つらくなっていたことも、過疎地に戻る引きがねの役割を果たしている。

無会費・無規則、関わる人が自分で関わり方をきめ、すべて自己責任のもと、「能力に応じて働き、必要に応じて支えあう」いとなみを原則にした「歴史をひらくはじめの家」は、いまの世の価値体系ではない、もう一つの価値体系、はやりの言葉で言えばオルタナティブを基本的なありようとした。

「雨ニモ負ケズ　風ニモ負ケズ」の宮沢賢治の詩を、襖《ふすま》に書いたのは、そのオルタナティブの思想を、寄りつどう人たちのこころのありようにしたかったからである。沖縄の襖にはそのほか、与謝野晶子や平塚らいてうなど女性の先覚者たちの言葉、「人の世に熱あれ、人間に光あれ」の水平社宣言の結びの言葉、そして『おもろさうし』のなかにある自然賛歌も書いてある。いずれも「家」のいとなみのこころとするためである。

なんの制約もない「家」であるが、目ざす方向だけは、ある限りの襖に書いて示すことにし、次の詩も書かれている。

ほんがよめても　じがかけても
ちえのないかたがおおい

ちえをまなぶぎろんだ
りくつはだれでもしっている
これはかいほうではない

ちえをうむことがかいほうである
じぶんたちのあしもとから

かえてゆくことがかいほうである
あしもとといえば
さべつのおもいをしてきたことだ
おやからふりかえること

この詩は、「字を書くことのしんどさは、昼間の仕事で、ツルハシをもって土を掘ったり、一輪車で土を運ぶことは、あまり苦にならないのに、その手でもつ鉛筆の重さはどうすることもできませんでした」という感想も書かれている、広島県因島《いんのしま》の識字学級の文集『えんぴつ』にのっていた。

詩の作者は幼年期、子守奉公に出されて学校にはゆかれず、年ごろには売買春地帯で働かされ、売春防止法の施行によって、そこから解放された、差別の最底辺を生きてきた女性である。

本も読め、字も書ける私は、この詩に出会って、わが背骨を正されるおもいがした。彼女の言う「ちえ」とは、他者のいたみをわがいたみとし、それをなくすことを実践する心あたたかい生き方である。

この詩を座右に置き、わが生きるいましめとしてきた私は、女性解放史上に輝かしいはたらきをした先輩たちの言葉とくらべ、いささかも遜色なく、多くの人の心に届いてほしい言葉として、「家」の襖に書きしるしたのである。

差別によって中年にいたるまで文字を持てなかった女性の詩に出会い、もの書きであるわが書く文字に、魂のありなしを問われるおもいがした私は、次の詩に出会ったときも、わがふるさと観の甘さをおもい知らされた。

〝ふるさとをかくす〟ことを
父は
けもののような鋭さで覚えた
ふるさとをあばかれ
縊死《いし》した友がいた
ふるさとを告白し
許婚者《いいなずけ》に去られた友がいた
吾子《あこ》よ
おまえには

胸張ってふるさとを名のらせたい
瞳をあげ　何のためらいもなく
〝これが私のふるさとです〟
と名のらせたい
（丸岡忠雄）

人は自分の体験の範囲でしかものごとを理解しない限界を持つ。男女差別の被害者であるわが身のいたみを言っていた私が、差別のある社会では加害性もまた身に帯びていることを、あらためてうなずくのは、差別のひずみをその身にもっとも大きく刻まれてきた人たちと出会ったときである。

丸岡さんの詩に出会って以後、「ふるさとは遠きにありて思ふもの」とする、感傷甘い境地から私は脱し、新しいふるさとづくりへと意欲を燃やすように変わっている。「歴史をひらくはじめの家」は、その新しいふるさとづくりの拠点の一つでもある。ここに毎年夏、志縁につながる仲間たちが全国から寄りつどい、互いの実践を語りあい、出会いを深める集会が重ねられている。

ある年の夏、集会に参加した女性が、そこに寄りつどった人たちを、「マンウォッチング」的に観察すると、「宝石も砂利も一緒くた」であったと、感想を寄せてきた。新聞のお知らせ欄などを見て、そのとき限り、のぞき見的にくる人たちもすくなからずいる二百人近い集会である。「玉石混交」も当然であろうと、私はこの個所をあたりまえに読みすごした。「人を宝石と砂利にあっさり選別してしまってよいものだろうか？」と、問題を指摘してきたのは、被差別部落出身の仲間たちだった。指摘されてはじめてうなずく人間としてのわが痛覚のにぶさが、恥じ入るおもいでかえりみられた。

歴史のなかで、長く「砂利」的に差別され、その不当性を身につらく味わいつづけてきたからこそ、世にあたりまえに使われている言葉に刷りこまれている差別性があざやかに見えるのだ。

知的優位に立ち、「マンウォッチング」などと、人を物化して観察する知性の不遜なありようからは、まことの知恵は生まれてこないのではとの指摘もあった。

踏みつけている側にとってはなんの痛みも覚えないことが、踏みつけられている側にとっては、生命に関わる痛みとなって全身にひろがることもあり得るのだ。

差別が多様に入り組んでいる社会では、もっとも抑圧きびしい場に生きている人の場からものごとをとらえかえさない限り、私たちは知らずして加害性を身に帯びてしまう。

このことは女の問題にも言える。

戦後早くから、職場におけるお茶くみが、女だけに課されている不当性が言われ、改善されてきてはいるが、いまもまったくなくなってはいない。たかがお茶くみであるが、男に従属、かしずくことを強制されてきた女の歴史を、屈辱にまみれて耐えてきた女たちにとっては、素直にうなずけない役割分担であり、人権に関わる問題となってくるのだ。

いま、「歴史をひらくはじめの家」では、従来の男女の役割分担はみられない。食事ごしらえも後かたづけも、もちろんお茶くみも、男女共にあたりまえにおこなわれている。

家事も育児も仕事も共ににないあい、互いに惚れあっている別姓の夫婦も何組かいて、歴史は見えないところで確実にうごいていることが、山深い地にいても手ごたえたしかにうなずける。

人間としての尊厳を求める志縁豊かな友愛のなかで、差別的なものの見方・考え方を指摘しあい、理解しあって歴史も文化も新しくしてゆこうとする人たちに交わっていると、生きていることが充実、志縁につながる人たちすべてに、おのずと合掌したくなるこのごろである。

（『みんなの幸せをもとめて』一九九四年三月）

文庫版あとがき

いままで書くにもっともつらかったのは『おんなの戦後史』でした。指摘した問題が、ならばどう対処するのかと問いかけてくるのです。答えとして「愛にみちて歴史を拓き、こころ華やぐ自立を生きる」をテーマに、自然と出会い、歴史と出会い、自分自身と出会い、そして人々と出会う場、「歴史を拓くはじめの家」を創りました。

人間は自然の一類です。生物は、自然のままその生態を繰り返していますが、人間だけが歴史をつくってきました。

その歴史の中で、自分はどう創られてきたのか、自分自身の成り立ちを認識、自分自身と出会わない限り、他者との出会いは成り立ちません。

「歴史を拓くはじめの家」は、無組織・無会費・無規則、参加者各自が参加の仕方を自分で考え、その人なりの参加をすればよいとすると、「そんな非常識では営みが成り立たない」と、仲間たちすべてが反対しました。

いま常識とされているのは、いまの体制維持のための必要条件だからです。「今あるところのものではなく、まだないものを創りだす」ためには、「非常識」が新しい道すじのはずと説きました。

そして半世紀、「歴史を拓くはじめの家」のいとなみから「志縁」が成り立ちました。

血縁・地縁は当人がえらべず、宿命としてのしばりです。けれど「志縁」はこころざしを同じくする者による自由な関わりです。「歴史を拓くはじめの家」は、三十周年を機会に「志縁の苑」に改称しました。

封建制社会における「家制度」の生活習俗はいまも残り、病気のおりの入院や手術には、血縁関係者の同意がいります。

血縁近い人たちはすでに逝き、顔も知らない血縁遠い人たちより、志縁身近く生きている人たちが、私にとっては頼りになります。

事情を言い、血縁者に代わり志縁者が責任者となって、私の場合はことを通らせています。家族数が少なく、これからは一人暮らしの高齢者が多くなるはずです。

血縁中心の「家制度」を基準にした風習から脱けだし、個人の基本的人権に基づいた発想によって、「志縁」もまた人間関係のあたりまえのありようとして一般化、「家制度」の残滓をなくしたいと願っています。

二〇二一年十月

もろさわようこ

出典

おんなの戦後史　『おんなの戦後史』（未来社　一九七一年）より抄録

文庫版増補
「私にとって国家とは」『わが旅……』（未来社　一九七六年）
「沖縄おんな紀行」『おんな・部落・沖縄』（未来社　一九七四年）
「歴史からみた部落差別」同書
「光を放つ人たち」同書
「元始の女をたずねて」『わが旅……』
「差別の歴史とおんな」（講演・抄）単行本未収録
「わが女性史と沖縄」『おんなろん序説』（未来社　一九八一年）
「沖縄、わが原点」単行本未収録
「「歴史をひらくはじめの家」」『オルタナティブのおんな論』（ドメス出版　一九九四年）
「いのち光りあう出会いをもとめて」同書

編者解説　困難を糧に切り拓く生き方

河原千春

『おんなの戦後史』が生まれたころ

本書は、一九七一（昭和四十六）年に出版された『おんなの戦後史』（未来社）を中心に、もろさわようこさんが女性問題とともにライフワークとした部落問題と沖縄問題へのアプローチが分かる七〇年代の論考などを加えた新編である。

旧編（単行本）を出版した当時、もろさわさんは四十六歳だった。郷里に疎開してきた陸軍生徒隊本部に務める筆生（筆写の事務員）として二十歳で敗戦を迎えた後、新聞記者をし、紡績工場内の学校で女子労働者を教えて上京。女性参政権の実現に尽力した市川房枝さん（一八九三〜一九八一年）と出会い、市川さんが会長だった日本婦人有権者同盟の機関紙編集を通じて女性問題に取り組んだ。女性と政治をテーマに、市川さんが一九五四年に創刊した雑誌『婦人界展望』（現・『女性展望』）の編集者として活躍し、同誌で六三年に「婦人問題はどのようにかかわってきたか」を連載する。それを読んだ出版社の編集者に声をかけられて、女性と社会の関わりを神話や古代から顧みた『おんなの歴史——愛のすがたと家庭のかたち』（合同出版、後に未来社）上下二巻を六五年と六六年に刊行。六六年から執筆活動に入り、地域女性史の先駆けと言える『信濃のおんな』（未来社、六九年）で毎日出版文化賞を受賞する。〝女性史研究者〟として脚光を浴び、執筆や講演に忙しくしていたころに『おんなの戦後史』は生まれた。

単著だけでも十五タイトルを超える中で、本書は初めての評論集であり、女性の戦争責任を問い、ウーマンリブに対する同時代の共感をはじめ、先駆性が最も現れた著作と言える。本書の指摘が今なお色あせないのは単なる時事評論にとどまらず、女性であるもろさわさん自身が抱えた葛藤や理不尽な体験を「おんな」たちの歴史をたどって普遍化し、その歴史を踏まえて自らを見定めたうえで、当時の社会を位置付けているからだろう。高度経済成長期の只中にあって、人間が利潤追求の道具とされていると強く抗議。会社で働く男性を支えるために、女性が家事や子育てを引き受け、出産・育児のために労働市場から排除され、子どもの成長とともにパートなど補助的な働き方で戻るという性別役割分担システムの弊害も明らかにしていく。

本書の書かれた一九七一年と二〇二一年の現在とでは、社会的に異なる状況があるので念のため触れておきたい。

婚姻件数は一九七〇年から七四年にかけて年間百万組を超え、七二年の約百十万組をピークに低下傾向が続き、二〇一八年に六十万組を割り込んでいる（内閣府・少子化対策白書）。人口千人当たりの婚姻件数を示す婚姻率でみると、現在は一九七〇年代前半の半分程度の水準だという。

本書に出てくる「女子学生亡国論」が言われだした一九六二年度の大学（学部）進学率は、男子の一八・一％に対し、女子は三・三％（文部科学省の学校基本調査）。六九年度に女子の高校進学率が初めて男子を上回るが、旧編が刊行された七一年度の女子の大学進学率も六・五％で一割に満たない。女子の進学率が五〇％を超えるのは二〇一八年度と最近のことだ。

現在では、結婚、出産後も会社などで働く女性は増えているが、当時は結婚や出産まで働いて退職し、子育てが終わってから家計補助的にパートで再び働きに出る女性が多かった（注1）。募集や採用での性差別や、結婚・出産を理由にした退職制度・解雇、職場でのセクシュアル・ハラスメントが違法になるまでに多くの女性たちの奮闘がある。

もろさわようこさんとの出会い

私が信濃毎日新聞の記者として、もろさわさんに初めて取材したのは二〇一三年五月だった。もろさわさんが自由・自立・連帯の交流施設「歴史を拓くはじめの家」を出身地の長野県佐久市望月に構えて三十年余り。組織や規則を設けずに運営した「はじめの家」を一般財団化するタイミングだった。当時八十八歳のもろさわさんは、質問できないほどの勢いと熱量で、自身と「はじめの家」の歩みを踏まえて、老いと死に仕度、女性史、資本主義、環境問題、政治課題など思っていることを話してくれた。取材記録を読み返すと、もろさわさんはほぼ初対面の私に、朝日新聞に連載した「おんなの戦後史」を書くのがいかにつらかったかを語っている。いつでも、どこでも、誰に対しても全身全霊で向き合うのは昔も今も変わらない。同時に、受難を祝福に転化する器量を持てるように生きたいと考えていることを「プラスがあり、マイナスがあるからこそエネルギーは発生する」と表現したことに始まり、「十年、二十年でなくて、百年、二百年を視野に入れると絶望することないと思います」「真理というものは誠に歯車が遅いけれども、後戻りすることなく進んでいる」と熱い言葉に心をつかまれた。

以来、交流や取材を重ね、二〇二一年も滞在先の沖縄に二回出掛けて話を聞かせていただいた。部屋にはベストセラー本や新聞の切り抜きが所狭しと置かれ、社会やフェミニズムの動向への関心は衰えない。今、一番大事なのは環境問題だと語り、詩や文学を志したかつての夢を取り戻すかのように「最後は詩を書きたい」と思索を続けている。この年は女性参政権行使七十五年の節目が重なったこともあり、体調の許す限り取材に応じ、参政権について考えを伝えた。

「おんな」という言葉から

もろさわさんにとって女性史研究は「女としての解放を求めた道筋において、そこを通らなければならなかった関門」だった。舌鋒鋭く問題を追究していく文章は、身もだえしながら言葉を紡いだ痛みの結晶である。女性を指す言葉として「婦人」が一般的だった時代に、蔑みのニュアンスを含む言葉でもあったという「おんな」を当初から打ち出し、女性差別を問い直したことは改めて注目されるべき視点だと思う。

旧編に収録された「おんなのあゆみと差別の歴史」には、なぜ「おんな」という言葉を使うのかをこう説明している。

「「婦人」というと、よそゆきめいて何かほんとの問題点がぼかされてしまう気がします」

「選挙の時、一票ほしいときに「ご婦人」というふうに使われます。ところが女の人を差別したり、蔑視したりするときは、「おんなのくせに」と言い、「ご婦人のくせに」とは絶対に言わない。つまり「おんな」というのは、差別と蔑視にさらされた言葉なのです」

「差別され偏見に満ち満ちた歴史の中に生きてきた「おんな」、その「おんな」という言葉をあえて使って、差別をした者に投げ返すということをしたい」

歴史の中で「おんな」たちが置かれた隷属的な境遇を見据えつつ、差別はその時代の支配体制や価値体系によって貫かれていると力強い筆致で伝えている。「女が差別されている時は、男も差別されている」と社会構造の深部にまで向けられる視座は鮮やかだ。

「ジェンダー」という概念が日本に入ってくる前の一九六九年に書いた「「女らしさ」がねらうもの」(本書一三五頁)では、既に「男／女らしさ」は生まれつきのものではなく、社会的・文化的に構築されたものであることを鋭く突いている。「生活行動として要求される「男らしさ」「女らしさ」は、男女の素質に先天的にそなわっているものではなく、その社会の秩序として、学習させられる他律的なものである。ために社会がかわれば、そこで要請される「男らしさ」「女らしさ」もまた異なってくる」

もろさわさんの指摘から六十年余り。一九四五年の敗戦まで大きく制限された女性の地位や権利は確実に向上し、女性の社会参加も進んでいる(＝本稿末の年表参照)。しかし、二〇二一年にシンクタンク「世界経済フォーラム」が発表した男女格差を測るジェンダー・ギャップ指数で、日本が一五六カ国中一二〇位という状況は、道のりが険しいことを物語っている。

女性差別が残る現状について、もろさわさんは「日常の生活文化になっているから気が付かない」と指摘し続けてきた。二〇一八年の取材で、こんなふうに語っている。

「私たちは自由だと思っていても、生活の日常性の中で意識が呪縛されています。その呪縛をほどいていく過程で、今の構造化されている差別や資本制の文化を見据えていかなければ何にもならない。社会と自分とを対決させて、自分を見据えないと、男女共同参画だ、何だと言っても傀儡にすぎないと思う。今あるところのものでなくて、まだないところのものを求めて自己創出し、永久に自己革命し続けない限り、歴史は矛盾を帯びていつも展開してしまう」

女性は男性のコピーとして生きるのではない、という。

「男と同じ権力の中での発想や生産性本位の発想で、その制度改革を自足し、満足しちゃったらね、それは女がただ矛盾の拡大に力を貸すこと。男女の不平等を平等にしていくことは当然の成り行きだと思いますが、今の矛盾をうなずいて女たちが関わったらクリエイティブなものは何も出てこないと思う」

女性、そして人間の解放像は、分かりやすく、明快なものとして存在しているわけではない。まして、既成文化の中にあるはずがない。それを求めて生きる足跡の中に形づくられ、それこそが混沌とした社会を生きる光源になるのだと書いてきた。

「歴史を拓くはじめの家」という思想運動

もろさわさんは戦後、自分の言葉に責任を持って生きることを誓って出発した。文化人の言葉を信じて、国のために命を捧げることを疑わない軍国少女として育ち、二十歳の敗戦でそれまでの価値観が崩壊。政府など権力が繰り出す言葉は、その意図を自分で検証しないうちは受け入れない。ものの見方や考え方は最も恵まれない人やつらい境遇に置かれた人の立場から行うと決めた。

ところが、朝日新聞連載の「おんなの戦後史」執筆では、編集者の持ってくる資料に基づいて言葉を繰り出す自分が、かつて軽蔑した文化人に重なってしまう。問題を鋭く告発するほど、その鋭さは自らに向かい、価値観の転換を迫られた。

「おんなの歴史と現代の問題点」をはじめ本書では、人間が資本主義社会による利潤追求にからめ捕られて、その道具にされていると繰り返し訴えている。その主張は第一作目の『おんなの歴史』の結びで「人間が資本に従属させられている現在の社会機構を、人間のために資本をあらしめる社会機構に変えなければならぬ」と綴って以来、一貫したものだ。すべては日常をどう生きるかだといい、「私たち自身があたらしい歴史をつくる」という覚悟も変わっていない。

それゆえに、「おんなの戦後史」の連載を通じて、言葉に裏打ちされた生き方をするには自分を解体して出直すしかないと思ったのだろう。自然と豊かに交流していた時代の人たちの精神を学び、そこから人間像を考えてみたいと、救いを求めるようにアイヌ、沖縄、東北など遍歴を重ねていく。特に、一九七二年の「本土復帰」以降、繰り返し訪れた沖縄で祭祀を担う女性たちの姿に女性史の原点を見いだしたことは大きな転機になった。日常生活の中で自己を確立し、「今あるところのものではなく、まだないものを創りだす」ための拠点「歴史を拓くはじめの家」(注2)を郷里の長野県に一九八二年に開設することにつながる。自身はあくまで呼び掛け人。もろさわさんが掲げた「愛にみちて歴史を拓き、心はなやぐ自立を生きる」に賛同した全国の二百数十人が「心とお金」を寄せてできた。

「はじめの家」は、無組織、無規則、無会費、関わりたい人たちが関わり方や参加の仕方を自分で考え、自分の責任で行い、営むことを原則とした。地縁、血縁に縛られず、志が同じ「志縁《しえん》」で人は自由になれると考え、既存の制度や思想、価値観に拠らないで、新しいものを生みだそうとする思想運動の側面がある。会員による年会費などで施設を維持する発想や仕組みはない。記録集に代金の記載はなく、世間で流通しているもろさわさんの著作すら代金の支払いを求めない。心と財布の中身に応じた志のお金で運営されてきた。施設のあり方や運営そのものが、人間を利潤追求の道具とし、「お金を介在させなければ人々との関係が持てない」ようになっている資本主義社会への抗いだった。

　参加者の主体性に任せるのも、戦後の運動の中で、「量が重視され、質がかえりみられない」課題をどう乗り越えようかと考えた先にある。「否定というものは、否定するものよりさらに優れた実態を示さない限り、まことの否定にならない」という信念から、資本主義をただ否定するのではなく、クリエイティブなものに転換して、どう脱却していくかを探り、具現化を試みる。新型コロナウイルス感染症の世界的な流行で資本主義の限界や矛盾、自然と共生する脱成長の循環型社会への関心は高まっているが、もろさわさんは四十年ほど前からひたむきに実践してきた。

　アナーキーな営みは順風満帆ではない。もろさわさんが提起した理想や試みは、多くの人から「できるはずがない」と反対されたという。状況が行き詰まり、周囲に止められるほど、燃えるのがもろさわさんである。できないことをできるようにする、それが歴史を拓くということ——。不屈の情熱で信念を貫いた。

「はじめの家」のモットーである「愛にみちて歴史を拓き、心はなやぐ自立を生きる」の「愛」は、一九七〇年代に巡り合った沖縄の祭祀を担う女性たちの姿にインスピレーションを得ている。宮古島の神女たちが断食と山籠もりを繰り返して島建ての歴史を伝え、無私無欲に共同体の人たちの無事息災と繁栄を願う姿にもろさわさんは揺さぶられた。愛とは、他者の痛みをわがこととし、その痛みを取り除くこと。そして、無償性を生きて歴史をひらくこと。そんな愛を持って生きたいというもろさわさん自身の願いの表れである。

「自然と出会い、歴史と出会い、自分と出会い、そして人びとと出会う場」と掲げたのは、「根源的・総合的な解放像をまさぐるのに、それらは欠かせない必要条件」と考えたからだったという。自然の一類としての人間を自覚し、生きる意味を問う。どのような歴史の中に生まれ育ち、どのように歴史を担っているか。自分のあり方を問わない限り、人は自分自身にすら出会えない。自分を知らないのに、どうして他者と出会えるのか――。そんな問題意識が込められている。

他者と豊かに出会い、関係を築きたいのに、直接的なやりとりは不器用だと告白するもろさわさん。それでも「人間が好きで、人間と真向いあわずにはいられない」中、ものを書き、それを通じて他者とつながっていくしかないと思い至っていく。「おんなの戦後史」の連載直後に行われた東京都国立市公民館の市民大学セミナーでは連載をこう振り返っている。

「連載中は、毎日自分の素肌をさらしているようで、そのこともつらいことの一つでした。だったらものなど書かなければいいのですが、他者と出会うには、まずおのれが素肌をさらさなければ出会えない」

五十七歳だったもろさわさんが始めた「はじめの家」は、生涯の思想と実践の総括の場になるが、慣れない事務作業や施設の運営に忙殺され、執筆活動にも影響は及ぶ。「はじめの家」に懸けた「経済・労力・時間を私のしたかった研究にそそいでいたら、もう一つのちがった私の人生があったのではなかったかという悔いにも似たおもい」から涙が溢れたときもあった。それでも造らないではいられなかった衝動と意義とは何だったのか。それを知る手がかりとして、一九八二年の開設からおよそ一年半後の八四年一月と十二年近く経った九四年三月に発表した文章を本書に収録した。

もろさわさんは絶えず理想を求めて夢に飛び、つまずいて転んでも、また立ち上がってきた。つまずくことで日ごろ見えなかった問題点が明らかになる——。そうやって困難を全てプラスに転化して、人生を切り拓いてきた。問題から逃げることなく、ありのままの自分をさらして取り組み、自身のものの見方や生き方を磨き、古い自分を脱ぎ捨てて脱皮するように新しい自分を創出していく姿に励まされてきた人たちは少なくない。

コロナ禍の今、私たちは改めてどう生きるかを問われている。格差や分断が浮き彫りになった社会で、制度の矛盾や限界、脱成長についてどう考え、日常で実践するのか。それぞれの考えや行動の一つ一つはささやかで、現実はすぐに変わるように見えないかもしれない。それでも絶望せずに模索する手がかりが、もろさわさんの生き方と本書にある。

（注1）背景には、女性の採用時に、結婚、もしくは三十歳や三十五歳で退職するという誓約書への署名を求める企業や、結婚・妊娠による退職が慣行として行われたことがあった。

結婚や出産、子育てをする人が多い二十代後半から三十代前半がその前後の世代より落ち込む「M字カーブ」は高度経済成長期にできたものである。「女性の年齢階級別労働力の推移」をみると、一九七五年に「二十五～二十九歳」（四二・六％）、「三十～三十四歳」（四三・九％）だったM字の底は、二〇二〇年に二倍近く上昇し、カーブは浅くなっているが解消されていない。男女同一賃金の原則が明記された労働基準法の施行から七十数年たった二〇二〇年の男女間賃金格差は男性の一般労働者を一〇〇としたとき、女性は七四・三にとどまる。長い目でみれば縮小しているが、近年の格差は横ばいが続く。

一方、四十年前の一九八〇年には夫が会社などで働き、妻が専業主婦という世帯が一般的だった。長期デフレが始まった一九九七年以降は「共働き世帯」がそれを上回り続け、共働きしなければ家計が成り立たない状況の拡大を示している。

（注2）「歴史を拓くはじめの家」の名称の変遷と関連拠点についても触れておく。当初は「歴史をひらく家」と予定したため、開設前年の一九八一年に他界した市川房枝さんがその名称で看板を揮毫している。紆余曲折を経て、「歴史をひらくはじめの家」として開設され、

関わる人が変わったことなどの理由から九八年の記録集より「歴史を拓くはじめの家」となった。その営みの延長に、もろさわさんの女性史の原点である沖縄県と、被差別部落の女性たちが義務教育の教科書無償を求めて立ち上がった運動発祥地の高知市長浜にも同様の拠点が建設された。二〇一三年に一般財団法人「志縁の苑」を設立し、自身名義の不動産を全て寄贈。施設名を「歴史を拓くはじめの家」から「志縁の苑」に変更している。

戦後の歩みと女性の権利

一九四六年　戦後初の総選挙で女性が参政権行使、三十九人の女性代議士誕生
　　　　　　男女平等を明記した日本国憲法公布
一九四七年　教育基本法（男女共学など規定）公布
　　　　　　労働基準法（男女同一賃金の原則、女子労働者保護規定）公布
　　　　　　女性にだけ適用された姦通罪廃止の刑法改正
　　　　　　家父長制を定めた民法改正。家制度廃止
一九四八年　優生保護法公布
一九五六年　売春防止法公布、五八年全面施行
一九六七年　女性雇用者一千万人を超す
一九七〇年　日本でウーマンリブが出現

一九七五年　国際婦人（女性）年、七六―八五年国連婦人の十年
一九七九年　国連で女性差別撤廃条約採択
一九八四年　父母両血統主義を採用した国籍法・戸籍法改正、八五年施行
一九八五年　男女雇用機会均等法公布、八六年施行、九七年に努力義務が禁止規定に
一九九一年　育児休業法（現育児・介護休業法）公布、九二年施行
一九九五年　第四回世界女性会議の北京宣言で「女性の権利は人権である」と規定
一九九六年　優生保護法を改正した母体保護法施行
一九九九年　男女共同参画社会基本法公布
二〇〇一年　配偶者暴力防止法公布
二〇一五年　女性活躍推進法公布（十年間）
国連の持続可能な開発目標にジェンダー平等の実現明記
二〇一八年　性暴力を告発する #MeToo が日本で盛り上がる
候補者男女均等法公布
二〇二一年　ジェンダー・ギャップ指数で日本は一五六カ国中一二〇位

解説　「身じろぎ」から始まる

斎藤真理子

もろさわようこの本に出会ったのは一九七九年、大学のサークル室だった。今でいえばフェミニズムの学習会のような、小さなサークルで、先輩たちが卒業するときに置いていった本がすみに集めてあり、その中に『おんなの歴史』上下二巻があった。「おんな」というひらがなのタイトルが目を引いた。しかも、著者名もひらがなばかり。大学生協の書籍部にも同じ著者の本が何冊か並んでいたが、『おんなろん序説』『わわしいおんな』『おんな・部落・沖縄』と全部、「おんな」だった。

語感というものは時代の気運とともにあるので、当時、「おんな」という文字や音がどんな印象だったか説明することは難しい。今と同じく、「女」は映画や小説のタイトル、歌詞などにはさんざん使われていたが、現実世界で女が「女」と言うと空気が変わった。お行儀が悪いというのか、居直った感じというのか。「女の人」「女の子」と言えば立たない波風が、「女」では立つのである。

生協の書棚に並んだ人文書の列の中で、「おんな」という背表紙の文字は確かに何かを放っていた。「女が女と言って何が悪いの」。そんな、緊張感のある爽やかさだ。「女」「女たち」はウーマン・リブ世代が積極的に用いたボキャブラリーだが、『おんなの歴史』が書かれたのはそれよりずっと前である。

当時、学生の手に入りやすかった日本女性史の本といえば、他に『近代日本女性史』（米田佐代子）、『現代日本女性史』（井上清）などがあった。だが、もろさわようこの歴史書はそれらよりぐっと一歩私たちに近づいてきた。「女性」「婦人」といわれたときにはどこかよそごとだったのが、「女」「女たち」といわれるとピントが合い、視線が合い、これは私のこと、自分たちのことを言ってるのだという手ごたえがあった。

そういえば私たちのサークルの名称も「女の現在を考える会」と言い、「女性」や「婦人」を名乗ってはいなかったのである。

サークルではこれらの本で学習会をやったし、私が上級生になったころには、もろさわさん本人にも出会っていた。八二年の手帳に講演会を聞きに行ったことが書いてあり、その後間もなく、「もろさわさんから手紙をもらった」と記録してある。

ここで、七〇年代後半から八〇年代の大学の雰囲気に触れておきたい。当時、学生運動は完全に退潮していた。だが、潮が引いていたためにかえって、潮干狩りができた。つまり、新左翼がほぼ引き上げた後の海岸には「社会問題」という名前の貝が散乱していて、その気になれば制約なく、様々な問題にコミットすることもできたのだ。もちろん、そうした学生は非常に少数だったが、それだけに学校の枠を超えてつきあう友人もできた。

当時の言い方では女性問題、公害問題、民族差別問題、部落差別問題、原発問題。私たちは大学内に情報がなければ外へ出ていって、市民運動の現場で多様な人たちに出会った。そこで会った年長の人々はおおむね、時間を惜しまず学生たちに話をしてくれた。その中でも、もろさわさんの印象はとびきり深い。

佐久市望月町で「歴史を拓《ひら》くはじめの家」がオープンした一九八二年、大学四年生だった私も、夏に開かれた「家びらき」のつどいに参加している。大きな広間に、年齢も立場も経験も本当に多様な女たちが大勢集まり、誰が中心ということもなく話し込んでいた不思議な光景が記憶にある。

その翌年と翌々年のつどいにも参加した。沖縄から来た参加者の方が伝統舞踊を踊り、もろさわさんが目を輝かせてそれを紹介していた様子もよく覚えている。長野の濃い緑色の樹木を背景にして、もろさわさんは沖縄を見ていると感じた。

そして、部落のことがある。どの年だったかはっきりしないが、若い人たちと一緒にもろさわさんを囲んで話をしたことがあった。もろさわさんが、部落出身の女性が東京に働きに出て、知識がないために、人にだまされそうになってもそれと見分けがつかず、泣いて相談の電話をしてくるということを話された。それを聞いた一人の大学生の女性が、「自分も、いつでも底辺に落ちうると不安になることがある」というような内容のことを言った。ここまでのやりとりは少しぼんやりしているのだが、その後のもろさわさんの答えだけははっきりと覚えている。「違います。あなたの場合は階級のネットワークが助けるんです」というものだった。私たちは皆、無言のうちに、言い当てられたと思い、背筋を正した。

もろさわようこがどのような歴史家であるかについて、こんな評言がある。

「資料を駆使する具体性（そのなかには着物の色、柄のような〝わかりやすさ〟もごく自然にまじりこむ）、事態をつねに現代に引きつける力、良い点と悪い点をはっきりさせる気概が三位一体となってじつに鮮明に「日本の女」のあり様をみせてくれた」。

これは、一九七八年に出版され、内容もヴィジュアルもずば抜けていた本『21世紀を孕む女のカタログ　スーパーレディ1009』（木幡和枝・松本淑子編、石岡瑛子デザイン、工作舎）の中で、1009人の一人として取り上げられたもろさわようこの項目の一部だ。書いたのは当時工作舎の編集者だった松本淑子。

この文章には「明晰さが心地よいおんなの歴史」というタイトルがつき、もろさわようこの仕事を高群逸枝以来の快挙と賞賛していた。

確かに、明晰さが心地よいという感覚は、『おんなの戦後史』を読むときにもたびたび味わえる。例えば、「母性というのは、これは社会的な営みなのです。（中略）これが、社会的な保護がなく、私的な場でおこなわれていることに問題があるのです」（四九ページ）という指摘。また、「戦後婦人運動が果たした役割をかえりみると、やくざな夫につれそったけなげな妻さながらである。いささかでも目をはなすと、何をしでかすかわからない政府に対し、その暴走を許さない歯止め役となっており、結果的には、現体制を補完するはたらきをしている」（一一二ページ）という喝破。そして全体を俯瞰しての、「女の問題は対男性とのかかわりで発現しますが、その問題の根は体制の構造にある」（四二ページ）という整理。

だが、それだけだったら、この人の話を聞き、そこに集まる人を見るために私は長野まで行きはしなかっただろう。その明晰さが、自己懐疑や戸惑い、手探りによって裏打ちされていたからこそ、惹きつけられたのだと思う。

もろさわようこには、大学闘争の時代のずっと前から知識人特権への強い抵抗があったし、ウーマン・リブの問いかけを最も真っ正面から引き受けた人でもある。「女たちの解放像が、戦後の高度経済成長社会の中で、かすんでしまった」（三三〇ページ）という反省と、戦前ならば命がけだった権力批判が、戦後にはお金になるという矛盾。その葛藤から、ご本人の言葉を借りるなら「自分のすえ場所」を求める旅に出て、部落、沖縄、アイヌ、朝鮮人、「障害者」との出会いを持った。

「人間差別のある社会で男女差別だけを私たちが見て、他の差別を見ないなら世界資本主義再編成の中にうまくはめこまれていく」(「基底の場から」『おんなろん序説』)。このような視点は、今でいえば、インターセクショナリティ(交差性)という考え方に近いところにあるのだろう。私や私の先輩、仲間たちがもろさわようこを信頼した理由はそこにあったと思う。

フェミニズムという言葉が浮上する前の「女性問題」の中心論点の一つは「女の経済的自立」だった。しかし、女が働いていくための道すじが整備され、性別役割分担が徐々に解消されたとしても、例えば公害を生み出してやまない企業社会に献身して何になるのかという思いがあった。もろさわようこの解放論はそこへすっと染み込んだ。

「おんな」という言葉を用いたのは水平社宣言に学んだ結果であると、もろさわようこははっきり述べている。「部落の方々がみずから、「エタ」という言葉を使われたが、他者が使ったとき、また蔑視したときには、絶対に許さない、容赦しない、その解放へのきびしい闘いの姿勢に教わり、好色と蔑視にさらされた「おんな」という字をあえて使いました」(「部落の解放と女の解放」『おんな・部落・沖縄』所収)。そして、沖縄の女性文化に解放像を見出していった道筋は、本書にもはっきりと記録されている。

このように、日本女性史を、あえていうなら少数者と辺境の視点から見渡す姿勢は、著者としてだけでなく、編者としての仕事にもよくあらわれていた。『ドキュメント女の百年』（全六巻）は非常に充実した歴史読み物のアンソロジーだが、とくに第五巻『女と権力』が印象に残っている。それはもちろん女の権力者列伝ではなく、「法のうちそと」「侵略の尖兵」「戦争の渦中で」「愛と抗い」という章立てで、権力をいかに見定めるかによって女が被害者にも、加害者にも、抵抗者にも、抑圧者にもなりうることを示してみせた。

任展慧《イムジヨネ》の「朝鮮統治と日本の女たち」、松井やよりの「なぜキーセン観光に反対するか」などを取り上げ、最後は金子文子の「権力に膝を屈するより自分の裡に終始する」で締めくくっている。私が金子文子の名前を知ったのはこれが最初だった。収録されているのは、よく知られた獄中手記『何が私をこうさせたか』ではなく、被告尋問調書そのものだ。「私ハ私ノ家庭ノ環境ト夫《そ》レニ依ッテ社会カラ受ケタ圧迫トニ拠リ虚無主義ノ思想ヲ抱ク様ニ為《な》リマシタ」に始まり、「ダガネ将来ノ自分ヲ生カス為メニ現在ノ自分ヲ殺ス事ハ私ハ断ジテ出来ナイノデス」と結ぶ。このテキストで一巻を終えたのは見事な構成だった。素の話し言葉だけで権力とわたり合った記録が、「女と権力」というテーマを鮮やかに浮き彫りにしていた。

さて、九〇年代以後、女性史研究はどんどん進み、ジェンダー史と呼ばれるようになり、また細分化した。もろさわようこのように古代から現代までを通して語れる歴史家は今や、珍しい存在といえるだろう。私自身もここ三十年ほど、長いスパンでの女性史を読んだり考えたりすることはほとんどなかったように思う。

もろさわさんの本を熱心に読んでいた時期から少し経って、男女雇用機会均等法が施行され、同時にバブル経済が加熱していった。「女たちの解放像がかすんでしまった」ともろさわさんが嘆いた状況はさらに進み、私は、かすみを取り払う何らかの手応えを求めて韓国と沖縄に住み、やがて東京に戻ってきた。

その後、自虐史観という言葉が生まれ、バックラッシュや歴史修正主義が幅をきかせる時代に遭遇した。働き方についていえば、派遣法が施行され、かつて懐疑をもって見ていた「自立」がねじれにねじれ、こっぱみじんになるところを今、目撃している。その中で自分自身の三十年は、仕事、子供のこと、親のことでまばたきする間に飛んだといってよかった。「女性解放を言葉で叫ぶのはやさしいが、それを女自身が、自己対決の中で生きることは生やさしいことではない」（一一三ページ）という言葉は、本当だった。

だから、もろさわようこの本を読み直すことは少し辛い。たっぷりと分けてもらった何かを、きちんと受け取ることができずに生きてきたという気がするからだ。だが、それにもかかわらず、本書を開いたときに感じる「私たちにつらなる歴史が、私たちにつらなる人の言葉で書かれている」という晴れやかさは、変わらない。昔の遊女たちから、税金に苦しんだ機織る女性たちから、平塚らいてうなどの名高い人物まで、その生活の質をつかみとり、大きく見晴らす著述に、胸のすく思いがする。

そして今回、本書を読み直して、「身じろぎ」という言葉がたびたび使われていることにはっとした。

「身じろぎ」とは、ごくわずかに動くことである。現在私たちはこの言葉を、「身じろぎもせず」という否定形で使うことが多いようだが、もろさわようこの「身じろぎ」は常に肯定形だ。そこに、もろさわ女性史の特色があると思う。

「女性解放の身じろぎをした青鞜社の主宰者平塚らいてうさん」(二一ページ)。

「革命運動のなかで身じろいだ女たち」(一七六ページ)。

「彼女たちのこころのみじろぎをうけとめる」(三二二ページ)。

もろさわようこの文体は詩人のそれであるということがよくいわれる。そして、その詩人的特性は、「身じろぎ」という特徴的な単語の選び方にではなく、「身じろぎから始まる」という事実への目のつけ方、とらえ方にこそあるのではないか。

身じろぎという言葉には、覚醒、抗い、意志、能動のニュアンスがある。有名無名の個人の身じろぎが始まる一瞬に、その時代の社会の変化の兆しが凝縮しており、そうやって身じろぎをした人々が歴史をひらいてきた。そして、あのとき「はじめの家」に全国から集まった大勢の女たち一人一人の中にも、身じろぎの萌芽があったのではないだろうか。私の中にも、家庭や子供を持ち、日程をやりくりしてそこへ来ていた年長の人たちの中にも、当日、もろさわさんを支えていた地元の人たちの中にも。身じろぎが始まる前には、その前の段階の、身じろぎもできない、できないということにも気づかない時間があるだろう。それを経て身じろぎが始まるときのエネルギーは、平塚らいてうであれ無名の女であれ、変わらないはずだ。

そして私は、三十年前から同じ一つの身じろぎの中にいたのかもしれない。だとしたら、今からでも、「歴史を拓く」とは自分にとって何をすることなのか、答えを見つけなくてはいけないだろう。

時代によらず、境遇によらず、「身じろぎ」から始まるものは必ずある。もろさわようこの本はそれを促し、受け止める力を持っている。本書を読まれる方が、自分と周囲の人々の身じろぎにつながる言葉をここから摘み取ることができるよう、願っている。

略歴

もろさわようこ　著者

一九二五年、長野県生まれ。本名両澤葉子。太平洋戦争末期、出身地に疎開してきた陸軍士官学校生徒隊本部で筆生として働く。戦後、新聞記者、紡績工場企業内学院教員、婦人団体機関誌編集などを経て執筆活動に入り、市井に生きる女性の視点から女性史を発掘した。主著に『おんなの歴史』（合同出版、未来社）、『信濃のおんな』（毎日出版文化賞受賞、未来社）、『わわしい女たち』（三省堂ブックス、後に『わわしいおんな』に改題。未来社）、『おんな・部落・沖縄』（未来社）、『もろさわようこの今昔物語集』（集英社文庫）、『南米こころの細道』（ドメス出版）など多数。編著に、『ドキュメント女の百年』全六巻（平凡社）、『新編　激動の中を行く――与謝野晶子女性論集』（新泉社）など。「自然と出会い、歴史と出会い、自分自身と出会い、そして人びとと出会う場所」として、自由・自立・連帯の交流施設「歴史を拓くはじめの家」（一九八二年）を郷里の長野県佐久市望月に、「歴史を拓くはじめの家うちなぁ」（一九九四年）を沖縄県南城市に、「歴史を拓くよみがえりの家」（一九九八年）を高知市に開設。三十年を経て「志縁の苑」に改組。これらの活動が評価され、二〇〇五年に信毎賞を受賞した。

河原千春（かわはら・ちはる）　編者
一九八二年、神奈川県生まれ。信濃毎日新聞記者。国際基督教大学卒業後、二〇〇七年、信濃毎日新聞入社。飯田支社、長野本社報道部を経て、文化部に異動した二〇一三年にもろさわようこさんと出会う。著書に『志縁のおんな――もろさわようことわたしたち』（一葉社）、共著（信濃毎日新聞取材班）に『認知症と長寿社会――笑顔のままで』（新聞協会賞など受賞、講談社現代新書）。

・本文の旧仮名遣いは、現代仮名遣いに統一した。

・読みやすさを尊重して一部を漢字にし、句読点は慣用に準じて補うなどした。原文の誤りなどは修正した。

・本書には、江戸幕府が被差別身分をつくりだしたというような表現があるが、現在の研究ではそのような近世政治起源説は否定され、それ以前から存在していたと指摘されている。そうした理由から収録文章には、現時点から見ると不適切な表現もあるが、女性や虐げられた人々の視点や痛みから差別をみすえ、もろさわようこ氏が当時、提起した意義は大きいと考えて原文のまま掲載する。

本書は一九七一年、未来社より刊行された『おんなの戦後史』を新たに編集し、増補したものです。

これで古典がよくわかる　橋本治

古典文学に親しめず、興味を持てない人たちは少なくない。どうすれば古典が「わかる」ようになるかを具体例を挙げ、教授する最良の入門書。

恋する伊勢物語　俵万智

恋愛のパターンは今も昔も変わらない。恋がいっぱいの歌物語の世界に案内する、ロマンチックでユーモラスな古典エッセイ。（武藤康史）

倚りかからず　茨木のり子

もはや／いかなる権威にも倚りかかりたくはない……話題の単行本に3篇の詩を加え、高瀬省三氏の絵を添えて贈る決定版詩集。（山根基世）

茨木のり子集　言の葉（全3冊）　茨木のり子

しなやかに凜と生きた詩人の歩みの跡を、詩とエッセイで編んだ自選作品集。単行本未収録の作品なども収め、魅力の全貌をコンパクトに纏める。

詩ってなんだろう　谷川俊太郎

谷川さんはどう考えているのだろう。その道筋にそって詩を集め、選び、配列し、詩とは何かを考えるおおもとを示しました。（華恵）

笑う子規　正岡子規＋天野祐吉＋南伸坊

「弘法は何と書きしぞ筆始」「猫老て鼠もとらず置火燵」。天野さんのユニークなコメント、南さんの豪快な絵を添えて贈る愉快な子規句集。（関川夏央）

尾崎放哉全句集　村上護編

「咳をしても一人」などの感銘深い句で名高い自由律の俳人・放哉。放浪の旅の果て、小豆島で破滅型の人生を終えるまでの全句業。（村上護）

山頭火句集　種田山頭火　村上護編　小崎侃・画

自選句集「草木塔」を中心に、その境涯を象徴する随筆も精選収録し、〝行乞流転〟の俳人の全容を伝える一巻選集！（村上護）

絶滅寸前季語辞典　夏井いつき

「従兄煮」「蚊帳」「夜這星」「竈猫」……季節感が失われ、風習が廃れて消えていく季語たちに、新しい命を吹き込む読み物辞典。（茨木和生）

絶滅危急季語辞典　夏井いつき

「ぎぎ・ぐぐ」「われから」「子持花椰菜」「大根祝う」……消えゆく季語に新たな命を吹き込む読み物辞典。超絶季語続出の第二弾。（古谷徹）

一人で始める短歌入門　枡野浩一
「かんたん短歌の作り方」の続篇。CHINTAIのCM「いい部屋みつかっ短歌」の応募作を題材に短歌を指南。毎週10首、10週でマスター！

片想い百人一首　安野光雅
オリジナリティーあふれる本歌取り百人一首とエッセイ。読み進めるうちに、不思議と本歌も頭に入ってきて、いつのまにやらあなたも百人一首の達人に。

宮沢賢治のオノマトペ集　宮沢賢治／杉田淳子編／栗原敦監修
賢治ワールドの魅力的な擬音をセレクト・解説した画期的な一冊。ご存じ「どっどどどどうど　どどうど　どどう」など、声に出して読みたくなります。

増補　日本語が亡びるとき　水村美苗
明治以来豊かな近代文学を生み出してきた日本語が、いま、大きな岐路に立っている。我々にとって言語とは何なのか。第8回小林秀雄賞受賞作に大幅増補。

ことばが劈《ひら》かれるとき　竹内敏晴
ことばとこえとからだと、それは自分と世界との境界線だ。幼時に耳を病んだ著者が、いかにことばを回復し、自分をとり戻したか。

発声と身体のレッスン　鴻上尚史
あなた自身の「こえ」と「からだ」を自覚し、魅力的に向上させるための必要最低限のレッスンの数々。続ければ驚くべき変化が！　（安田登）

パンツの面目ふんどしの沽券　米原万里
キリストの下着はパンツか腰巻か？　幼い日にめばえた疑問を手がかりに、人類史上の謎に挑んだ、抱腹絶倒&禁断のエッセイ。　（井上章一）

全身翻訳家　鴻巣友季子
何をやっても翻訳的思考から逃れられない。妙に言葉が気になり妙な連想にはまる。翻訳というメガネで世界を見た貴重な記録（エッセイ）。　（穂村弘）

夜露死苦現代詩　都築響一
寝たきり老人の独語、死刑囚の俳句、エロサイトのコピー……誰も文学と思わないのに、一番僕たちをドキドキさせる言葉をめぐる旅。増補版。

英絵辞典　岩田一男／真鍋博
真鍋博のポップで精緻なイラストで描かれた日常生活の205の場面に、6000語の英単語を配したビジュアル英単語辞典。　（マーティン・ジャナル）

尾崎翠集成（上・下）　尾崎翠　中野翠 編

鮮烈な作品を残し、若き日に音信を絶った謎の作家・尾崎翠。時間と共に新たな輝きを加えてゆくその文学世界を集成する。

クラクラ日記　坂口三千代

戦後文壇を華やかに彩った無頼派の雄・坂口安吾との、嵐のような生活を妻の座から愛と悲しみをもって描く回想記。巻末エッセイ＝松本清張

貧乏サヴァラン　森茉莉　早川暢子 編

オムレット、ボルドオ風茸料理、野菜の牛酪煮……。食いしん坊茉莉は料理自慢。香り豊かな〝茉莉ことば〟で綴られる垂涎の食エッセイ。文庫オリジナル。

紅茶と薔薇の日々　森茉莉　早川茉莉 編

天皇陛下のお菓子に洋食店の味、庭に実る木苺……森鷗外の娘にして無類の食いしん坊、森茉莉が描く懐かしく愛おしい美味の世界。（辛酸なめ子）

ことばの食卓　武田百合子　野中ユリ・画

なにげない日常の光景やキャラメル、枇杷など、食べものに関する昔の記憶と思い出を感性豊かな文章で綴ったエッセイ集。（種村季弘）

遊覧日記　武田百合子　武田花・写真

行きたい所へ行きたい時に、つれづれに出かけてゆく。一人で。または二人で。あちらこちらを遊覧しながら綴ったエッセイ集。（巖谷國士）

わたしは驢馬に乗って下着をうりにゆきたい　鴨居羊子

新聞記者から下着デザイナーへ。斬新で夢のある下着を世に送り出し、下着ブームを巻き起こした女性起業家の悲喜こもごも。（近代ナリコ）

私はそうは思わない　佐野洋子

佐野洋子は過激だ。ふつうの人が思うようには思わない。大胆で意表をついたまっすぐな発言をする。だから読後が気持ちいい。（群ようこ）

神も仏もありませぬ　佐野洋子

還暦……もう人生おりたかった。でも春のきざしの蕗の薹に感動する自分がいる。意味なく生きても人は幸せなのだ。第3回小林秀雄賞受賞。（長嶋康郎）

老いの楽しみ　沢村貞子

八十歳を過ぎ、女優引退を決めた著者が、日々の思いを綴る。齢にさからわず、「なみ」に、気楽に、と過ごす時間に楽しみを見出す。（山崎洋子）

遠い朝の本たち　須賀敦子

一人の少女が成長する過程で出会い、愛しんだ文学作品の数々を、記憶に深く残る人びとの想い出とともに描くエッセイ。（末盛千枝子）

おいしいおはなし　高峰秀子編

向田邦子、幸田文、山田風太郎……著名人23人の美味な思い出。文学や芸術にも造詣が深かった往年の大女優・高峰秀子が厳選した珠玉のアンソロジー。

るきさん　高野文子

のんびりしていてマイペース、だけどどっかヘンテコな、るきさんの日常生活って？　独特な色使いが光るオールカラー。ポケットに一冊どうぞ。

それなりに生きている　群ようこ

日当たりの良い場所を目指して仲間を蹴落とすカメ、迷子札をつけているネコ、自己管理している犬。文庫化に際し、二篇を追加して贈る動物エッセイ。

うつくしく、やさしく、おろかなり　杉浦日向子

生きることを楽しもうとしていた江戸人たち。彼らの紡ぎ出した文化にとことん惚れ込んだ著者がその思いの丈を綴った最後のラブレター。（松田哲夫）

ねにもつタイプ　岸本佐知子

何となく気になることにこだわる、ねにもつ。思索、奇想、妄想はばたく脳内ワールドをリズミカルな名短文でつづる。第23回講談社エッセイ賞受賞。

回転ドアは、順番に　穂村弘　東直子

ある春の日に出会い、そして別れるまで。気鋭の歌人ふたりが、見つめ合い呼吸をはかりつつ投げ合う、スリリングな恋愛問答歌。（金原瑞人）

絶叫委員会　穂村弘

町には、偶然生まれては消えてゆく無数の詩が溢れている。不合理でナンセンスで真剣だからこそ可笑しい、天使的な言葉たちへの考察。（南伸坊）

杏のふむふむ　杏

連続テレビ小説「ごちそうさん」で国民的な女優となった杏が、それまでの人生を、人との出会いをテーマに描いたエッセイ集。（村上春樹）

月刊佐藤純子　佐藤ジュンコ

注目のイラストレーター（元書店員）のマンガエッセイが大増量してまさかの文庫化！　仙台の街や友人との日常を描く独特のゆるふわ感はクセになる！

ちくま文庫

新編《しんぺん》　おんなの戦後《せんご》史《し》

二〇二一年十二月十日　第一刷発行

著　者　もろさわようこ（もろさわ・ようこ）
編　者　河原千春（かわはら・ちはる）
発行者　喜入冬子
発行所　株式会社　筑摩書房
東京都台東区蔵前二―五―三　〒一一一―八七五五
電話番号　〇三―五六八七―二六〇一（代表）
装幀者　安野光雅
印刷所　三松堂印刷株式会社
製本所　三松堂印刷株式会社

ISBN978-4-480-43776-1　C0121